福建省专业学位研究生教学案例库建设项目
集美大学研究生教材建设项目

宋生瑛 罗昌财 著

企业涉税诉讼经典案例研究
QIYE SHESHUI SUSONG JINGDIAN ANLI YANJIU

中国财经出版传媒集团
经济科学出版社
Economic Science Press

图书在版编目（CIP）数据

企业涉税诉讼经典案例研究/宋生瑛，罗昌财著.
——北京：经济科学出版社，2021.7
ISBN 978－7－5218－2692－0

Ⅰ.①企… Ⅱ.①宋… ②罗… Ⅲ.①税收管理-行政诉讼-案例-中国 Ⅳ.①D925.305

中国版本图书馆 CIP 数据核字（2021）第 136759 号

责任编辑：杜　鹏　孙倩靖
责任校对：孙　晨
责任印制：邱　天

企业涉税诉讼经典案例研究
宋生瑛　罗昌财　著
经济科学出版社出版、发行　新华书店经销
社址：北京市海淀区阜成路甲 28 号　邮编：100142
编辑部电话：010-88191217　发行部电话：010-88191522
网址：www.esp.com.cn
电子邮箱：esp_bj@163.com
天猫网店：经济科学出版社旗舰店
网址：http://jjkxcbs.tmall.com
固安华明印业有限公司印装
710×1000　16 开　15.5 印张　270000 字
2021 年 11 月第 1 版　2021 年 11 月第 1 次印刷
ISBN 978－7－5218－2692－0　定价：79.00 元
(图书出现印装问题，本社负责调换。电话：010－88191510)
(版权所有　侵权必究　打击盗版　举报热线：010－88191661
QQ：2242791300　营销中心电话：010－88191537
电子邮箱：dbts@esp.com.cn)

前　言

全面推进依法治国是实现国家治理体系和治理能力现代化的重要保证，而依法治税是全面推进依法治国的重要内容。法令行则国治，法令弛则国乱。全面推进依法治国，关键是运用法治思维和法治方式来不断深化改革、推动发展、化解矛盾、维护稳定。党的十八届三中全会从推进国家治理体系和治理能力现代化的高度部署税制改革，使税收职能作用不仅仅局限在经济领域，而是拓展到经济、政治、文化、社会、生态文明等诸多领域，更深地参与国家治理的各个方面，税收在国家治理中起着基础性、支柱性、保障性作用，依法治税是全面推进依法治国的重要内容，是依法治国在税收领域的具体体现。

随着我国经济社会发展进入新时代，税收关系呈现新的特征：一是经济增速总体放缓，政府规范征税与纳税人经营发展压力之间的矛盾问题进一步凸显。二是税源结构深刻变化迫切要求税收制度要与时俱进行相应改革，传统的产业结构正在经历以"退二进三"为主要特征的转型升级，新兴产业和新兴经济业态不断涌现带来征税基础的重大变化，税源的复杂性、隐蔽性和流动性越来越强，以增值税为代表的传统"工业型"税制越来越暴露出其征管能力的缺陷与不足。三是随着涉及个人的直接税改革推进，自然人纳税人将成为主体，税收直接影响人民群众的切身利益，社会高度关注，诉求复杂多元，矛盾问题和风险挑战前所未有，这对依法管理和纳税服务提出了新要求，迫切要求《税收征管法》加快修订步伐，完善自然人征管体系。与此相应，随着我国市场经济的完善与法治国家的逐步建立，纳税人的权利意识也在不断增强，税务诉讼案件增加的趋势明显。只有坚持用法治思维和法治方式思考税收关系、规范税收秩序、化解税收矛盾，才能妥善应对税收领域的新情况、新问题、新挑战，为新时代我国经济社会健康发展提供税收法治保障。

通过对经典的税务诉讼案例进行研究，一方面可以映射出我国现有税收制度面临的改革挑战，另一方面也可以揭示出税务诉讼案件当事人对税法理解上常见的不足与偏差，从而起到总结税务诉讼案件规律、反思典型税法漏洞、助力税收法治建设的作用。坚持"以案说法"，从微观案例入手，才能对我国税制政策和税法原则的执行效果形成具体生动理解，所得出的结论才能有现实说服力。从这个意义上说，微观视角的案例研究是一个不同于传统税收学宏观和抽象研究视角的"另辟蹊径"，从法学的视角审视税收制度也将是税制研究的一个"富矿"。正是基于此，近年来我们团队一直专注于这一领域的研究，归纳、总结、思考和探索税制建设和税法理论的结合运用，本书就是相关研究成果的集中体现。

同时，本书也是福建省专业学位研究生教学案例库建设项目——税务硕士"税务争议专题"课程教学案例库系列成果之一。在已出版的《税务行政诉讼成案研究》的基础上，本书从内容和形式上做了一些改进与完善。在案例选取方面，本书选取了近年来发生的有重要社会影响的17个经典案例，案例更有典型性、代表性和启发性；在整体内容编排上，将案例通过案例争议焦点内容进行专题分类，使本来零散孤立的案例形成了相对主题集中、体系完整的整体，更适合作为教材使用，也便于学生专题学习和读者选择性阅读；在案例体例安排上，每个案例分为"案情简介""争议焦点""法理评析"三个部分。为了体现教材功能，在对"争议焦点"进行归纳时，除了案情中所出现的问题外，本书还有意识地稍微扩展了讨论范围，一些案例增加了"案例启示"部分，将可能对案件处理产生重大影响的因素列为法理评析和讨论的对象，以深化读者对具体案例的认识，思考案例背后涉及法律的合理性、税务执法的合法性、企业经营的合规性，探究税法的立法原理和价值导向，等等。

由于笔者案例分析经验不足、水平有限，本书难免存在一些不当之处，恳请学界和实务部门的同仁们批评指正，严谨的讨论剖析与深入的反思总结才是本书从一而终的要求，对于学术上的错误我们愿意接受读者们的批评和建议。

本书的编辑与出版得到了集美大学的大力支持，同时在写作过程中为了使案例分析更合理规范，还参考了国内一些专家和学者的教材著作以及最新研究成果，在此一并表示衷心感谢。特别要感谢集美大学研究生冀馨语（第一编案例一、第三编案例一和案例二）、祝成南（第一编案例二、第四编案例一、第八编)、卢柯宇(第一编案例三、第四编案例二、第六编)、郑梓茵(第二编案例一和案例二、第五编案例一)、陈嘉乐(第二编案例四、第五编案例二、第七编)、徐超婷(第三编案例一、第五编案例二)、夏广瑞(第二编案例三、第五编案例三)在案例筛选、资料整理以及校对定稿等环节做出的重要工作。为了清楚准确地体现每位作者的工作,也为了体现文责自负原则,在每一个案例之后专署了撰稿作者的名字。最后要感谢经济科学出版社对本书的认真校对与编辑。

作 者

2021年5月

目 录

第一编　税务诉讼中民事与刑事法律关系问题

案例一　民法与税法冲突和适用争议案
　　——D公司拍卖房产补税案分析 ………………………………… 3
案例二　逃税罪中初犯免责适用争议案
　　——范某涉嫌逃税案分析 ………………………………………… 19
案例三　税务行政处罚与刑事处罚竞合案
　　——税务稽查局诉请对已受刑罚A公司行政处罚案分析 ……… 31

第二编　增值税发票相关问题

案例一　增值税专用发票的证明力争议案
　　——A物流公司与B物流公司合同纠纷案分析 ………………… 47
案例二　合同中发票开具义务争议案
　　——A公司与B公司建设工程施工合同纠纷案分析 …………… 59
案例三　偷税是否应以主观故意为构成要件争议案
　　——A公司诉B市国税局案分析 ………………………………… 70
案例四　虚开增值税专用发票罪司法认定争议案
　　——A公司等虚开增值税专用发票案分析 ……………………… 85

第三编 二手房交易中的税收争议问题

案例一 税费承担条款是否改变纳税义务人争议案
——A 公司与 B 税务局破产债权纠纷案分析·················· 103

案例二 法拍中不动产税费承担条款有效性争议案
——蔡某与 A 公司商品房销售合同纠纷案分析················ 117

第四编 税务职务犯罪问题

案例一 税务行政人员玩忽职守罪认定争议案
——逯某玩忽职守致纳税人逃税案分析····················· 133

案例二 行政公益诉讼适用范围争议案
——A 市人民检察院诉 A 市税务局不履行法定职责案分析·········· 146

第五编 税务代理纠纷：代缴税款引发的纠纷问题

案例一 委托合同效力争议案
——刘某等诉 A 公司再审案分析······················· 159

案例二 公司注销后的税款追缴争议案
——丁某与 A 市国家税务局稽查局行政处罚再审案分析············ 171

案例三 破产清算中的垫缴税款优先受偿性争议案
——A 公司以房抵债案分析························· 183

第六编 增值税与企业所得税差异引发的税收执法风险问题

案例 虚开发票能否在企业所得税前扣除争议案
——A 集团虚开实际成本准予企业所得税前扣除案分析············ 197

第七编　税务行政复议问题

案例　税务行政复议的申请期限及纳税前置规定争议案
　　——A 市国税局与 B 公司行政管理案分析 ………………………… 213

第八编　不安抗辩权引起的税收争议问题

案例　不安抗辩在涉税合同中适用情形争议案
　　——甲公司与个人股权转让纠纷案分析 ………………………… 227

第一编
税务诉讼中民事与刑事法律关系问题

案例一　民法与税法冲突和适用争议案
——D 公司拍卖房产补税案分析

税收核定是防止国家税款流失、保障税负公平的重要手段之一，在整个税收征管体系中起着重要作用。但目前我国税收核定法律制度不够完善，特别是《中华人民共和国税收征收管理法》（以下简称《税收征管法》）第三十五条第一款第六项的规定①比较笼统，税务机关的自由裁量权存在着被滥用的危险。本案正是由于纳税人与税务机关对上述第六项的适用要求产生分歧引发的。

一、案情简介

在 2006 年的日常稽查中，G 市地方税务局第一稽查局（以下简称 G 稽查局）发现 D 房产建设公司（以下简称 D 公司）在 2004 年拍卖其自有房产过程中存在瑕疵，具体表现为一人竞拍、保证金畸高、底价成交且严重低于市场价等。当时房产按 1.382 55 亿元的底价成交，其涉及的营业税及堤围防护费，D 公司也已按时缴纳并获得完税凭证。随即稽查局对其拍卖行为展开了调查，通过比价的方式，将 D 公司房产拍卖价格与同期的市场交易数据进行比较、分析，认定其价格确实明显低于市场价格且无正当理由，其交易行为存在明显的避税行为。稽查局按流程于 2009 年 9 月 14 日作出了税务处理决定，要求 D 公司按照税务机关核定的标准，补缴营业税税款和堤围防护费并加收相应的滞纳金。D 公司对稽查局的处理不服，决定申请行政复议和诉讼，其中，诉讼历经了一审、二审、向检察院抗诉、再审等过程。一审、二审法院均认同稽查局的处理，驳回其起诉。最终在

---

① 《税收征管法》第三十五条第一款规定："纳税人有下列情形之一的，税务机关有权核定其应纳税额……（六）纳税人申报的计税依据明显偏低，又无正当理由的。"

再审中最高法撤销了一审、二审中加收滞纳金的判决,驳回 D 公司其他请求,整个过程历时 11 年。具体案情过程如图 1 所示。

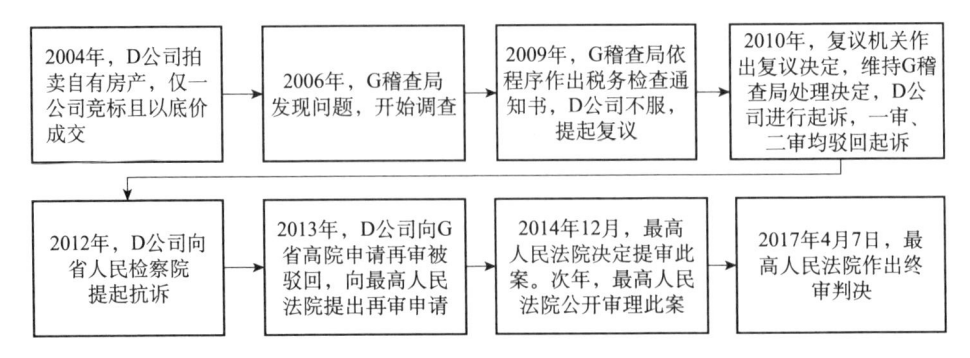

```
┌─────────────┐    ┌─────────────┐    ┌─────────────┐    ┌─────────────┐
│2004年,D公司拍│    │2006年,G稽查局│    │2009年,G稽查局依│   │2010年,复议机关作│
│卖自有房产,仅一│──▶│发现问题,开始调│──▶│程序作出税务检查通│──▶│出复议决定,维持G │
│公司竞标且以底价│    │查            │    │知书,D公司不服, │   │稽查局处理决定,D │
│成交          │    │              │    │提起复议        │   │公司进行起诉,一 │
│              │    │              │    │              │   │审、二审均驳回起诉│
└─────────────┘    └─────────────┘    └─────────────┘    └─────────────┘
       │                                                           │
       ▼                                                           ▼
┌─────────────┐    ┌─────────────┐    ┌─────────────┐    ┌─────────────┐
│2012年,D公司向│    │2013年,D公司向G│    │2014年12月,最高 │   │2017年4月7日,最 │
│省人民检察院   │──▶│省高院申请再审被│──▶│人民法院决定提审此│──▶│高人民法院作出终 │
│提起抗诉      │    │驳回,向最高人民│    │案。次年,最高人民│   │审判决           │
│              │    │法院提出再审申请│    │法院公开审理此案 │   │                │
└─────────────┘    └─────────────┘    └─────────────┘    └─────────────┘
```

图 1　D 公司拍卖房产补税案经过

在案件审理中,D 公司与 G 稽查局双方主要围绕稽查局的执法主体资格与执法权限、拍卖价格是否属于"计税价格明显偏低,且无正当理由"、税款追缴与滞纳金的征收是否合法等方面进行诉辩,最终法院作出判决。

一审法院认为依法核定、征收税款是 G 稽查局应履行的法定职责,而拍卖保证金畸高①是导致一人竞拍、底价成交、最后成交价格严重低于市场价格的主要原因。故一审法院认定 G 稽查局的处理并未超越权限,作出的决定有效。二审法院认为一审法院判决恰当,判决驳回 D 公司的上诉请求。

再审时,与一审、二审法院态度一致,最高人民法院认为 G 稽查局有权对 D 公司此次拍卖进行核定并追缴新核定的应纳税额。但其指出核定税款与已缴税款差额部分的纳税义务是在核定之后才产生。对于滞纳金的征收问题,基于 D 公司不存在征收滞纳金的法定情形和对纳税人的信赖利益保护等原因,最高人民法院决定撤销 G 稽查局税务处理决定中有关加收滞纳金的部分,责令 G 稽查局限期返还多收税费和滞纳金,并按同期银行一年期定期存款利率支付利息,同时驳回 D 公司其他的诉讼请求。

二、争议焦点

1. G 稽查局是否具有执法主体资格?

---

① 本案保证金达到底价的 50%,远远高于参考价的 10%～20%。

2. 对合法的拍卖行为能否进行税收核定征收？

3. D 房产拍卖价是否属于价格偏低且无正当理由？

4. 本案能否就追征税款征收滞纳金？

三、法理评析

（一）稽查局的执法主体资格和职权范围考察

D 公司在诉讼过程中主张 G 稽查局不是核定补税行政行为的适格[①]主体，从而其超越职权作出的处理决定无效。这一主张涉及两个问题：首先是稽查局的执法主体资格；其次是稽查局的职权范围是否包括核定纳税人应纳税额的权力。

D 公司质疑 G 稽查局执法资格的主要依据是 2001 年《税收征管法》修订之前最高法院对地方税务是否有行政主体资格的请示文件的答复[②]。当时最高人民法院的观点是地方稽查局无权以自己的名义对外作出行政处理决定，即其不具备行政主体资格。但此答复针对的是当时《税收征管法》的理解和适用，解释对象发生变化，该答复对司法实践的指导意义也不再存在。另外，结合 2001 年《税收征管法》第十四条"本法所称税务机关是指各级税务局、税务分局、税务所和按照国务院规定设立的并向社会公告的税务机构"和次年修订的《税收征管法实施细则》（以下简称《实施细则》）第九条"税收征管法第十四条所称按照国务院规定设立的并向社会公告的税务机构，是指省以下税务局的稽查局"，显然，税务稽查局的主体地位得到了法律法规的明确授权，稽查局的行政主体地位毋庸置疑，但执法权限还有待商榷。

双方关于稽查局职权范围争议的焦点主要在于对《实施细则》第九条[③]的理解差异。D 公司认为根据第九条规定，稽查局的职权只限于查处专司案件。但税务局认为第九条中"国家税务总局明确划分税务局和稽查局的职责"授权了国家税务总局对税务局和稽查局具体职责的制定和解释权力，以及后来相继出台的

[①] 适格，是指对于诉讼标的的特定权利或者法律关系，以当事人的名义参与诉讼并且请求通过裁判来予以解决的一种资格。

[②]《对福建省高级人民法院〈关于福建省地方税务局稽查分局是否具有行政主体资格的请示报告〉的答复意见》：地方税务局稽查分局以自己的名义对外作出行政处理决定缺乏法律依据。

[③]《税收征管法实施细则》第九条规定："税收征管法第十四条所称按照国务院规定设立的并向社会公告的税务机构，是指省以下税务局的稽查局。稽查局专司偷税、逃避追缴欠税、骗税、抗税案件的查处。国家税务总局应当明确划分税务局和稽查局的职责，避免职责交叉。"

《国家税务总局关于稽查局职责问题的通知》①《国家税务总局关于进一步加强税收征管基础工作若干问题的意见》②《国家税务总局关于印发〈关于进一步规范国家税务局系统机构设置明确职责分工的意见〉的通知》③《税务稽查工作规程》④，这些文件在具体内容上虽然存在着详略有别、表述不一等差异，但它们都无一例外地将稽查局的执法权限扩张，使其取得了除偷税、逃避追缴欠税、骗税、抗税案件以外的有关税务违法案件检查、调查、处理的事务管辖权。

但是，这又涉及依据授权国家税务总局颁布的系列规范性文件效力如何、是否与上位法冲突、法院在裁判过程中可否直接引用等问题。《税收征管法》第十一条则规定了税务机关"征管查"三分离的模式。这一条款重在强调在执法权限上稽查局与税务局应明确划分、避免权限交叉。从历史解释、目的解释以及体系解释的角度来看，其应对"专司"作出一般性用语的解释，即专司"偷逃抗骗税"案件。但在最高人民法院再审判决书中，直接引用了《国家税务总局关于进一步加强税收征管基础工作若干问题的意见》，表明最高法院支持了对"专司"作出一般语义之外的理解，即认为稽查局的职权不限于查处专司案件，实际上认可了稽查局管辖职权可扩大到所有税收违法案件。

本案例分析中认为最高人民法院的判法有其合理的一面，给予稽查局广泛的管辖权力是实践的需要。在税收执法实践中，"偷逃抗骗税"案件事件性质往往无法立即定性立案，若稽查局仅有专司权力，没有对税收违法案件检查、调查、处理等延伸性权限，税收稽查工作无法顺利进行，税源会大量流失，严重损害国家的税收利益。另外，从司法实践上看，2001年《税收征管法》修改后，一系

---

① 《国家税务总局关于稽查局职责问题的通知》规定："在国家税务总局统一明确之前，各级稽查局现行职责不变。稽查局的现行职责是指：稽查业务管理、税务检查和税收违法案件查处。凡需要对纳税人、扣缴义务人进行账证检查或者调查取证，并对其税收违法行为进行税务行政处理（处罚）的执法活动，仍由各级稽查局负责。"

② 《国家税务总局关于进一步加强税收征管基础工作若干问题的意见》规定，征收管理部门与稽查部门在税务检查上的职责范围要按照以下三个原则划分：一是在征管过程中，对纳税人、扣缴义务人履行纳税义务的日常性检查及处理由基层征收管理机构负责；二是税收违法案件的查处（包括选案、检查、审理、执行）由稽查局负责；三是专项检查部署由稽查局负责牵头统一组织。

③ 《国家税务总局关于印发〈关于进一步规范国家税务局系统机构设置明确职责分工的意见〉的通知》规定：国家税务局稽查局的主要职责是，组织贯彻税务稽查规章制度，拟定具体实施办法；负责稽查选案、检查等工作；负责税收举报案件的受理、上级交办、转办及征收管理部门移交的有关税务违法案件的查处工作……

④ 《税务稽查工作规程》规定：稽查局主要职责是依法对纳税人、扣缴义务人和其他涉税当事人履行纳税义务、扣缴义务情况及涉税事项进行检查处理，以及围绕检查处理开展其他相关工作。稽查局具体职责由国家税务总局依照《税收征管法》《税收征管法实施细则》的有关规定确定。

列行政诉讼判决中各地法院都基本认同稽查局有超出查处专司案件的权力。因此，最高人民法院的判决书在尊重国务院对税务局和稽查局的职权划分以及在执法实践和司法实践中形成的不违反法律原则的惯例的基础上采纳了规范性文件。

（二）税收核定权合法性分析

能否在拍卖价格之外另行核定应纳税额是本案的核心焦点之一。本案中，虽然 D 公司房产拍卖过程有瑕疵，出现高保证金、一人竞价并最终底价成交的情况。但从拍卖程序上看，其拍卖价格是按照法定程序进行，经过公开、公平竞价后的市场竞争的产物，是交易双方意思自治的结果。尽管 G 稽查局主张一人竞买不符合拍卖法关于公开竞价的规定、双方有恶意串通的可能，试图证明拍卖行为无效。但拍卖法和相关法律中并无一人竞拍的限制性规定，虽然其可能影响竞价充分性，但根据民法中法无禁止皆可为的原则，不影响拍卖的有效性。另外，恶意串通可能只是税务机关根据二者曾为前夫妻的引申猜测，并无实质有力证据。所以，D 公司的拍卖行为在民法上是完全合法合规的。

但拍卖行为合规合法与税务机关的核定权是"两码事"，拍卖行为的合法合规与税务机关可否重新核定价格并没有必然关系。两者受不同的法律关系调整，受民事法律关系调整形成的拍卖价格并不能决定税法意义上的应税收入。拍卖价格是市场需求与拍卖物本身价值互相作用的结果，《××地方税务局关于明确拍卖房地产税收征收问题的通知》中明确规定，拍卖房地产的拍卖成交额可以作为征收营业税的计税依据。这实质上是行政机构对拍卖价格作为市场交易价格的认可与尊重，在市场竞争充分、价格合理时不应轻易启动核定程序。这并不意味着有效的拍卖行为能绝对地排除税收核定权，不然会造成国家税收的大量流失。

民事法律关系是税收法律关系的前提和调整基础，但后者又不完全依赖于前者。在利润最大化的目标下，市场主体往往会在民法形式要件完全合法的前提下进行避税，即滥用私法自治来规避税法规范。在这种情形下，用税法的规定去确定应税事实是理所当然的。简而言之，在处理民法和税法关系时，既要尊重受民法调整的民事法律关系和民事事实，又要从各自的规范目的出发，形成民法规范在先、税法调整在后的不同层次的法律秩序（汤洁茵，2008）。

在本案中，D 公司房产拍卖价格远低于评估价，若一味尊重拍卖价格而排除税务机关的应纳税额核定权，会导致公共利益受损、国家税收流失的不良后果，甚至会作为对市场主体避税的有力示范，引起后来纳税主体的效仿。所以，为解决这种以合法形式掩盖交易实质的现象，引导良好的社会纳税风气，《税收征管法》第三十五条第一款第六项赋予了税务机关特殊的自由裁量权，使其能够突破民法保障的"意思自治"价格对"形式合法"案件进行核定征税。

（三）是否构成"计税价格明显偏低，且无正当理由"分析

对于计税价格偏低，尚属税法上的含糊概念，所以税务机关在认定计税价格是否明显偏低上难免有一定的主观能动性。一般认为，在价格明显偏低且无正当理由的核定中，价格明显偏低的举证责任应在发起核定的税务机关。聚焦到本案，检查组通过比价①的方式进行分析，可得出 D 公司的房产拍卖价格明显低于该房产的委托估值、周边房产交易价格和审计成本价，其拍卖价格偏低的事实确实存在。在税收实践中，只有价格偏低且无正当理由同时满足时税务机关才有权重新核定计税依据。G 稽查局认定的"计税价格明显偏低"是客观事实，关键争议点在于是否有正当理由，这是核定权启动的重要条件。

这就涉及什么是正当理由？关于 D 公司所主张的债务偿还因素是否构成正当理由的问题，令人遗憾，现行税收法律中缺乏对"正当理由"标准的明确规定，只有个人所得税对股权转让业务设定了四种"视为有正当理由"的情形，适用范围狭窄。近年来，税收立法表现出以"合理商业目的②"替代"正当理由"的趋势（翟继光，2016）。

为了更好地查明真相兼顾诉讼效率，合理地分配纳税人的举证责任很有必要，不是所有的税务案件都是由税务机关承担举证责任，正当理由带有反避税性质，故一般在正当理由的举证中，举证责任应在纳税人这方。当纳税人无法证明其自身的交易价格合理的正当目的时，需要承担相应的不利后果。证明正当理由的责任归属于纳税人，一方面有利于纳税人进行自我保护，另一方面也减轻了税务机关核实真伪的工作量。

但在本案中，D 公司提供的低价拍卖理由并不足以证明其交易的合理性。D 公司方辩称设置拍卖底价低是为了解决债务危机，其银行债务 1.3 亿港元已到期且多次收到追收律师函，为加速资金回笼遂设定高额保证金导致按最低价成交，整个过程是市场化的合法交易行为。但即便有银行催债，D 公司也完全可以通过

---

① 比价，将涉案财产交易价格与其他类似财产的交易价格进行比较、对比，进而形成对该财产交易价格是否合理的判断。

② 合理商业目的，是指一项交易具有主要的或明显的商业目的，而不是单纯地为减轻税收负担。

更好的拍卖机制取得更多的经济利益，没必要设置高额保证金将众多潜在竞拍者拒之门外，且 D 公司缺乏有力证据证明其交易合理性。其一，D 公司没有合理证据证明在债务危机压力下低价拍卖的必要性，是否穷尽其他方式但只能采取低价策略。其二，有些证据和陈词有虚假嫌疑，如不知参加拍卖公司为老板前妻公司、拍卖底价与债务金额恰巧相等，即整体安排有明显避税嫌疑。综上分析，D 公司提交证据不足，而税务机关的自由裁量行为也没有达到滥用的程度，因此，税务机关的核定行为得到了法院的认可。

基于上述所说不充分竞价形成的拍卖价格偏低可能损害国家税收利益的考虑，在 D 公司未能对其正当理由充分举证、同时具有专业性的税务机关并未滥用职权的情况下，最高人民法院认为 D 公司拍卖房产行为构成税务机关行使核定权的前提条件，G 稽查局有权核定其应纳税额。

（四）关于滞纳金的征收分析

本案再审时最高人民法院撤销了被诉处理决定中加收滞纳金的部分，作出了与前审法院截然不同的判决。究其原因，笔者认为是对滞纳金性质认识分歧所导致的适用法律的差异。

最高人民法院和一审、二审法院对《税收征管法》中滞纳金的适用条件存在认识上的分歧，主要原因在于适用的法律不同。在一审、二审中，法院主要参考了《税收征管法》第三十二条①的规定，认为只要纳税人客观上逾期缴纳税款就应当加收滞纳金，无须考虑主观过错与否。而最高人民法院则着重参考了《税收征管法》第五十二条②，相比于第三十二条，第五十二条对追缴税款和滞纳金的条件与期限限制进行了进一步的规定，对向纳税人加收滞纳金增加了主观前提条件，即纳税人须存在计算失误（三年期限）或偷税、抗税、骗税等情形，否则不得加收滞纳金。但这两个条款对征收滞纳金的主观前提条件不同，实际在内容上产生了漏洞。如果纳税人没有主观过错或过失，也不属于税务机关的责任，

---

① 《税收征管法》第三十二条规定："纳税人未按照规定期限缴纳税款的，扣缴义务人未按照规定期限解缴税款的，税务机关除责令限期缴纳外，从滞纳税款之日起，按日加收滞纳税款万分之五的滞纳金。"

② 《税收征管法》第五十二条规定："因税务机关的责任，致使纳税人、扣缴义务人未缴或者少缴税款的，税务机关在三年内可以要求纳税人、扣缴义务人补缴税款，但是不得加收滞纳金。因纳税人、扣缴义务人计算错误等失误，未缴或者少缴税款的，税务机关在三年内可以追征税款、滞纳金；有特殊情况的，追征期可以延长到五年。对偷税、抗税、骗税的，税务机关追征其未缴或者少缴的税款、滞纳金或者所骗取的税款，不受前款规定期限的限制。"

是否应该征收滞纳金？本案恰恰属于这种情况，所以在滞纳金征收问题上才有如此大的争议。

再审时，最高人民法院将滞纳金加收的规则归纳为三种：纳税人未按期限纳税、自身计算错误和故意偷税、抗税、骗税。将案中事实予以对应，首先，D公司在拍卖后及时按成交价格缴纳相关税费，并无滞纳税款和计算失误情况；在调查中也未发现D公司存在偷税、抗税、骗税的情况。至此，其不存在加收滞纳金三种法定情形任意一种。其次，D公司房产拍卖过程虽有一人竞价和拍卖底价成交情况，但并未有证据表明其有恶意串通等违法行为，拍卖行为有效。再加上D公司及时缴纳税款时取得了相应的完税凭证，自然也就对其拍卖行为和完税凭证产生了信赖利益。最高人民法院审理时认为应考虑信赖利益保护问题，在不能归责于纳税义务人的原因时，要站在不影响行政相对人合法权益即保护纳税人权益的角度上，参考《税收征管法》第五十二条，将其责任归于税务机关，不对D公司加收滞纳金。

在选择适用不同法律的背后是对滞纳金性质理解的不同。关于滞纳金的性质定位，税法未给出明确规定，学术界也尚未取得统一认识。目前主要有三种学说，一是行政处罚说；二是经济补偿说；三是折衷说，即处罚和补偿兼而有之。参考李刚（2018）的"利罚参照比较法"，我们认为将税收滞纳金定性为折衷说较为适宜。根据税法规定，滞纳税款行为应按日加收0.05%的滞纳金，折合年利率为18.25%，参考日本等利息与滞纳金明确区分的国家，从比率上看该标准既高于利息标准（14.5%）又低于惩罚标准（50%），滞纳金的性质为执行罚兼税收递延之补偿。若滞纳金性质明晰，那应适用的法律也就迎刃而解。一审、二审法院判决是否征收滞纳金时主要依据《税收征管法》第三十二条，说明其对税收滞纳金的定性更偏重于因纳税人税款滞纳给国家造成损失的经济补偿，加收滞纳金原则上无须考虑主观方面有无故意过失。而最高人民法院作出不征收滞纳金判决，虽未尝没有利益平衡的考虑，但也体现了其对滞纳金性质的看法，在一定程度上否定了税收滞纳金事实上的严格责任。

四、案例启示

（一）在税收法定原则下规范税收行政自由裁量权

1. 控制税收行政自由裁量权的重要性。本案中G稽查局与D公司核心争议焦点之一为D公司拍卖自有房产的行为是否属于核定条件之一的"价格偏低且无正当理由",实际上就是探讨稽查局是否越权行使核定权、其税收核定自由裁量权的行使是否恰当的问题。

税收核定权是税收行政自由裁量权的一种典型体现,其可以在法律授权的范围内进行活动和选择。行政裁量权是行政机关依法行使行政处罚、行政许可、行政强制、行政征收、行政给付等职权时,根据法律、法规和规章的规定,依据立法目的和公平合理的原则,自主作出决定和选择行为方式、种类和幅度的权力[1]。客观来说,由于我国法律、行政程序、执法水平、自由裁量权本身弹性等诸多因素影响,税收行政自由裁量权滥用问题在我国并不少见,纳税人处于相对弱势的地位。若税务工作人员在执法中不当行使税收核定权,纳税人只能在缴纳税款、滞纳金或提供相应担保后才能去寻求救济[2],且必须要经过税收复议才予以受理。但是从行政复议、一审、二审、抗诉到再审,这漫长的诉讼过程体现的也是税务机关不恰当的税收自由裁量权导致纳税人纳税成本不断增加的过程。

本案中D公司从复议到最后再审得出结果耗时7年,最终结果也只是撤销滞纳金的加收决定,时间成本巨大,收益具有不确定性,甚至可能一无所获。有抽样调查显示,中国企业的平均生存周期仅3.7年,即使是在美国和日本,中小企业的平均寿命也分别只有8.2年和12.5年,漫长的诉讼过程和巨额税款以及滞纳金的支付足以让一些本就力不从心的企业在诉讼结束前就已然破产倒闭。而且企业在长期传统征管模式下或多或少对税务机关有避让心态,可能不会提起复议进而诉讼。

不合理的税收行政自由裁量权对纳税人权益侵害确实较大,但也不能单纯因为自由裁量权对纳税人的潜在威胁就轻易否定税收行政自由裁量权的存在必要性。基于社会形势的复杂性、立法的滞后性,完全依赖于税收法定主义进行税收征管是有一定难度的。以本案涉及的税收核定权为例,不可否认,税收核定权确实对保障国家收入、提高效率有不可替代的好处。因此,只有将税收行政自由裁量权与税收法定很好地结合在一起,合理控制税收行政自由裁量权,才能把规范行使的税收自由裁量权作为税收法定主义的很好补充。

---

[1] 参见《国家税务总局关于规范税务行政裁量权工作的指导意见》。
[2] 《税收征管法》第八十八条第一款规定:"纳税人、扣缴义务人、纳税担保人同税务机关在纳税上发生争议时,必须先依照税务机关的纳税决定缴纳或者解缴税款及滞纳金或者提供相应的担保,然后可以依法申请行政复议;对行政复议决定不服的,可以依法向人民法院起诉。"

2. 税收法定主义原则下规范税收行政自由裁量权的途径。合理的自由裁量行为应是符合法律设定目的、执法的一般原则且能被社会公众普遍认可的。在税收执法人员行使自由裁量权时，法律就类似于渔夫捕鱼的网，执法人员就是捕鱼人。要想征到合理的税，要么织密税网才能精确捕"鱼"，要么指望税务执法人员技法高超，能在不影响纳税人正常生产经营的合理范围内行使自己的权力。前者是要使法律尽可能地精确，避免太多的人工操作；后者不赞同频繁织网及改革过于频繁，认可税务执法人员的专业水平，放任其进行自由裁量。两种方法都各有利弊，加强立法控制只能一定限度地去控制裁量权行使，且税法相关规定往往滞后于现实生活中复杂情况的产生，这也是自由裁量权产生的一个重要原因。另外，还要防范税网过密，出现竭泽而渔的现象。后者在税收较为完善的情况下有利于税法的安定性，但需要执法机关和人员有较高的素质和水平，社会有完善的监管制度，否则滥用权力的现象将会层出不穷。

我国现在虽然强调依法治国，执法机关也在贯彻依法治国理念，但执法水平以及人民的税收遵从度都还有待提高，税网还远远没有织好。除了建立税务裁量基准制度和完善裁量程序制度本身以外，有关部门现在应将主要精力放在继续织好税网上。具体而言，有关部门要提高立法层次，减少立法之间的冲突，明确相关概念的表述，加强立法控制，落实税收法定主义原则。

首先要提高税收法律的立法层次，我国税收法规大多是授权立法，多以税收法规和规章的形式颁布，立法层次较低且部分优惠内容稳定性差，给纳税人正常的生产经营带来不可预测性，不利于长期战略的规划和行业的持续健康发展。国家显然也意识到了这个问题，近年来，我国多项财税法律、法规制定工作踵疾步稳。虽然就内容上看主要是平行立法，但提高立法层次、将税收纳入法治框架本身就意义重大，其能形成一个完整协调的税法体系，而不是散落各处、有待协调的较低层级的法规和规章。

其次要明确税法中的模糊性概念。税收法定，一般包括税种法定、税收要素法定和税收程序法定。其中，税收要素法定是税收法定主义的核心内容，即只有在法律明确规定的课税要件成立时，纳税人才有相应的纳税义务，才谈得上要履行纳税义务。而我国税法中弹性法律条款大量存在，相关法律用语界定不清、概念模糊，在实践中的操作空间也较大。如果不对模糊的法律概念加以明确，那么不明确法律概念所描述的事实要件也就无法准确与案件事实相对应，无疑会影响行政裁量的正当性与合理性，不利于征纳关系的协调和以税收法定为基础的税收秩序的建立。

就本案涉及的《税收征管法》第三十五条第一款第六项来说，其中规定的税收核定权适用前提——"计税依据明显偏低，又无正当理由"里涉及的法律概念模糊，在税法中没有明确的认定标准，需要对这类概念释明化。对于计税价格偏低的标准，可以参考消费税中白酒最低计税价格的规定，以低于可比市场价格的70%为标准。因为在没有更具有说服力理由的前提下，只能基于同等对待原则，参考税法中已有的类似规定。对于"正当理由"，如前文所述，也可以参考企业所得税中反避税条款的规定，只要是具有合理商业目的、遵循独立交易原则、不以获取税收利益为主要或唯一目的的合乎情理的合法行为，就能构成对抗税法合理性的"正当理由"。在纳税人具有正当理由时，即使计税价格明显偏低，税务机关也无权对其进行税收核定。

除了立法控制以外，还要完善税收先例制度，加强税务人员的培训和执法税收人员案例学习的工作，提高"捕鱼人"的水平和操作规范性。在如今我国税收基本法缺位和部分税收法规中概念模糊的现状下，加强立法工作固然是重中之重，但这个过程不能一蹴而就，需要长期建设。在现阶段，可以进一步完善税务先例制度来弥补法律上的不足，提高税收执法的精确性和可比度，避免在现实操作中出现类似税收案件处理差异较大、违背公平原则的现象。对于典型案例，特别是对于一些法律规定模糊、行使自由裁量权对实务有一定参考价值的典型案例，各省、市税务局应及时收集上报给国家税务总局。总局经过严格的审批和选择，赋予一些案例以规范性文件的职能，在后续执法中将先例作为执法的参考。但要注意税收先例是依据法律作出的，其原则和内容不得与法律相抵触，且案例在确定为税收先例后，应通过一定的形式和渠道予以公告（王洪岩，2016）。

（二）在税法解释中注重纳税人权益保护

本案再审时最高人民法院的判决结果很引人深思，其对税务机关在D公司拍卖自有房产行为上行使核定权予以尊重，防止了纳税人不当避税行为导致国家税源流失的现象。但是在是否征收税费滞纳金方面，最高人民法院推翻了之前两个法院的判决，认为税务机关必须基于纳税义务人可归责于己的理由，方可课征滞纳金。在这一点上，最高人民法院的判决很好地体现了有责性原则，贯彻了公法领域"法无明文规定不可为"的原则，确保纳税人的合法权益不受到行政机关无法律依据的剥夺，维护其权益。综合来看，其判决既认可了税务机关的核定行为，又在滞纳金问题上注重纳税人权益的保护。总体来看，最高人民法院站在了中立的立场上，坚持了税法解释中的利益平衡原则。

税法解释是法律解释的一种，相较于其他法律部门，税法似乎是被忽视的解释领域。但在税法适用中，人们却经常会遇到法律概念不明、课税事实不清的情况。此时，税法解释就显得尤为重要。本案中法院在税法解释中采用的是利益平衡原则，利益平衡是法官裁判时的一种基本司法方法，符合司法公正的特点，从法律解释角度来看并无不妥。

税法解释不同于一般的法律解释，在实践中经常会面对"对国库有利"还是"对纳税人有利"的两难抉择。从实质上分析，正如北野弘久（2001）所说，问题归根结底是属于在实定法范围内进行有利于纳税者还是不利于纳税者的解释问题。以此为标准，税法解释中有两种基本的倾向——国库主义和纳税人主义。顾名思义，国库主义是指解释机关自觉或不自觉地将保障国库收入作为绝对优先考虑事项，是国家主义意识形态的表现。在这种倾向下，我们往往会忽视纳税人的利益。与此相对，纳税人主义认为在税法解释时要注重保护纳税人权利，保护纳税人的信赖利益。而最高人民法院秉持的利益相衡原则是国库主义和纳税人主义的融合，是指在税法解释存在争议时充分考虑征纳双方的合理诉求，希望在保障国家税收利益的同时也能保全纳税人的合理权益，达到完美的平衡。

但在本案例的分析中认为，利益平衡原则更多的是一种理论状态，在实际操作中最终总会不可避免地偏向征纳中的一方，平衡的理想结果少之又少。而税法天然地具有侵略性，从税务征收的专业化与技术化、行政程序的强制执行等方面来看，在征纳关系中纳税人显然是弱势一方。

体现在税务诉讼中，公民权利与国家利益相冲突的情形往往不可避免，但行政机关和公权机关似乎更倾向于国家税收利益的保障而不是私人权利的保护。如今实质课税原则的应用越来越广，公民的经济行为很容易被否定，甚至一些不是以避税为主要目的的合法交易也可能因为国家利益的原因得不到税法的认可。但税收的征收是政府服务社会的成本，最终也是为纳税人服务。政府若不能很好地保护纳税人权益，那其服务的质量也会受到影响。毕竟税法不单纯是税务机关行使征税权的根据，即"征税之法"，更重要的是，税法是保障纳税者基本权利的、旨在对抗征税权滥用的"权利之法"（北野弘久，2001）。

法院在处理税收核定争议证明等税务诉讼案件时遵守现有的法律规定，从司法公平角度注意国家利益与纳税人权益的平衡,坚持利益衡量。但如果出现对法规规定不明确或者有争议的案件,法院应尽量从有利于纳税人的角度出发,避免盲目以国家财政利益为由降低证明标准。

(三) 税务行政诉讼中分配好举证责任

举证责任的分配在诉讼过程中起着关键作用。法谚"举证之所在,败诉之所在"就简练地说明了举证责任在诉讼中的重要性。举证责任通常包括两个层面,即主观举证责任和客观举证责任(贺燕等,2016)。主观层面解决的是哪一方对相关事实负有举证责任;客观层面则指的是若经过举证后,相关事实并未得证时该由哪方承担举证不利的责任。

我国《行政诉讼法》规定,被告对作出的具体行政行为负有举证责任。税务行政诉讼当然也不例外。从实质平等角度考虑,一般是由作为被告的税务机关承担举证责任,在举证不能的情况下承担不利的后果。但以上只是一般原则,并不会一概要求税务机关承担举证责任。如本案中涉及税收核定权中的非正当理由的举证责任就倒置为纳税人。

通常认为,税收法定的核心在于要素法定,但税收要素不应仅限于实体税种要素,税收征收程序以及后续税务救济程序都应包括在内。现阶段税务诉讼中的举证责任基本上还是沿用《行政诉讼法》中的举证责任原则,并没有全面体现税务行政程序的特殊性,如税收核定程序、减免税、税收强制与税收保全程序等。所以主张举证责任的分配应该在税法中明确规定,一方面可以明确税务机关的证明责任、最大限度地保护纳税人的权益;另一方面也可以提升税务处理结果的可预见性,提高征管效率。值得一提的是,在2015年公布的《税收征管法修订草案(征求意见稿)》(以下简称征求意见稿)中规定了税收复议程序中的举证责任分配规则[①],这是对解决税务救济程序中的举证责任分配的一次有益尝试,但其并没有规定这些规则在税务诉讼中是否继续适用。

另外,在征求意见稿中多次提到纳税人要对其申报资料及会计资料等的真实

[①] 《税收征管法修订草案(征求意见稿)》第一百三十条规定:"复议过程中,被申请人对其作出的行政决定的合法性、合理性负有举证责任。申请人对下列事项承担举证责任:(一)其申报的收入、支出、减税、免税、退税的真实性;(二)依法履行了记录、保存、提供账簿凭证等涉税资料的义务。"第一百三十一条规定:"按照国际税收条约、协定规定的情报交换机制取得的信息,税务机关经审核确认可以将其作为确定纳税人税额的依据;纳税人有异议的,由纳税人举证。"

性、准确性、完整性负责①，这是否意味着申请人对相关事项负有举证责任呢？如果在诉讼中涉及相关申报资料时要求纳税人自证清白，在一定程度上与纳税人的诚实推定权相冲突。因为诚实推定权是指在无特定事实或者相关证据的情况下，税务机关应该认为纳税人的申报是积极、诚实和可信的。在这两者的冲突中，一般认为税务机关在执法中要充分尊重按市场准则行动的个体地位，要优先保护纳税人的诚实推定权，即税务机关不得在没有证据的前提下进行在先推定，同时在税收司法中承担更多的举证责任（李登喜等，2018）。另外，举证责任应该在税法中进一步细化，除了一般性原则和概括性描述以外，可根据不同税务程序的特点，规定相应的举证责任。

与举证责任联系密切的一个概念就是证明标准。证明标准与举证责任有较为密切的关系，一般来说，证明标准越高，举证责任分配就越重要。

在司法实践中，证明标准主要有两方面的作用。一方面，对于诉讼当事人来说，证明标准对于其负担的举证责任需要举证到何种程度具有直接的指导意义，从这个意义上来说，证明标准一定程度上是举证责任的量化。另一方面，对于法官来说，司法证明标准指的是法官在诉讼中认定案件事实对证明责任人提出的证明程度的要求，是法官据以裁判案件事实以及评判法官对事实的判决是否妥当的一个标尺。

司法证明标准具有灵活性和主观性，法官一般是根据法律规定、案件性质、对当事人权益影响大小综合决定适用的司法证明标准。司法证明标准的适用应该合理、科学。如果适用的证明标准过高，那就可能导致负有举证责任的当事人举证不能，承担败诉的风险；更严重的是，会导致客观、公正的待证事实因为证明标准过高而不被证明，从而放纵违法行为、司法资源被浪费。但若标准过低，待证事实在没有充分被证明的情况下就被认定，诉讼结果很可能有违公平正义。综上所述，司法证明标准应该层次化适用，把握好适用尺度。

本案中最高人民法院的做法就充分体现了司法证明标准的层次化适用。在"有无正当理由"这一问题上，最高人民法院采用的是较低的"排除滥用职权标准"，即只要税务机关没有滥用职权行为，一般其结论就能为法院所接受。而在"是否存在滞纳情形"这一焦点的分析中，法院采用的是"实质证据标准"，提

---

① 《税收征管法修订草案（征求意见稿）》第一百三十条规定："纳税人对以下事项承担举证责任：（一）其申报的收入、支出、减税、免税、退税的真实性；（二）依法履行了记录、保存、提供账簿凭证等涉税资料的义务。"

高了证明程度的要求（王霞，2019）。正是因为在"滞纳金"问题上提高了证明标准，这才使得诉讼结果发生了逆转。

面对案件争议时，由于法院采用的证明标准不同，案件的结果往往会大相径庭。在税收核定争议中，税务机关对证据事实作出的认定可能较法院更为专业。法院应该采取最低司法证明标准，这也在一定程度上体现了司法对于行政的适度谦抑。而滞纳金的性质是在纳税人承担纳税义务基础上带有惩罚性质的责任，若处理不当可能会严重侵犯纳税人的财产权利，理应持着更谨慎的态度处理。故侵犯惩罚性责任基础事实的认定应该适用"实质证据标准"。实质证据标准要求待证事实的各项要件要予以充分说明，证明主体提供的证据说服力要达到普通人能接受的程度。另外，对于结论事实，由于相比于证据事实，其具有更强的主观性，往往更需要中立的第三方对其进行评价和审查。其应该适用优势证据标准[①]，防止因倾向性的价值判断导致税务机关的证明标准降低的情况。

（罗昌财、冀馨语）

参考文献

[1] 北野弘久著. 税法学原理 [M]. 陈刚, 杨建广译. 北京：中国检察出版社, 2001.

[2] 贺燕, 周序中. 税法举证责任分配规则新议 [J]. 税务研究, 2016 (6)：46-50.

[3] 李登喜, 李大庆. 论税收核定权的裁量属性及法律控制——基于"德发案"和《税收征管法》第三十五条的研究 [J]. 税收经济研究, 2018, 23 (6)：81-88.

[4] 李刚. 税收滞纳金的功能与性质的界定方法：利罚参照比较法——从海峡两岸比较的角度 [J]. 税务研究, 2018 (5)：68-74.

[5] 刘剑文, 熊伟, 翟继光, 汤洁英. 财税法成案研究 [M]. 北京：北京大学出版社, 2012.

[6] 史晓龙. D案：一起因拍卖引发的税案 [N]. 中国税务报, 2017.

[7] 朔州市中级人民法院. 最高人民法院行政审判十大典型案例（第一批）[EB/OL]. http://sxszzy.chinacourt.org/article/detail/2017/12/id/3143357.shtml, 2017-06-30.

[8] 汤洁茵. 民法概念与税法的关系探析 [J]. 山东财政学院学报, 2008 (4)：82-85.

[9] 王洪岩. 税收法定原则下的税务行政自由裁量权研究 [D]. 长春：吉林财经大

---

① 优势证据标准，是指当证明某一事实的证据比反对的证据更具说服力时，法官采信优势证据来认定案件事实的证明标准。

学，2016.

［10］王霞．从"德发案"看税收核定司法证明标准的适用［J］．法律科学：西北政法大学学报，2019，37（4）：192-200.

［11］王真真．税法解释的利益平衡论——德发税案启示录［J］．税法解释与判例评注，2018，10（2）：226-238.

［12］危亚武．D公司诉广州市地税局第一稽查局税务处理决定案评析［D］．长沙：湖南大学，2017.

［13］叶金育．税法解释中纳税人主义立场的证成——以谦抑理念为观测中心［J］．人大法律评论，2017（2）：3-36.

［14］翟继光．论"计税依据明显偏低又无正当理由"的判断标准［J］．税务研究，2016（8）：56-59.

［15］最高人民法院．中华人民共和国最高人民法院行政判决书（2015）行提字第13号［EB/OL］．https：//www.pinlue.com/article/2019/03/2016/088284592155.html，2017-04-07.

案例二 逃税罪中初犯免责适用争议案
——范某涉嫌逃税案分析

2009年2月28日,《刑法修正案（七）》对刑法第二百零一条作出了较大的修改和补充。修改后的《刑法》第二百零一条第一款将"偷税罪"改为"逃税罪",并于第四款补充"初犯免责条款"。该法案修改虽已有十年,但仍不够完善,在税收和司法实践中存在诸多争议。2018年5月底爆出的范某涉嫌偷逃税新闻,其涉案金额高达8亿元却免于刑罚,引起社会大众广泛热议。民众纷纷认为逃税罪的认定标准存在缺陷,范某需要受到刑罚。尽管此前也出现过不少类似案件,但由于范某是公众人物,其逃税行为应更加引起重视。此案例较全面地反映了新《刑法》第二百零一条关于逃税罪的规定,特别是第四款对"不予追究刑事责任"的规定。

一、案情简介

本案系由一则涉"阴阳合同"的虚假交易所引起。范某作为该案的当事人之一,被暗指存在逃避缴纳国家税收行为,进而获取不正当利益。由于范某属于公众人物,不仅成立了个人工作室,还担任多家企业的法人代表。该事件一经爆发便全民热议,并引起税务部门关注。经调查,这组合同主要约定了范某在某部电影中出演的片酬。电影片酬总额共计3 000万元,但实际申报纳税金额只有三分之一,其余的2 000万元均通过订立"阴阳合同"和拆分合同等方式,成功逃避缴纳税款或降低其税基和适用税率。经税务部门核实,其逃避缴纳个人所得税税款618万元,少缴营业税及附加112万元,共计730万元。

随着对案件的逐步调查,税务部门还查出范某曾以企业法定代表人的身份少缴税款 2.48 亿元，未代扣代缴的个人所得税 1.02 亿元，以及非法提供便利协助少缴税款 1.3 亿元。最终，国家税务总局于 2018 年 10 月 3 日对该案件作出了一个阶段性处理。第一，对于范某的逃税行为处以行政处罚，其所需补缴的税款、滞纳金以及罚款共计 8.839 亿元。但考虑到范某属于首次以逃税罪被税务部门处以行政处罚，并且之前未有过因逃税而产生刑罚，其做法符合我国逃税罪的规定，因而并未受到刑罚。第二，范某的经纪人私自销毁公司会计账簿和凭证，被公安机关采取刑事强制措施。第三，国家税务总局也开始追究税务机关相关工作人员未依法履职的责任。

二、争议焦点

1. 范某是否适用初犯免责条款？
2. 行政处罚程序是否为逃税罪认定的前置程序？
3. 范某逃税案是否构成单位犯罪？
4. 为何仅追究范某经纪人刑责？

三、法理评析

（一）范某是否适用初犯免责条款

2009 年 2 月 28 日，《中华人民共和国刑法修正案（七）》（以下简称《修正案》）正式开始实施，首次明确了逃税罪的出罪事由："有第一款行为，经税务机关依法下达追缴通知后，补缴应纳税款，缴纳滞纳金，已受行政处罚的，不予追究刑事责任；但是，五年内因逃避缴纳税款受过刑事处罚或者被税务机关给予二次以上行政处罚的除外。"由此，可以推断出逃税罪不予追究刑事责任必须同时满足以下三个条件：一是根据《刑法》第二百零一条第一款的规定，行为人逃避税款数额较大且占 10% 以上，即已经构成犯罪，应当追究刑事责任；二是纳税人犯逃税罪后，经税务机关下达追缴通知后，应及时补缴税款、缴纳罚金，依法接受行政处罚；三是纳税人五年之内未因逃税罪受过刑事处罚，且未因逃税受税务机关二次及以上的行政处罚。

1. 范某是否构成逃税罪行为？

进一步探讨范某是否适用初犯免责条款前，需要明确范某逃税行为是否构成逃税罪。对于并不构成逃税罪的行为要素，原本就不能追究刑事责任，进而没有讨论的必要。在《修正案》实施后，《刑法》第二百零一条将"偷税罪"正式修改为"逃税罪"，并规定其定罪最低标准为逃税"数额较大"且占应纳税额的10%以上。首先，我国刑法并未对逃税罪的数额进行具体说明，而是采用了"数额较大"和"数额巨大"等模糊性描述和表达。至今，最高人民法院也未曾发布相关司法解释对"数额巨大"和"数额较大"进行明确规定。仅根据2010年5月发布的《关于公安机关管辖的刑事案件立案追诉标准的规定（二）》第五十七条①，可推断逃避缴纳税款应予立案的数额为五万元以上。据此，可以理解为逃税罪当中规定的"数额较大"为"五万元以上"。对于"数额巨大"，原《刑法》第二百零一条规定为十万元，但修改后却没有相关法律依据可以为该解释提供佐证。目前，各地司法机关一般是根据当地经济水平等因素对"数额巨大"的认定进行自由裁量。其次，对于逃税数额占应纳税总额的比例，其计算公式中两者具体的数额应如何界定。依据《最高人民法院审理偷税抗税刑事案件具体应用法律若干问题的解释》，逃税数额是指在纳税期间，不缴或少缴所有税款的总和，而所占比例则是指一个纳税年度中的各税种逃税总额占该纳税年度应纳税总额的比例。在本案中，根据国家税务总局A省税务局公布的调查结果，范某逃避缴纳税款总额高达2.48亿元，该数额显然是巨大的，符合"数额巨大"定义。但由于官方未公布范某这一年度的具体总应纳税额，故无法得知具体的比例。参照A省税务局对该案件的后续调查结果，范某已构成逃税罪，故可推断出其当年逃税数额占各税种应纳税额比例的百分之十以上。

2. 如何理解"已受行政处罚"？

一般来说，纳税人只有在税务机关依法下达追缴通知后，按照规定补缴税款并缴纳滞纳金，依法接受行政处罚的，才有可能不被追究刑事责任。但对于《修正案》中所提及的"已受行政处罚"，是指税务机关作出行政处罚决定书之时，

---

① 最高人民检察院、公安部联合发布的《关于公安机关管辖的刑事案件立案追诉标准的规定（二）》第五十七条规定："逃避缴纳税款，涉嫌下列情形之一的，应予立案追诉：（一）纳税人采取欺骗、隐瞒手段进行虚假纳税申报或者不申报，逃避缴纳税款，数额在五万元以上并且占各税种应纳税总额百分之十以上，经税务机关依法下达追缴通知后，不补缴应纳税款、不缴纳滞纳金或者不接受行政处罚的；（二）纳税人五年内因逃避缴纳税款受过刑事处罚或者被税务机关给予二次以上行政处罚，又逃避缴纳税款，数额在五万元以上并且占各税种应纳税总额百分之十以上的；（三）扣缴义务人采取欺骗、隐瞒手段，不缴或者少缴已扣、已收税款，数额在五万元以上的。纳税人在公安机关立案后再补缴应纳税款、缴纳滞纳金或者接受行政处罚的，不影响刑事责任的追究。"

还是指纳税人按照处罚决定书内容履行完毕义务之日？此外，当纳税人对税务机关作出的行政处罚决定存有异议并提起行政复议时，是否属于该条款中的"已受行政处罚"。也就是说，"已受行政处罚"究竟应该从接受处罚者角度来评判，还是从作出人的角度来考虑。如果是从接受处罚者的角度出发，必须是自愿接受税务机关的处罚，按照规定履行义务，才可以视为"已受行政处罚"。如果从处罚作出人的角度来看，行政处罚一经作出，无须考虑纳税人的意愿，就可以被看作是"已受行政处罚"。

笔者认为"已受行政处罚"从接受处罚者角度出发更加合理。它不仅要求行为人在客观上将会受到一定的行政处罚，还强调行为人在主观上必须心甘情愿服从处罚决定，积极配合税务机关缴纳税金及其他义务。实际上，《修正案》重新调整并增加第四款的初衷，就是考虑到给那些一时麻痹而误入歧途的纳税人一个机会，让这类人清醒地认识到错误，并给他们提供一个可行的补救方式。相反，对于那些无视国家法律、不愿接受处罚的行为人，不可能对其从宽处理。这既体现了"宽严相济"的原则，也是对那些积极悔改并愿意配合调查的纳税人一次公平对待机会。因此，"已受行政处罚"主要包括两方面内容。首先，行政机关必须及时作出处罚决定。其次，行为人必须积极配合行政机关履行相关义务。对于那些表面上接受行政处罚，背后却以各种理由推脱、拖延的纳税人，应当认定其不满足"已受行政处罚"的条件。本案中，范某在收到《税务决定处罚书》后积极配合税务机关工作人员，及时缴清了相关税款、滞纳金和罚款，并公开发文道歉，态度较为诚恳，符合"已受行政处罚"的条件。

3. 但书的适用限制。

《刑法》第二百零一条第四款的但书对适用初犯免责的情形作出了约束，即"5年内因逃避缴纳税款受到刑事处罚或者被税务机关给予二次以上行政处罚的"，仍需追究其刑事责任。这一限制的规定，同本款设立初犯免责的政策依据相协调。需明确的是，第四款的但书规定不属于逃税罪的构成要件，仅是对处罚阻却事由进行相应限制。也就是说，行为人即使最终没有被司法机关追究刑事责任，也不能改变其构成逃税罪的法律事实。此外，但书规定当中的"5年内"从何时开始结算也值得进一步研究。例如，当行为人前次所受处罚为刑罚时，应从判决生效之日起计算，还是从行为人罚金缴纳完毕之日起计算。再如，当行为人前次所受为行政处罚时，是从行为人缴纳罚金之日起计算，还是从税务机关作出罚款决定之日起计算。笔者认为，考虑到但书的设置是为了减少特殊预防必要性，应当从处罚执行完毕之日起计算。从相同原理考虑"5 年内"从何时开始截止，笔者认为应计算至行为人再次逃税之日止。本案中，范某偷逃税款行为已构成逃税罪，但考虑到范某该次逃税前五年内未受过刑事处罚且未受两次以上行政处罚，故符合但书的适用限制。

综上，范某的逃税行为适用初犯免责条款。

（二）行政处罚程序是否为逃税罪认定的前置程序

行政处罚是行政制裁的一种形式，指行政机关或其他行政主体依法定职权和程序对违反行政法规但尚未构成犯罪的相对人给予行政制裁的具体行政行为。在逃税罪当中则具体表现为：经税务机关依法下达追缴通知后，行为人应当按照规定补缴税款并缴纳滞纳金。相应的行政处罚是否构成逃税罪认定的前置程序，主要取决于行为人接受了税务机关的处罚后是否满足免于刑事责任的条件。也就是说，行政处罚的前置程序并不是简单的先后顺序，而是强调行政处罚的先导性，在行政处罚失效的情况下才适用刑事处罚。根据《修正案》对《刑法》第二百零一条特别增加的第四款内容，即我国《刑法》首次明确规定逃税罪的出罪事由。据此，可以从两方面来讨论行政处罚是否构成逃税罪的前置程序。

第一，行政处罚程序必须先于刑事处罚程序。首先，凡是涉及逃税的案件，都必须先经过税务机关的处理。若税务机关暂未处理，司法机关也不得跳过这一步直接追究行为人的刑事责任。即使税务机关明知道行为人已经发生逃税行为但是未下达任何通知时，司法机关也不得实施刑事责任。也就是说，司法机关不得将税务机关的不作为当成追究刑事责任的证据。进一步说，即使逃税人员向税务机关工作人员寻租，导致税务部门没有下达追缴通知，也不能直接追究其刑事责任（张明楷，2011）。其次，当纳税人的逃税行为被税务机关发现并下达追缴通知后，行为人是否要补缴所欠税款，是否要缴纳滞纳金，这完全取决于个人主观意愿。换句话说，行为人是否要接受行政处罚履行义务，完全是处在一个有待确定的状态。只有在行为人明确拒绝接受处罚、拒绝缴纳相应税款和罚金时，司法机关才有权利继续进行侦查。最后，从法益侵犯的角度出发，在税务机关的行政处罚程序未完全结束前，国家税收收入是否遭受侵害尚处在一个不确定的状态。因此，行政程序不确定，刑事程序就不能启动，这既是对人权的保护，又体现了无罪推定①精神。据前述分析可推断，对于逃税罪，让行政处罚先行于刑事处罚更符合《修正案》新增条款的初衷。

第二，行为人接受行政处罚是否构成免于刑事追诉的先决条件。根据逃税罪第四款规定的出罪事由，行为人是否适用于首罪不刑，关键取决于其此次逃税前五年时间内是否因逃税受到过刑事处罚或是两次以上的行政处罚。也就是说，如果行为人未受过刑事处罚或者不超过两次的税务机关行政处罚，在这种情况下，当事人只需依法履行税务机关的行政处罚就可免于刑事责任。相反，如果行为人不满足免于刑事追究的资格，即使按照规定接受行政处罚后仍会受到刑罚。此时就无法推断出行政处罚程序是逃税罪刑事诉讼程序的前置程序的结论。因此，逃税罪当中的行政处罚只得在一定条件下才构成刑事处罚的前置程序。

在本案中，涉嫌逃税罪的范某属于第一次刑事犯罪，符合《刑法》第二百零一条第四款但书的限制规定。在这种情况下，范某依法受税务机关的行政处罚，该程序构成逃税罪刑事诉讼程序的前置条件。

（三）范某逃税案是否构成单位犯罪

我国《刑法》第二百零一条规定了自然人构成逃税罪的情形，但对单位犯罪并未明确规定。本案中，范某作为多家公司的法人，属于公司的直接负责人和决策者，其公司的逃避税款行为是否构成单位犯罪值得进一步研究。根据我国《刑法》的相关规定，逃税罪不仅包括自然人犯罪，还包含单位犯罪。相应情形下，单位犯罪采用双罚制。也就是说，单位犯罪意味着不仅单位要被判处罚金，其直接负责人或者主管也会受到一定的处罚。此外，单位犯罪的主体不是各个成员的简单集合，而是其中的某个成员。尽管在逃税罪的单位犯罪中自然人和单位均可以作为犯罪主体，但从目前我国《刑法》第三十条②规定来看，单位犯罪的主体多为"公司、事业单位和机关团体"，而并非自然人。因此，可推断当前相关逃税罪立法一定程度上否定了自然人的犯罪主体资格。

进一步判断犯罪主体，需要确定犯罪的形式，即单位犯罪还是自然人犯罪。

---

① 《中华人民共和国刑事诉讼法》第十二条规定："未经人民法院依法判决，对任何人都不得确定有罪。"这意味着，在法院依法判决之前，任何人都不处于有罪公民的地位。

② 《中华人民共和国刑法》第三十条规定："公司、企业、事业单位、机关、团体实施的危害社会的行为，法律规定为犯罪的，应当负刑事责任。"

根据我国宪法的规定，依法纳税是每个公民应尽的法律义务，如果拒绝履行其义务需要承担一定的法律责任。因此，判断一个自然人是否构成逃税罪，其先决条件为拒绝承担特定的纳税义务。基于类似情况考虑，评判一个单位组织是否犯逃税罪，也应当根据不同税种的纳税主体资格来讨论（刘荣等，2017）。在我国当前的税收法律体系中，根据国家实际财政需求和某些特定目的，共设有18个不同税种。每个税种的纳税主体和其应尽的义务都存在部分差异，这就进一步导致不同纳税主体在评判逃税罪时承担的刑事责任也会不同。

在逃税罪中的单位犯罪案件中，犯罪主体通常为公司、企业和社会团体，且接受法律制裁的自然人主要包括两类：一是直接负责的主管人员；二是其他直接责任人员。但由于我国刑法与当前司法实践的滞后性，有关法律并未对这两类自然人进行具体规定，故导致现实中几乎所有单位犯罪的自然人刑事责任认定出现问题。对于直接负责的主管人员，司法机关几乎一致认定为是公司的法定代表人或是公司的最高决策者的其他直接责任人员。与之对应的是，其他直接责任人员的认定较为模糊，通常仅包括公司财务会计部门的负责人，如财务总监和财务经理。笔者认为，应从实质犯罪的原则出发，追溯至问题根源，真正厘清直接负责主管人员和其他直接责任人员的区别。特别是其他直接责任人员的认定，应当扩大其范围，如涵盖财务部门内部其他关联义务的职能部门或某一具体职员。此外，判断其他直接责任人员的重要标准应当包括其是否为故意，即了解所实施行为涉及犯罪，且未受他人唆使、蒙骗或迫使。

本案中，范某的逃税行为认定为自然人犯罪毋庸置疑。但范某作为多家公司的法人是否应承担逃税罪中单位犯罪的刑责，仍是案件的争议焦点。部分学者认为，范某作为公司的法定代表人，属于公司逃税行为的直接受益者，应承担逃税罪中单位犯罪主体的刑责。另有部分学者认为，逃税罪的重点应放在行为人本身，关注逃税数额和比例，客观评判行为人的刑事责任。据本案例分析认为，范某所经营的公司少缴营业税，为他人提供便利少缴税款，仅形式上构成单位犯罪。而范某作为一个演员，不懂公司财会制度，所有财务事项都交由公司财务人员打理，且并无直接证据表明范某知情或授意，故范某并无实质犯罪，不构成单位犯罪当中的"直接负责主管人员"。

（四）为何仅追究范某经纪人刑责

根据前述分析，逃税罪是确定有行政处罚作为刑事责任追究前的前置必经程序的一个罪名，而故意销毁会计账册凭证罪[①]并没有行政处罚的前置程序。实际上，中国的刑法包括四百多个罪名，逃税罪是唯一在实施刑罚前必须经过税务机关处理的罪名。两个罪名之间存在本质性的区别：逃税罪应归类于财产性犯罪，而故意销毁会计账册凭证罪属于公司财务会计管理秩序方面的罪名。另外，逃税罪属于未尽义务的犯罪，因而是授益义务[②]的犯罪，犯罪的主观恶性较低。在经纪人销毁账册的过程中，范某作为公司法人是否需要承担刑事责任，需进一步探讨。范某作为公司的实际控制者，属于逃税行为的实际受益人。对于销毁账簿是否需要承担刑责，应当依据犯罪的构成要件判断，销毁账簿属于故意犯罪，需要行为人主观上清楚自己行为为犯罪，且不受他人唆使或授意。若范某进行了这些行为，对销毁账册是指使的、同意的，也会受到刑事处罚。

本案中，范某作为一个公众人物，其主要精力投在作品拍摄和活动宣传。由于对财务管理知识的欠缺，其将自己名下公司和财产全部交由自己经纪人进行管理，自己不负责具体业务的情形是可能出现的。公司发生销毁账簿行为，并不能直接得出是公司法人故意教唆所为，还需要相关的证人证言。因此，认定范某工作室销毁账簿行为应由范某直接承担责任是不规范的，必须经过司法机关认真严肃调查，依据真实的行为事实和证据来认定。税务机关一系列调查结果表明，范某并未直接管理工作室和公司，也未发生授意经纪人销毁账簿的违法行为。进而，犯罪当事人只能是实际的管理人、行为人。此外，由于工作人员并不属于公司逃税行为的直接受益者，可依照实际情况对其从轻处罚（陈有西，2018）。

四、案例启示

（一）逃税罪认定标准探究

1. 当前逃税罪认定标准的缺陷。

根据我国《刑法》第二百零一条第一款规定，逃税罪的认定标准采用了数

[①] 《刑法》第一百六十二条之一规定："隐匿或者故意销毁依法应当保存的会计凭证、会计账簿、财务会计报告，情节严重的，处五年以下有期徒刑或者拘役，并处或者单处二万元以上二十万元以下罚金。单位犯前款罪的，对单位判处罚金，并对其直接负责的主管人员和其他直接责任人员，依照前款的规定处罚。"

[②] 授益行政行为是指行政主体为行政相对人设定权益或者免除义务的行政行为；而不利行政行为是指行政主体为行政相对人设定义务或者剥夺、限制其权益的行政行为，又称负担性行政行为。当然，在某些情况下，同一个行政行为对某一行政相对人而言是授益行政行为，而对另一行政相对人而言则是不利行政行为。

额加比例的方式。具体表现为：当逃税数额达5万元以上，同时逃税数额占应纳税总额的10%以上，则认定为符合逃税罪的最低标准。此外，当逃税数额占总应纳税额的30%以上，且符合"数额巨大"的规定，则属于规定的情节严重，将会从重处罚。在具体的司法实践过程中，数额标准较为明确，并且可量化操作，但比例标准就显得尤为复杂，并且由于各地计算方式不同，进而导致结果也不同。《最高人民法院关于审理偷税抗税刑事案件具体应用法律若干问题的解释》① 中指出，计算逃税数额比例的方法主要建立在以年度为期限合税种的基础之上。其中，合税种是指在一个年度期间内该案件涉及的所有税种的合计数额，是相对于分税种而言。对于此计算方法，部分学者有不同看法，他们认为纳税人的不同经济行为之间互不影响，在某个经济行为的逃税行为同其他经济行为当中的合法纳税并无关联（周洪波，2001）。基于此，他们认为，在计算逃税数额时应当将不同的税种分开计算，同时分别计算出所占比例。笔者认为，当前我国实行复合税制，税种纷繁复杂，判断纳税人逃税的严重性应该从整体出发，采用合税种计算符合立法本意。相反，若采用分税种的计算方法，当纳税人在多个不同税种之间都存在逃税行为，且不同税种的逃税比例存在较大差异时，司法机关容易陷入困境，难以选择某一税种的逃税比例为评判依据。

另外，对于比例的标准也存在不同观点。一方面，有学者认为采用比例制，可以充分体现公平原则，使得大额纳税人和小额纳税人之间保持均衡（王作富，2003）。另一方面，有部分学者持反对观点，认为采用比例制来认定逃税罪的情节严重程度并不合理。首先，当某个纳税人的年度应纳税额总计为亿元，但其逃税数额为30万元时，显然，通过比例制方法计算，逃税数额占总应纳税额的比例远远不足10%，但30万元却是一个较大数额。其次，采用数额加比例的认定标准容易出现计算空档。例如，逃税数额比例在10%~30%，逃税数额却超过5万元；再如，逃税数额比例超过30%，但逃税数额低于10万元。在司法实践中，

---

① 《最高人民法院关于审理偷税抗税刑事案件具体应用法律若干问题的解释》第三条规定："偷税数额，是指在确定的纳税期间，不缴或者少缴各种税款的总额。偷税数额占应纳税额的百分比，是指一个纳税年度中的各种偷税总额与该纳税年度应纳税总额的比例。不按纳税年度确定纳税期的其他纳税人，偷税数额占应纳税额的百分比，按照行为人最后一次偷税行为发生之日前一年中各税种偷税总额与该年应纳税总额的比例确定。纳税义务存续期间不足一个纳税年度的，偷税数额占应纳税额的百分比，按照各税种偷税总额与实际发生纳税义务期间应上缴纳税款总额的比例确定。偷税行为跨越若干个纳税年度，只要其中一个纳税年度的偷税数额及百分比达到《刑法》第二百零一条第一款规定的标准，即构成偷税罪。各纳税年度的偷税数额应当累计计算，偷税百分比应当按照最高的百分比确定。"

相关工作人员又应当如何对上述案件中的涉案人员定罪。

2. 逃税罪认定标准的优化。

逃税罪在草案起草、修改和审议过程中，就有部分专家学者提出过废除数额加比例的双重标准，建议规定某一数额或比例的单一标准。法律委员会结合我国当前的纳税环境和规模考虑，认为市场纳税人不履行纳税义务的情形较为复杂，故最终保存最初的数额加比例的双重认定标准（黄太云，2009）。但长远来看，我国有必要制定单一的数额定罪标准，在对其计算方式统一的前提下，同时考虑纳税人附加因素。例如，可以根据纳税人的规模和年应纳税额，划分不同的等级，进而对不同等级划分不同的逃税罪认定数额标准。在这个过程中，要特别注意逃税数额较大但所占比例较小的纳税人，防止出现大额不入罪的情形。在这种情况下，我国不仅能够做到公平对待纳税规模不同的纳税人，又能减缓逃税者的主观恶性，同时减小了逃税对社会的危害性，节省了司法资源。

（二）逃税罪中行政处罚前置程序的必要性

据前述分析，当行为人符合《刑法》第二百零一条第四款但书的适用条件时，即之前所受税务机关行政处罚构成逃税罪刑事追诉程序的前置程序。早在逃税罪的规定修改之前，对于"偷税罪"中的行政程序和刑事程序优先问题就有诸多讨论。但随着2009年《修正案》的正式通过，行政程序先于刑事程序的必要性就显得尤为明显。首先，逃税行为属于行政犯，逃税罪的触犯需要承担一定的行政责任（刘荣，2010）。其法律的目的主要是维护国家法益，保证国家财政收入的稳定，本质上是促进社会的发展。法益涉及较为复杂，覆盖面广，规模较大，应该优先采取行政处罚的手段。与之相对应的刑罚则需谨慎，只有在其他手段不能够起作用的情况下才允许被使用（毛杰等，2009）。其次，考虑到我国不履行缴纳税款义务现象太普遍，使用刑罚容易矫枉过正。因此，有关部门应该灵活地贯彻法律规定。例如，对于部分处于发展初期的中小型企业，难免出现各种问题，导致暂时无法按照规定缴纳税收。如果税务机关强行执行税收法规，则可能导致该公司面临倒闭的风险。这样既不利于市场经济的发展，也不符合税收立法的初衷。再次，行政处罚程序的前置有利于节约司法资源，提高各部门执法的效率。对于逃税行为的案件，必定会涉及部分专业的税收法律知识，如纳税人的认定、各税种逃税数额的计算、纳税时间的确定和税率的适用等。如果在案件的最初就由司法机关介入，而司法机关当中又缺乏税法、会计和审计等专业人员，则有可能出现逃税罪认定不清晰甚至逃税罪认定出错等情形。最后，由于中国税法立法权力层次较低，标准过于随意，盲目使用刑法不利于整个税收法治体系的建设（陈有西，2018）。例如，我国各地方部门制定不同的税收优惠政策，吸引不同的投资者来建设开发，本质上是属于地方的税收法规建设，一旦出现矛盾，就是罪与非罪的解释标准。因此，为逃税罪的适用设置一道门槛，有效防止了刑法的滥用。

（三）《税收征管法》与《刑法》的衔接

根据我国当前税收法律体系，纳税人的逃税行为不仅受《税收征管法》第六十三条①的约束，情节严重还可能受到《刑法》的制裁。但由于两者规定的内容存在一定差异，导致其衔接不足，不利于逃税案件的移送和认定。两者的主要区别包括以下几方面：一是对逃税行为的称呼不同，《税收征管法》中对于未缴或少缴税款的行为称之为"偷税"，《刑法》则将之认定为"逃税"；二是《税收征管法》的内容采用列举式，而《刑法》则采用概括式，在司法实践中不便于执法人员的认定；三是对纳税人少缴或不缴纳税款行为发生时是否存在主观故意存在差异，《税收征管法》只关注税款流失的事实，而《刑法》则更加强调纳税人的主观故意，这种情形容易使税务机关将并无主观故意的纳税人移送至司法机关，进而造成司法资源的浪费。

对于两者衔接不足的缺陷，笔者从《税收征管法》的角度出发，提出以下三方面的修改内容：一是将"偷税"调整至与《刑法》规定相同，为"逃避缴纳税款"；二是精炼其内容，既避免出现列举不全面导致部分少缴税款者未被追究法律责任的情形，又可以突出逃税行为的本质特征；三是进一步明确立法，强调纳税人必须是主观故意，对于因纳税人不清楚或由于过失而导致的少缴税款行为，应与逃税行为相区别，并且规定对于该情形从轻处罚或是不予处罚。

---

① 《税收征管法》第六十三条规定："纳税人伪造、变造、隐匿、擅自销毁账簿、记账凭证，或者在账簿上多列支出或者不列、少列收入，或者经税务机关通知申报而拒不申报或者进行虚假的纳税申报，不缴或者少缴应纳税款的，是偷税。对纳税人偷税的，由税务机关追缴其不缴或者少缴的税款、滞纳金，并处不缴或者少缴的税款百分之五十以上五倍以下的罚款；构成犯罪的，依法追究刑事责任。扣缴义务人采取前款所列手段，不缴或者少缴已扣、已收税款，由税务机关追缴其不缴或者少缴的税款、滞纳金，并处不缴或者少缴的税款百分之五十以上五倍以下的罚款；构成犯罪的，依法追究刑事责任。"

(四) 鼓励纳税人积极补缴税款

对于符合逃税罪初犯免责条款，且逃税数额比例未超过 10% 的纳税人，即使未能按照税务机关规定在一定时间内补缴全部税款与滞纳金，只要将其欠税数额降至 10% 以下，笔者认为可以考虑将纳税人暂缓移送至司法机关。主要基于以下考虑：一是纳税的主要目的是保证国家财政收入，而打击逃避缴纳税收的违法行为主要是使税收收入及时入库。将纳税人暂缓移送至司法机关，可以避免使涉案企业因资金链暂时紧张而陷入逼停状态。二是对于无法及时缴纳税款的纳税人，可以尝试其他方式督促其早日缴纳税款，刑罚并不是唯一的手段。例如，可以考虑加重行政处罚来换取筹取资金的时间。三是我国法律尚未明确规定行政处罚的程度，税务机关拥有较大的自由裁量权。如果不再将未及时缴纳行政处罚决定书规定的处罚金额的纳税人移送至司法机关，可以有效防止职权的滥用。

（宋生瑛、祝成南）

参考文献

[1] 陈有西. 为什么只追究经纪人刑责而不追究范某 [EB/OL]. http://www.law114.com.cn/redian_x.php?id=7676&l=2&pid=5, 2018-10-12.

[2] 黄太云. 偷税罪重大修改的背景及解读 [J]. 中国税务, 2009 (4)：20-22.

[3] 刘荣, 李佳男. 论我国逃税罪主体司法认定的困境与出路 [J]. 税务研究, 2017 (3)：66-70.

[4] 刘荣. 刍议"逃税罪"案件行政程序与刑事程序的关系 [J]. 涉外税务, 2010 (5)：54-57.

[5] 毛杰, 王雄飞. 论偷逃税行为的行政处罚与刑事责任追究之区分与衔接 [J]. 税务研究, 2009 (12)：56-59.

[6] 钱俊文. 偷税、逃税的概念辨析及相关制度完善 [J]. 税务研究, 2016 (9)：79-83.

[7] 王作富. 刑法分则实务研究（上）（第二版）[M]. 北京：中国方正出版社, 2003：731.

[8] 张明楷. 逃税罪的处罚阻却事由 [J]. 法律适用, 2011 (8)：38-42.

[9] 周洪波. 税收犯罪疑难问题司法对策 [M]. 吉林：吉林人民出版社, 2001：82-84.

案例三 税务行政处罚与刑事处罚竞合案
——税务稽查局诉请对已受刑罚 A 公司行政处罚案分析

在我国，行政处罚与刑罚广泛地运用于执法、司法实践中，但两者之间的竞合关系却一直未有定论，"一罪多罚""以刑代罚"等现象的产生，便是行刑衔接关系不畅的外露。平衡行政处罚与刑罚的竞合关系，解决阻碍行刑衔接的困境，关键在于厘清行政处罚与刑罚的关系和明确行刑衔接应当遵守的原则与标准。

一、案情简介

2017 年 7 月 6 日，A 轻工机械制造有限公司（以下简称 A 公司）收取 B 市 C 汽车名下相关公司虚开增值税发票共计 577 273 元，该行为构成虚开增值税专用发票罪。经 B 市法院审理，A 公司被判处罚金 20 万元且扣押税款 577 273 元由 B 市经侦部门上缴国库。2018 年 9 月 19 日，国家税务总局 B 市税务稽查局（以下简称稽查局）就上述法院判决作出相关处理决定，认为该笔扣押税款虽从经侦部门上缴国库，但根据税务管理规定相关公告，扣押税款理应经过主管税务机关上缴，故作出补缴增值税及按日加收滞纳金的处罚。2019 年 4 月 3 日，催告无果后，稽查局实行税收强制措施，从 A 公司银行账户扣除税款 577 273 元、滞纳金 348 095.62 元。因不服稽查局税收执法行为，A 公司就此案上诉至 B 市人民法院。

A 公司诉称，A 公司于 2017 年就其收取虚开增值税发票行为服从 B 市法院审理，已依据法院判决书足额缴纳罚金和偷逃的虚开增值税款，并未导致国家税款的流失，同时也得到了应有的法律惩处。经侦部门与稽查局在扣押税款由谁上缴国库的关系与 A 公司无关，稽查局以同样的理由再次申请补缴税款和作出滞纳金的处罚，不符合现实与法律依据，故理应撤销稽查局作出的税务处理决定书，返还 A 公司被强制扣缴的税款与滞纳金。

稽查局辩称，B 市法院对 A 公司虚开发票罪做出的处罚与税务机关对 A 公司违法所得作出的追缴处理决定是两种不一样的法律概念，法院依据的是《中华人民共和国刑法》（以下简称《刑法》），稽查局所依据的是《国家税务局关于纳税人虚开增值税专用发票征补税款问题的公告》的相关规定①。稽查局依法作出税务处理决定并告知 A 公司相关权利，在规定的期限内催告无果后才实行的税收强制措施，并不存在法律程序和实体上的行为不当。

法院调查认为，扣押税款在税务机关及司法机关之间如何划转以保证国家税收足额入库，属于税务机关与司法机关依据法律、法规进行处理的问题，与纳税人无关。根据《刑法》第二百一十条的规定，被判处虚开增值税发票罪的纳税人，在经税务机关追缴税款后，方才缴纳罚金或没收违法财产所得。由此可见，税收优先于罚款和没收违法所得。判决生效后，经由税务机关征缴无果的偷税、欠税款项，交由人民法院强制执行。在本案中，A 公司先行缴纳了罚金，并由经侦部门追缴税款上缴国库，并未存在拖欠应缴税款的行为，稽查局对此同一笔欠缴税款作出税务追缴处理决定，致使纳税人承担不必要的税务负担，该税务处理决定是缺乏事实依据和法律依据的。由于稽查局作出的税务处理决定缺乏事实依据和法律依据，故税收强制执行措施亦缺乏事实依据和法律依据，理应无效。最终法院判决稽查局撤销税务处理决定并返还 A 公司扣缴的税款与滞纳金。

二、争议焦点

能否同时对同一违法行为人作出税务行政处罚和刑罚？

---

① 《国家税务局关于纳税人虚开增值税专用发票征补税款问题的公告》规定："纳税人虚开增值税专用发票，未就其虚开金额申报并缴纳增值税的，应按照其虚开金额补缴增值税；已就其虚开金额申报并缴纳增值税的，不再按照其虚开金额补缴增值税。税务机关对纳税人虚开增值税专用发票的行为，应按《中华人民共和国税收征收管理法》及《中华人民共和国发票管理办法》的有关规定给予处罚。纳税人取得虚开的增值税专用发票，不得作为增值税合法有效的扣税凭证抵扣其进项税额。"

三、法理评析

税务行政处罚与刑罚的竞合关系。从涉税相关法律可知,除《中华人民共和国税收征收管理法》(以下简称《税收征管法》)《中华人民共和国发票管理法》(以下简称《发票管理法》)等相关税收法律外,《刑法》将达到一定数额的税收类违法行为纳入了刑事违法犯罪,这就导致了许多金额较大的税收违法案件不仅涉及税务行政处罚还涉及刑罚。面对这样的税收违法案件,违法纳税人有可能在被税务行政机关处以税务行政罚款的同时被审判机关判处刑事罚金。在此情况下,罚款与罚金应如何执行,税务行政处罚与刑罚的竞合适用问题是我国税收司法实践中亟待解决的现实问题。

刑事司法权作为一项专属于我国刑事审判机关人民法院的专属权,其专属性首先体现在违法犯罪的审判只能由人民法院进行裁决,且裁决结果为终局裁决,任何其他当局机关无权修改判决的效力;其次,根据法律位阶的次序,《刑法》作为法律绝对保留事项,相对于《中华人民共和国行政处罚法》(以下简称《行政处罚法》)《税收征管法》等涉税法律,处于较高的法律位阶。综上,在现行法律中,由于刑事司法权的专属性和《刑法》的高法律位阶,刑事程序应当优于行政程序。即:当税务机关在面对纳税人税收违法行为时,违法金额构成犯罪的标准,税务机关应当依据《税收征管法》第七十七条的规定及时移送司法机关[1]追究其刑事责任。

移送司法机关后,根据"一事不再罚原则",税务机关不应再对违法纳税人作出性质相同的处罚,否则税务机关裁决会失去其应有的行政效力[2]。但依据《行政处罚法》第二十八条第二款的规定,构成"行刑相抵"情况的,罚款可折抵罚金,保留税务行政处罚效力[3]。构成"行刑相抵"的前提条件是税务机关

---

[1] 《中华人民共和国税收征收管理法》第七十七条规定:"纳税人、扣缴义务人有本法第六十三条、第六十五条、第六十六条、第六十七条、第七十一条规定的行为涉嫌犯罪的,税务机关应当依法移交司法机关追究刑事责任。税务人员徇私舞弊,对依法应当移交司法机关追究刑事责任的不移交,情节严重的,依法追究刑事责任。"

[2] "一事不再罚"原则是法理学上的概念,是指对违法行为人的同一个违法行为,不得以同一事实和同一依据,给予两次或者两次以上的处罚。"一事不再罚"作为行政处罚的原则,目的在于防止重复处罚,体现过罚相当的法律原则,以保护行政相对人的合法权益。该原则在本文启示部分作出探讨。

[3] 《行政处罚法》第二十八条第二款规定:"违法行为构成犯罪的,人民法院判处罚金时,行政机关已经给予当事人罚款的,应当折抵相应罚金。"

在不知纳税人违法行为已达到刑事犯罪标准的情况下，先行对其作出了税务行政处罚决定，而后再将违法纳税人移送至司法机关。"行刑相抵"原则在一定程度上避免了由税务机关对案件判断失误造成纳税人合法权益损害的后果。《关于加强行政执法与刑事司法衔接工作的意见》第一条第三款规定："行政执法机关向公安机关移送涉嫌犯罪案件……未作出行政处罚决定的，原则上应当在公安机关决定不予立案或者撤销案件，人民检察院作出不起诉决定，人民法院作出无罪或者免于刑事处罚后，再决定是否给予行政处罚。"从此项规定可推论出：立法上对构成涉税犯罪行为的处罚也是在"刑事优先"前提下，本着避免多重处罚的精神来协调涉税犯罪行为处罚上的竞合问题（李柯奇，2017）。

"行刑相抵"情况下，除坚持"一事不再罚"原则外，还应关注"重罚吸收轻罚"原则。轻重的判断一般有两个标准：一是案情性质，性质严重，则为重。刑罚作为国家对犯罪人员最为严苛的处罚，性质严重于行政处罚。二是对当事人的后续影响，后续影响大，处罚附着效力高，则为重罚。综上，刑罚为重罚，它应当吸收对同一行为其他内容相同的行政处罚。因此，即便行政处罚罚款高于罚金，未抵扣完成部分，也应当停止执行。

针对税收违法案件，作为税务机关，具备税收专业性，在案件的查处、逃税数额的认定、纳税人应使用税率、税收政策等方面相较于公安经侦部门而言，有着巨大的优势。在司法实践中，应当尽量避免税务行政处罚罚款高于罚金的情况，而是让两者金额处在相对统一的状态。罚款须充分体现对危害行为者的惩罚性和对受害者的补偿性。罚金低于税务行政处罚罚款会影响国家税务机关的权威性，使其专业性受到质疑，同时也可能降低税收违法人所受惩罚，使国家公众利益受损。针对这样的情况，建议如下：（1）在处理税收违法案件时，由税务机关先行，借助税务机关人员经济专业性进行调查。当税务机关调查完毕后，判定其属于犯罪行为，再行提交公安部门转接，并将先行作出的税务处理决定书一并转交公安部门与法庭机关，法院庭审判案时，也应当参考税务部门的意见。（2）保留税务机关所作出的行政处罚的效力，在罚款大于罚金时，未抵扣完全的罚款应当保留效力继续执行。

除罚款与罚金外，"偷税、逃税、虚开增值税发票"等此类性质的税收违法行为往往还涉及对偷逃税款的追缴。偷逃税款的核定金额大小往往不存在税务机关与公安部门之间的差异,其主要问题是由哪个机关进行缴纳。税务机关在和公安部门合作时,应当保证整个案件的证据链条的完整性,案件线索与案件证据的传递应尽量避免失误。方法建议有二:一是不具体设定偷逃税款由哪个部门进行征缴,而是由先经手该案件的部门进行税款的征缴。因此,无论是公安部门还是税务机关,在一方完成偷逃税款的追缴时,应当及时上缴国库,并将上缴国库的相关证明作为案件证据的一环告知另一方,保证数据之间的互通有无。二是规定由税务机关负责偷逃税款的征缴,在公安机关调查完毕,庭审判决后,由税务机关根据相关判决书专职负责偷逃税款的征缴,并将征缴结果与公安部门进行沟通。

就本案而言,A公司先接受法院审判,被判处罚金,再收到稽查局的税务处理决定书,便不存在"行刑相抵"的情况。A公司分别接受来自税务机关和法院的罚款与罚金,虽然是性质不同的两种处罚,但从本质上来说,无论是税务机关还是法院,代表的都是国家的公权力。使用罚款或罚金对纳税人税收违法行为进行惩处的目的:一是避免税款的流失;二是警戒纳税人和潜在税收违法行为者。在本案中,A公司除履行法院判决的罚金20万元外,其虚开发票偷逃的税款已经国家公权机关上缴国库,保障了国家税款,达到了法律惩处的目的。根据"一事不再罚"原则,稽查局不得以相同的理由对A公司进行相同的处罚,税务处理决定书无效。至于税款由哪个国家机关进行缴纳,对于纳税人而言,并不重要。

四、案例启示

(一)"一事不再罚"原则的必要性

分析"一事不再罚"是否适用于解决行政处罚与刑罚矛盾的问题,要先厘清行政处罚与刑罚的关系,明白两者概念上的区别。目前,我国对行政处罚这一定义尚无明确的界定,在《行政处罚法》中也并无准确的概念阐述,不同的教科书以及著作对行政处罚的定义都各有不同,目前学界认可较多的定义分别有:(1)行政处罚是指行政机关或其他行政主体依照法定权限和程序对违反行政法规尚未构成犯罪的相对方给予行政制裁的具体行政行为(袁曙宏,1997);(2)行政处罚是行政机关和法律法规授权的组织对违反行政法律法规的公民、法人或其他组织依法实施的制裁(罗豪才、应松年,1996);(3)行政处罚是指特定的行政机关或法定授权组织、行政委托组织依法对违反行政管理秩序尚未构成犯罪的个人或组织予以制裁的行政行为（罗豪才，1996）。这些有关行政处罚的相关概念都具有两个共同的特征：一是行使处罚权的机关是国家授权的行政机关；二是接受处罚的对象为未达犯罪标准的违反行政法律的行为。由特征二可知，若纳税人的行政违法情节或数额达到法律所设置的一定标准，将会触犯刑法，使该纳税人行为上升至刑事违法犯罪行为，在此情况下，作出行政处罚的行政机关应当把相关案件移送给有对应管辖权限的司法部门，做好案件的对接工作，该移送情形在我国法律中有明确规定。《行政处罚法》第二十二条规定："违法行为构成犯罪的，行政机关必须将案件移送司法机关，依法追究刑事责任。"第三十八条规定："违法行为已构成犯罪的，移送司法机关。"《税收征管法》第七十七条规定："纳税人、扣缴义务人有本法第六十三条、第六十五条、第六十六条、第六十七条、第七十一条规定的行为涉嫌犯罪的，税务机关应当移交司法机关追究刑事责任。税务人员徇私舞弊的，对依法应当移交司法机关追究刑事责任的不移交，情节严重的，依法追究刑事责任。"

刑罚，是指行为人违反《刑法》，应当受到的刑法制裁。根据上述有关行政机关移送司法部门的相关规定及《行政处罚法》第七条"违法行为构成犯罪，应当依法追究刑事责任，不得以行政处罚代替刑事处罚"的规定，可见，刑罚的处罚程度重于行政处罚，刑罚的目的除了惩戒违法犯罪行为人以外，还在于有效地预防犯罪的发生。但实际生活中，复杂的案件可能同时涉及行政处罚与刑罚，面对两种性质完全不同的处罚，我国法律法规在制定上可以更多地考虑如何平衡行政处罚和刑罚的竞合关系，"一事不再罚"原则提供了良好的思路。

《行政处罚法》第二十四条规定："对当事人的同一违法行为，不得给予两次以上罚款的行政处罚。"该规定体现了"一事不再罚"原则，即不得以相同的事实原由和相同的法律依据对同一纳税人的同一行为进行两笔或两笔以上的罚款。目前，由于我国法律并无对"一事不再罚"原则的具体规定，该原则仅仅适用于行政处罚中罚款这一情形。罚款是针对纳税人的违法行为作出强制征收一定数额资金的行政处罚，通过对纳税人财产造成一定程度上的侵犯，从而起到制裁的目的。由《刑法》第三十四条可知，附加刑的种类有罚金、剥夺政治权利、没收财产，且附加刑可独立适用。因此，刑罚中的罚金与行政处罚中的罚款既有相似也有区别，罚金是指法院判处犯罪人向国家缴纳一定数额金钱的刑罚方法，两者的区别在于处罚决定的主体、依据、目的不同，两者的相似在于本质上都是对纳税人财产金额的强制性征收。目前我国对"一事不再罚"的"再罚"主要有两种不同的观点：观点一是不得给予两次或两次以上的罚款；观点二是不能给予目的相同的两次处罚。观点一认为，对行为违法人征收多次金额处罚不仅会损害行为人的财产权益，且因为金额处罚的开具享受一定程度的自由裁量权，还可能造成执法权的滥用，单一金额处罚的征收有利于提高执法部门的执法效力。观点二认为，由于处罚所依据的法律不同，因而处罚目的的不同会带来两项处罚间性质的区别，可对同一违法行为进行多次目的不同的处罚，以达到法律在制定时的预期目标。两者各执一词，但争议的核心焦点是对行为人权益保护和法律制裁目的的平衡。

笔者对"一事不再罚"原则予以肯定，认为应当在保障行为人合法权益的同时，树立法律应有的权威，起到对违法行为应有的制裁，但并不认同针对同一违法行为只能给予一次或多次目的不同的金额处罚，金额处罚的目的在于通过财产的强制征收来达到预期的制裁效果。因此，笔者认为，应当在罚款与罚金中间设置一个均衡点以达到行政处罚与刑罚竞合关系的和谐。对于涉及行政处罚与刑罚的"再罚"处理，可将关注点放在行为人所实施的行为在《行政处罚法》与《刑法》规定上的关系。若为特别关系，即一项处罚规定是对另一项规定更为细致、具体或有附加的规定，则将其视为特殊规定，而另一方视为普通规定，根据"特别法优于普通法"的原则，特殊规定的法律效力高于普通规定。因此，应当优先考虑执行特殊规定，而不再适用普通规定，从而不达到"再罚"的目的。若为补充关系，即一项规定是在另一项规定不适用情况时的补充规定，则需考虑违法行为实际情况，分析其适用于主规定内容下的处罚或补充规定下的处罚。若为吸收关系，即根据处罚的性质一方规定可以吸纳另一方规定，如《刑法》中的数罪并罚量刑原则，在此情况下，被吸收的规定则不得作为处罚依据予以适用。在处理行政处罚与刑罚的关系时，笔者更倾向于采用吸收关系，即将行政处罚与刑罚包括罚款与罚金的均衡点放在"从重"处罚上。在法律没有特殊规定允许作出"并罚"情形时，刑罚作出的制裁相较于行政处罚程度更为严重则采用刑罚。

从重处罚并不排除折抵制度，《行政处罚法》第二十八条规定："违法行为构成犯罪，人民法院判处拘役或者有期徒刑时，行政机关已经给予当事人行政拘留时的,应当依法折抵刑期。违法行为构成犯罪,人民法院判处罚金时,行政机关已经给予当事人罚款的,应当折抵相应罚金。"行政处罚折抵刑罚制度是解决行政处罚与刑罚矛盾的重要一环,它对违法当事人发挥着补偿的作用,对多部门执法、重复处罚现象有限制效果。

综上所述,"一事不再罚"原则在处理行政处罚和刑罚的竞合关系上可起到良好的平衡作用,完善"一事不再罚"原则的适用范围,对我国司法实践大有裨益。首先,完善"一事不再罚"原则的前提是要以法律条文明确界定"一事"所规定的事件范围与"再罚"所惩罚的类型。只有基本概念的确定,才能减少对行为人违法行为的性质发生误判的概率。其次,由于"一事不再罚"原则在司法实践中往往涉及多方法律之间的联结,因此,在无明确的法规竞合处理标准借鉴的情形下,可考虑使用基本的法理原则处理不同法律之间的关系,如上文中提及的"吸收关系",以更好地贯彻"一事不再罚"原则。最后,应当明确规定或以行政机关约定俗成的方式,对作出处罚的主体进行限制,避免一权多授。一权多授现象易导致行政机关之间的权责划分不清、协调不一,致使执法扰民、损害违法行为人权益,这一现象在复杂案件中尤为明显。对行政处罚的主体选择可从执法专业性、层级的高低性等方面进行思考。考虑到目前数据时代的发展进度,社会对高知人士的培养,产生的部分案件也越发的复杂化与专业化。为了能够更好地认定案件性质,确认违法行为后果,作出公正的裁定,最好以案件涉及的专业知识作为考量标准,在不同的行政机关中选择与案件案情最为贴近的机关作为主要管辖机关。其中尤为注意的是要尊重以处理某种特定行政违法行为而设立的特殊行政部门,不得强行剥夺其管辖权利。专业化的决定和主导案件的调查、审理、移送等是处理"一权多授"的未来发展方向之一。层级的高低性主要是对地域和管辖范围的考量,基层行政机关管辖区域小,但分布广,当案件性质不涉及重大违法行为时,可优先由基层行政机关作为行政处罚主体进行管辖,基层管辖的优先权能够在案件处理的时效性、及时性上发挥不俗的效用。

(二)行刑衔接制度的完善路径

行刑衔接是"行政执法和刑事司法相衔接"的简称,指的是检察机关会同行政执法机关、公安机关、行政监察机关的实行旨在防止以罚代刑、有罪不究、降格处理等现象发生,及时将行政执法中查办的涉嫌犯罪的案件移送司法机关处理的工作机制①。虽然近年来,我国为行刑衔接颁布了诸多规定,如《行政执法机关移送涉嫌犯罪案件的规定》《关于加强行政执法机关与公安机关、人民检察院工作联系的意见》,在一定程度上推动了我国行刑衔接发展的进程,为司法实践中的行刑衔接提供了相关依据。然而,我国行刑衔接仍存在如下三个问题。

1. 为行刑衔接提供依据的规定及政府文件较为分散且效力等级低。目前我国行刑衔接的相关规定大多都以《意见》的形式发布,效力层级低,但涉及的方向广泛,内容零散,不利于行刑衔接过程的系统化和一体化,相反会带来司法实践中操作的复杂与困难,增加司法机关审理过程的负担。综上而言,行刑衔接缺乏统领性的规定。

2. 不同法律之间协调的稳定性差。由于《行政处罚法》与《刑法》设立目的与内容的差异,《行政处罚法》更倾向于随着时代和国家政策的需要发生改变,其内容具有一定程度的政治性,而《刑法》更多的是对公民人身基本权利的保障及道德立法的约束。因此,在一些情况下,两者之间无法就同一问题达成高度一致,甚至可能出现一定的矛盾。

3. 行刑衔接程序复杂,内容规定不够具体。行刑衔接程序最为关键之处在于案件的移交和移交后的处理,而这些要素在我国现行的法律中并未完善,更多地需要依赖于法官对案件的自主裁量,如《刑法》中对犯罪行为"轻微"一词并无明确界定;《行政处罚法》第二十八条,虽然规定了折抵制度,但对折抵的比例并无相应的规定。

针对现有的行刑衔接问题,本书尝试从以下角度提出解决思路。

1. 衔接原则的认定。在行刑衔接上,对于刑事优先的观点在学界也存在不同的声音。首先,在我国现行的所有法律及规范性文件中并无明确的规定"刑事优先原则",刑事的优先适用,在《行政处罚法》中更多的是从第二十二款"必须移交"及第七条"不得以行政处罚替代刑事处罚"体现出来,但该条例中也并未禁止行政机关对所移交的案件做进一步的调查、追究其他的行政责任。该观点认为,刑事优先更多的应该是有限的优先权,在处理行政处罚与刑事处罚衔接的问题上过于强调刑事优先原则会过于偏重刑事的地位,进而忽视行政处罚在应

---

① 行刑衔接主要包括四部分内容:一是行政执法机关向公安机关移送涉嫌犯罪案件;二是行政执法机关在执法中、公安机关在侦查中,以及监察机关在行政监察中,对于发现的涉嫌职务犯罪案件线索向检察机关移送;三是检察机关对公安机关接受行政执法机关移送案件的处理情况进行立案监督;四是检察机关和行政监察机关对行政执法机关和公安机关的违法违规行为进行法律监督、行政监督和责任追究。

对违法犯罪案件时的及时性和有效性,行政处罚的高效率与低成本能够及时阻止违法犯罪行为的继续,减少社会利益的损失。特别是在一些环境破坏案件中,刑事裁决需求时间过长可能会导致新的利益损失,此时更好的是适用行政优先原则,达到及时止损的效果。由于现实行刑案件的复杂性,单独适用"刑事优先原则"或"行政优先原则"都无法达到两法中关于惩治违法犯罪、保护合法权利不受侵害的立法目的。因此,在行刑衔接的问题上,原先的刑事优先原则逐步向行刑同步协调原则方向发展。

2. 确认精准的行刑衔接程序。党的十八届四中全会在《中共中央关于全面推进依法治国若干重大问题的决定》中进一步提出,健全行刑衔接机制,完善案件移送标准,做到各公安、执法、检查、审判机关之间的信息互通。行刑衔接机制建设的关键在于双方机关信息的互通性,高效的信息传递的最理想情况是行政调查与刑事调查的同步进行,降低由于时间差异导致的双方机关对案件审判进程和判定结果存在差异的概率。因此,完善行刑衔接程序机制可从如下五个方面考虑。

(1)准确定性案件,做到"有案必移"。首先要提高行政机关人员执法素质,定期对行政执法人员进行职业技能培训,明确移送的情形。根据《刑法》第三十七条的规定,对于犯罪情节轻微不需要判处刑罚的,可让行政主管部门予以行政处罚或行政处分,从而免于刑罚。其次要构建机关双向协作机制,密切行政部门与司法部门的沟通,就涉嫌犯罪的违法案件,双方可实现信息的互通、商榷、共享,如设立问询制度以解决案件中涉及的专业行政问题与司法问题和构建行政部门与司法部门联结的执法信息平台等。这样,一是可以交流案情是否达到移送标准,减少后续因达不到刑事立案标准而被退回重新进行行政处罚的成本;二是可以降低移送的成本,尽可能地保证司法机关与行政机关移送资料链的完整,就案情准确分析达成共识,保证国家利益的同时,维护行为人合法权利。最后,可设立移送监督机制,通过政府相关检察机构及大众媒体、社会群众的监督及举报,督促行政部门对达到要求的案件进行合法移送的同时也监督司法部门应当依法对符合标准的案件进行立案。

(2)降低移送成本,降低"有案难移"情况的发生概率。首先要节约时间成本,根据《行政执法机关移送涉嫌犯罪案件的规定》,移送负责人需有两名及以上,审核移送与判断立案时间均控制在 3 小时内,移送时间控制在 24 小时内,在保留必须的分析与判断时间的同时,尽可能地减少了因移送案件造成的时间成本，推动案件更高效地审理。其次，关注司法部门与行政部门之间的办案差异，保证证据链条衔接完整。《行政执法机关移送涉嫌犯罪案件的规定》明确规定移送的材料有六件，包括案件决定移送书、案件调查报告、检验报告、涉案物品清单、鉴定结论书、行政处罚决定书及其他相关材料。与《行政处罚法》不同的是，《刑法》除对客观违法事实进行标准界定外，也涉及纳税人主观故意的违法倾向。为了减少案件回退率，在移送案件时，行政执法部门所转接的证据中应当尽可能地包含足以证明犯罪行为人主观恶意倾向的证据，使双方认定观点一致，因此，法律需要对不同的证据效力作出明确规定。《公安机关办理刑事案件程序规定》第六十三条新增"鉴定意见、勘验笔录、检查笔录"作为证据种类，这是对《刑法》第五十四条第二款所规定的可作为证据使用的材料的合理拓宽，随后还应当根据社会实际变化，不断地完善与更新证据的种类。

（3）良好交流，做到信息共享、案情互通。在案件移交司法机关后，司法机关还应就案件的审理与行政机关保持密切的联系，向行政机关通报案情，必要时还可召开重大案件联席会议。由于法律上并无明确案件移送司法机关后，行政机关是否还可继续调查并作出行政处罚的规定，因此，在司法实践中往往会出现两难情况：一是行政机关依旧作出行政处罚而刑法也对犯罪行为人作出刑罚，出现行政处罚与刑罚的竞合矛盾；二是因为案件进行司法审理需要时间，行政机关无法作出行政处罚但也无法结案，可能错失管控犯罪行为人的机会。根据《公安机关受理行政执法机关移送涉嫌犯罪案件的规定》第六条第三款的规定，行政机关移送案件后，公安机关应当对行政机关作出的关停、吊销执照等行政处罚提供协助。由此可见，对一些为防止国家利益进一步流失，降低犯罪行为人转移资产、逃逸概率而采取的强制执行的行政处罚，行政机关依然保有执行的权力。因此，移送案件后，行政机关行政处罚权力仅为有限中止，对保留执行权的行政处罚与已作出的行政处罚应当与司法机关进行有效的沟通与对接。相对地，司法机关也应当将案情侦查阶段和审查起诉阶段所获取的证据与行政机关共享，当移送案件不满足犯罪条件移回时，行政机关可直接利用司法机关调查所得证据，提高办案效率。

（4）清晰界定管理权限，减少责任推诿现象。首先要明确移送的时间，将移送时间设定在作出行政处罚或刑事处罚后，能够减少不同部门之间推诿责任的现象。其次要明确行政机关对案件的移交责任，不能"以罚代刑"，但并不对案件的第一经手机关作出规定,由行政机关先行发现的违法行为,在调查后,对达到刑事违法犯罪的案件,行政机关严格按照《行政处罚法》要求移交公安部门,而公安部门调查后发现违法行为不足以触犯刑法的,应当及时移交行政部门处理。

(5) 发挥监督体系的作用,促进执法人员严格执法。要充分利用政府监督、人大监督、检查监督、社会群众监督,对案件的移送和执法质量进行监督,推动案件的办理,并及时纠正错误。同时,还可在行政机关内部设置优良的考评制度,推动行政人员依规做事、追求上进,降低怠于履行职责、贪污腐败事件发生的概率。

(宋生瑛、卢柯宇)

参考文献

[1] 曹福来. 税务行政处罚证据初探 [J]. 税务与经济, 2016 (4).

[2] 方照明. 关于行政责任折抵刑事责任的思考 [J]. 湖北经济学院学报 (人文社会科学版), 2019 (11): 80 – 82.

[3] 何海波. 论行政行为"明显不当"[J]. 法学研究, 2016 (3).

[4] 黄先雄. 司法与行政互动之规制 [J]. 法学, 2015 (12).

[5] 黄艳好, 崔险险. 从税务行政诉讼看税务执法风险: 基于168份税务行政诉讼判决的分析 [J]. 税务研究, 2020 (2).

[6] 李柯奇. 税务行政处罚与刑罚连接问题 [J]. 税收经济研究, 2017 (2): 55 – 59.

[7] 李万甫, 何小王. 《税收征管法》修订的基本取向 [J]. 税务研究, 2015 (8).

[8] 刘荣. 刍议"逃税罪"案件行政程序与刑事程序的关系 [J]. 国际税收, 2010 (5): 54 – 57.

[9] 卢勤忠, 夏陈婷. 行政处罚与刑罚的对流机制研究 [J]. 河北法学, 2020 (3): 18 – 35.

[10] 毛杰, 王雄飞. 论偷逃税行为的行政处罚与刑事责任追究之区分与链接 [J]. 税务研究, 2009 (2).

[11] 彭涛. 司法权与行政权的冲突处理规则 [J]. 法律科学 (西北政法大学学报), 2016 (6).

[12] 孙红梅, 林森, 易岚.《税收征管法》的修订历程是中国税收征管发展的印证 [J]. 税务研究, 2020 (3).

[13] 王贵松. 行政诉讼判决对行政机关的拘束力——以撤销判决为中心 [J]. 清华法

学，2017（4）.

［14］王国龙. 判决的既判力与司法公信力［J］. 法学论坛，2016（4）.

［15］王明远. 论我国环境公益诉讼的发展方向：基于行政权与司法权关系理论的分析［J］. 中国法学，2016（1）.

［16］王维顺，张倩. 我国《税收征收管理法》第52条第1款适用的实证研究［M］//熊伟. 税法解释与判例评注：第11卷. 北京：法律出版社，2019.

第二编
增值税发票相关问题

案例一　增值税专用发票的证明力争议案
——A 物流公司与 B 物流公司合同纠纷案分析

增值税专用发票在会计核算以及合同纠纷中发挥着重要的基础性和保障性作用。增值税专用发票的开具、认证和抵扣环节，不仅是降低企业成本、维护企业利益的重要手段，而且是证明双方买卖关系存在可能性以及形成完整性证据锁链的有力佐证。本案例的核心问题在于增值税专用发票的证明力，即根据增值税专用发票的开具、认证以及抵扣等证据能否判定双方当事人存在合同关系，能否予以认定出卖人已经履行标的物的交付义务及买受人承担了货款支付责任。尽管司法解释明确了与此相关的部分问题，但在实践中仍存在诸多争议。此外，司法实践中经常存在提前要求对方交付增值税专用发票的情形，本案判决由此亦给司法实践起到警示和提醒作用。同时，本案中若诉讼请求超过诉讼时效是否应履行其义务以及民事案件对证明标准的要求和举证责任分配问题也值得关注。

一、案情简介

A 公司分别于 2014 年 5 月 9 日、5 月 14 日、7 月 12 日、8 月 4 日、8 月 17 日、8 月 18 日、9 月 28 日承运了 B 公司的果汁饮料及一部分纸箱泡沫。其中，5 月份的 2 次托运费用双方已全部履行完毕。但 7 月份 1 次托运，运费 14 592 元；8 月份 3 次托运，运费 52 913 元；9 月份 1 次托运，运费 28 250 元，该三个月份运费总计 95 755 元，B 公司尚未支付，具体如表 1 所示。然而 A 公司要求 B 公司支付运费时却遭受拒绝，B 公司否认与 A 公司在 7 月、8 月、9 月 3 个月存在运输合同关系。因此，A 公司与 B 公司就合同纠纷向人民法院提起民事诉讼。

表1　　　　　　　　2014年A公司与B公司交易情况

月份	托运次数（次）	运费金额（元）	发票情况	履行情况
5月份	2	68 217.60	已开票	已付款
7月份	1	14 592.00	已开票	未付款
8月份	3	52 913.00	已开票	未付款
9月份	1	28 250.00	未开票	未付款

A公司认为，B公司开具的增值税专用发票已被认可并进行了抵扣，同时增值税专用发票和A公司提供的货物运单上的记载金额一致，由此说明双方存在货物运输关系。如若双方交易并非真实发生，则A公司应第一时间退回或咨询相关增值税专用发票开具情况，而并非以此发票进行税款抵扣。相反，B公司认为，A公司虽然开具了7、8月份的增值税专用发票，但是其却未提供收货单据作为佐证。并且，在其制作的货物运单上未有托运人、收货人的签名确认，因此，其提供的增值税专用发票不足以证明其已履行了承运义务，故否定与B公司7、8、9月份存在合同运输关系，由此无须承担付款责任。

一审法院审理结果：（1）A公司提供增值税专用发票金额与7、8月份向B公司所提供货物运单的运费金额一致。B公司对上述增值税专用发票的真实性予以认可，且将收到的增值税专用发票进行了抵扣，说明其认可与A公司存在运输合同关系。（2）对于9月份的货物运单，A公司虽未开具增值税专用发票，但该份货物运单的托运发站、托运到站、托运人以及收货方的联系电话均与8月份承运的最后两次的货物运单一致，故对该货物运单的真实性亦予以认可。综上，B公司于判决生效10日内向A公司支付运费95 755元。

二审法院认为，A公司虽然提交了货物运单和增值税专用发票等证据来证明其主张，但是提供的货物运单中并无B公司签字确认。而在此种情况下，A公司又无法提供其他证据来加以证明，因而无法有效地认定A公司与B公司双方存在运输合同关系，同时对于A公司是否履行了承运义务也缺乏有力的证据。最终判决结果是撤销一审的判决，即A公司诉求B公司偿还2014年7~9月份运费的主张不予采信。

再审法院认为，增值税专用发票是A公司和B公司相关运输费用的结算凭证，但是持有B公司相关运费的增值税专用发票却无其签名确认的货物运单，不足以证明A公司已经履行了相关的承运义务，其抗辩的理由无法成立，另有28 250元的货物运单证明力较弱，故其主张不予采信。故而法院驳回二审判决，认为 B 公司应履行尚欠 A 公司运费 67 505 元的义务。

二、争议焦点

1. 在合同纠纷中，增值税专用发票的证明力如何？
2. 能否以超过诉讼时效为由驳回原告诉讼请求？
3. 民事案件对证明标准的要求如何？
4. 如何理解民事案件中的"谁主张，谁举证"原则？本案中应由谁承担举证责任？

三、法理评析

（一）在合同纠纷中，增值税专用发票的证明力如何

无论是一审法院，还是二审以及三审法院，其争议的核心都在于增值税专用发票的认定，最终导致审判的结果截然不同。增值税专用发票是否能够成为 A 公司已经履行了承运义务的有效证明，是本案争议的焦点，是 A 公司能否享有追回 B 公司拖欠款项的权利所在。那么 A 公司所提供给法院的增值税专用发票是否具有证明力？

1. 增值税专用发票开具的证明力。《中华人民共和国发票管理办法》第三条规定，发票不仅充当双方交易的收付凭证、会计核算的原始凭证，而且增值税发票是国家税收征管的原始依据和必要资料。在我国诸多发票中，增值税专用发票只是其中之一，但是对我国征收流转环节税收弥足重要。根据《增值税专用发票使用的规定》第三条的规定，一般纳税人销售货物（包括视同销售货物在内）、应税劳务，必须向其购买方开具专用发票。因此，开具增值税专用发票是出卖人的法定义务，其可以作为证明双方当事人是否进行经济交易活动的重要凭证，同时也蕴藏着双方当事人经济交易往来的辅助信息。一般情况下，可以根据专用发票上注明的税额，每个环节征税，每个环节扣税，清晰地了解一种货物从生产到最终消费之间的各个环节。若存在货款支付等纠纷问题，可以将银行汇款凭证和增值税专用发票进行核对，从而确定货款支付情况。

然而，开具增值税专用发票与交付货物属于两个不同的行为，归属于两个不同的法律关系，受到不同的法律约束。其中，开具增值税专用发票是基于税法等

相关法律规定而产生，也是记录纳税人缴纳税款的重要凭证。而交货则是出卖人履行合同义务，亦是买受人根据买卖合同享有到的主要权利，故交付货物的行为受合同相关法规约束。由此可见，增值税专用发票作为双方当事人交易往来的收付凭证并不足以能够单独认定已收货事实，需要进一步结合其他证据加以相互印证。

2. 增值税专用发票认证的证明力。增值税专用发票认证是验证发票的真伪，目的是实现增值税专用发票抵扣，即增值税专用发票认证是抵扣的前提基础、必要条件。对取得增值税专用发票的接受货物进行认证，假若比对一致，能够有效证明增值税专用发票上所有数据不存在偏差，该发票具有法律效力。相反，无法通过税务机关的认证系统达到对比正确的增值税专用发票将影响增值税抵扣。但是能否把认证行为用来判定接受货物方已取得货物呢？现有观点将专用发票的抵扣和认证的证明力等同，认为只要其抵扣或者认证，就能够以此为依据判定买受人已收取到发票标明的货物，并且以发票开具的数额认定为欠款的数额。然而，认证和抵扣所要实现的目标不一致，因而在证明力上也有所区别。《国家税务总局关于进一步明确营改增有关征管问题的公告》第十条规定："增值税一般纳税人取得的2017年7月1日及以后开具的增值税专用发票和机动车销售统一发票，应自开具之日起360日内认证或登录增值税发票选择确认平台进行确认，并在规定的纳税申报期内，向主管国税机关申报抵扣进项税额。"《关于调整增值税扣税凭证抵扣期限有关问题的通知》明确规定，自2010年1月1日起，增值税专用发票等扣税凭证抵扣期限由90天延长至180天。因此，由于认证期限和抵扣期限的有效期限不一致，即使买受人在尚未收到货物或者与发票相符的货物情况下，为了确认发票真假性，往往也会先行认证。故对于发票持有人而言，为了避免影响增值税发票的抵扣功能，在未收到货物的情况下，其可能提前向税务局进行发票认证。因此，对于仅作为认证而在规定期限内未申请抵扣的专用发票，对于收货事实的证明未达到高度盖然性的标准，也就不能以此判定收货的事实。

3. 增值税专用发票抵扣的证明力。专用发票不仅是买卖双方收付款的凭证，而且可以用作买受人抵扣增值税的凭证，抵扣的目的是用以退税、降低企业成本。因此，发票抵扣是重要的环节以及关键的步骤。在增值税专用发票上不仅标注有商品的名称、开票人以及收款人，还记载了商品的相关信息，如相关商品价格、数量以及金额，还包括税款金额。一旦买受人向税务机关进行税款抵扣，自然就承认了双方存有买卖关系。故出卖人如果向法院提供了买受人在税务机关中的税款抵扣资料,且结合相应的增值税专用发票,进行相互验证,而买受人在此情况下无法提供充分的相反证据时,法院应当根据《最高人民法院关于民事诉讼证据的若干规定》第七十二条①的规定,判定双方必然存在买卖关系。但是能否把抵扣行为用来判定接受货物方或劳务方已取得货物呢?基于国家税收的权威性和商业贸易的诚实信用原则,只要接受货物方将卖受方开具的增值税专用发票进行了抵扣,在无其他证据反驳的情况下,一般推定其已经实际收取了发票载明的货物。然而,在现实的商业活动中,市场的商业环境具有复杂性,大量存在"先票后款"或"先票后货"的情况,接受货物方在未收到货物的情况下抵扣增值税专用发票,一方面为企业增加收益,另一方面增值税专用发票具有一定的抵扣期限,此行为不足以推定接受货物方已收取货物。

根据以上分析,增值税专用发票的开具、认证、抵扣不足以单独证明当事人已履行承运责任或者接受货物方已收取货物,但是抵扣环节可以证明双方当事人存在运输合同关系。所以在本案中,A公司给B公司就7、8月份的托运运费开具了增值税专用发票,并且B公司都进行了增值税抵扣。同时,B公司对上述增值税专用发票的真实性予以认可,称收到增值税专用发票并全部进行了抵扣。故按照增值税专用发票的使用规定,抵扣之前必经认证,认证过后向税务机关申报抵扣,可以证明该案当事人双方必然存在运输合同关系,因而对于B公司一审拒绝承认存在运输合同关系不予以支持。然而,《关于审理买卖合同纠纷案件适用法律问题的解释》第八条规定:"出卖人仅以增值税专用发票及税款抵扣资料证明其已履行交付标的物义务,买受人不认可的,出卖人应当提供其他证据证明交付标的物的事实。"因而对于A公司是否履行了承运义务并不能由此判断。在本案中,A公司还提供给法院7、8月份托运B公司货物的运单,其运费金额与增值税专用发票面值比对相互一致。所以根据《证据规定》第六十四条②的规定,法院可以根据当事人的交易习惯等经验知识,如果一方当事人所主张的事实证据具有明显的优势,达到民事诉讼中"高度盖然性"的证明标准,就可以对该事实主张作出裁定。因此,法院判定B公司应履行相应的7、8月份支付运费的义务,本案例分析予以支持。

---

① 《最高人民法院关于民事诉讼证据的若干规定》第七十二条规定:"一方当事人提出的证据,另一方当事人认可或者提出的相反证据不足以反驳的,人民法院可以确认其证明力。"

② 《证据规定》第六十四条规定:"审判人员应当依照法定程序,全面、客观地审核证据,依据法律的规定,遵循法官职业道德,运用逻辑推理和日常生活经验,对证据有无证明力和证明力大小独立进行判断,并公开判断的理由和结果。"

综上所述，从增值税专用发票的功能来说，尽管票面上不仅标明着双方交易商品的信息，如商品名称、单位价格等，还包含着税款金额等信息。但是，增值税专用发票只是国家计算缴税的原始凭证以及双方进行会计核算的原始凭证，而不是代表一种合同关系。从法律关系上来讲，开具增值税专用发票的行为受到以税法为中心的行政法律法规的约束，而付款的行为则受到民事法律的约束，两者分别属于不同的法律关系。从证明案件事实的实有证据上来讲，付款凭证、货运单、收款凭证以及合同书等是更直接反映合同事实的有力证据，而增值税专用发票则是在上述证据的基础上形成的。故增值税专用发票并非直接证据，而是属于间接证据，需要与其他相关证据相结合才具有充足的证明力。

4. 关于增值税专用发票证明力问题的司法实践。增值税专用发票在民事诉讼实践中出现频率日益增多，诉讼请求呈现多元化，在审判实践中依据的法理不同，审判结果也出现千差万别的情形。例如，增值税专用发票的履行状况能否直接衡量商业主体买卖合同其他义务的履行情况，并且其能够发挥多大作用以及证明效力，即增值税专用发票开具、认证及抵扣证明力能否直接证明出卖人已履行了承运义务及接受货物方已完成支付义务和作为认定双方当事人买卖合同关系存在的证据。

（1）各地法院基本认定了增值税专用发票作为确立合同关系的依据。浙江省高级人民法院以会议纪要的形式明确规定，如果是以口头协议形式达成的买卖合同关系，则在一般情况下增值税专用发票可以充当双方当事人存在买卖合同关系的有力证据。然而，上海市高级人民法院持相反的观点，其认为增值税专用发票只是交易双方收付款的记账凭证，通常情况下，其法律效力具有一定的局限性，尽管票面上不仅标明着双方交易商品的信息，如商品名称、单位价格等，还包含着税额和价税合计金额等信息，但其本身并非真正合同，在未有其他有效证据加以证明的情况下，难以认定双方存在买卖合同关系。因此，需要结合其他相关的直接证据加以判断，如收货单、发货单、入库单、收款收据、汇款凭证等。接受货物方或劳务方一旦向税务机关进行增值税专项抵扣，本身就是对双方买卖关系的认同。因此，若出卖人向法院出具相关的税款抵扣证明凭证，且持有相应的增值税专用发票，两者间则形成互证检验的关系。在买受人提出证据的证明力不强的情况下，法院应当根据《最高人民法院关于民事诉讼证据的若干规定》第七十二条[①]的规定，认定双方必然存在买卖关系。

---

① 《最高人民法院关于民事诉讼证据的若干规定》第七十二条规定："一方当事人提出的证据，另一方当事人认可或者提出的相反证据不足以反驳的，人民法院可以确认其证明力。"

(2) 各地法院对增值税专用发票作为已交货或已付款的依据存有争议。北京市高级人民法院认为，假若买受人以开具的增值税专用发票为由证明其已承担付款责任，但却遭受出卖人拒绝承认，则买受人应当向法院提供其他相关证据来加以佐证，并作出合理解释。然而，上海市高级人民法院认为，在买卖合同中，增值税专用发票记载数据具有全面性，买受人可直观地了解应付货款的金额。无论是在交付货物之前还是之后，按照通常惯例，在交易结算之前，收货方都会仔细地校对出卖人所开具的增值税专用发票票面金额，故仅持有出卖人开具的增值税专用发票以及税务机关出具的抵扣税款的证明资料无法有效地证明买受人已支付了款项，但是可以按照当事人的交易习惯以及合同协议的内容，将增值税专用发票作为付款凭证，认定买受人已承担了付款的责任。而山东省高级人民法院认为，双方当事人在实际经济交易往来中存在不规范、依据自身习惯达成合同约定的情况，即使未收到货物或者货款，出卖人也已经提前开具增值税专用发票，由此增值税专用发票无法单独证明买卖双方已交货物或已付款。

（二）能否以超过诉讼时效为由驳回原告诉讼请求

在本案中，B公司一审辩称A公司的诉讼请求已超过两年的诉讼时效，以此来拒绝偿还拖欠的款项。根据《民法典》第五百一十一条①的规定，当事人就有关合同内容约定不明确，依照该法第五百一十条②的规定仍不能确定的，适用下列规定：履行期限不明确的，债务人可以随时履行，债权人也可以随时要求履行，但应当给对方必要的准备时间。据此，一审法院认为，即使A公司与B公司双方未签订运输合同，也未约定债务的履行期间，A公司也可以随时要求B公司履行债务，不存在超过两年诉讼时效的情况。

---

① 《民法典》第五百一十一条规定："当事人就有关合同内容约定不明确，依据前条规定仍不能确定的，适用下列规定：（一）质量要求不明确的，按照强制性国家标准履行；没有强制性国家标准的，按照推荐性国家标准履行；没有推荐性国家标准的，按照行业标准履行；没有国家标准、行业标准的，按照通常标准或者符合合同目的的特定标准履行。（二）价款或者报酬不明确的，按照订立合同时履行地的市场价格履行；依法应当执行政府定价或者政府指导价的，依照规定履行。（三）履行地点不明确，给付货币的，在接受货币一方所在地履行；交付不动产的，在不动产所在地履行；其他标的，在履行义务一方所在地履行。（四）履行期限不明确的，债务人可以随时履行，债权人也可以随时请求履行，但是应当给对方必要的准备时间。（五）履行方式不明确的，按照有利于实现合同目的的方式履行。（六）履行费用的负担不明确的，由履行义务一方负担；因债权人原因增加的履行费用，由债权人负担。"

② 《民法典》第五百一十条规定："合同生效后，当事人就质量、价款或者报酬、履行地点等内容没有约定或者约定不明确的，可以协议补充；不能达成补充协议的，按照合同相关条款或者交易习惯确定。"

如果诉讼时效制度以公共利益为目的,那么,一旦权利期限过后,债权人的权利无法在法律的角度得到保护,而债务人赖债、欠债的行为却得到法律的保护,变得合理、合法,严重损害了债权人的利益,这从某种程度上促使更多债务人形成侥幸心理,不愿偿还债务,从而鼓励了债务人不诚信的逃债行为,成为债务人的帮凶。对于社会来说,这极大影响社会的和谐以及激发道德文化冲突。诉讼时效期届满,只是债权人无法依靠法律的强制性来强烈要求债务人履行未完成的义务,其实不影响债权人继续享有实体权利,但其权利已转化成为一种自然的权利。由此 A 公司仍可以要求 B 公司偿还债务,不因超过诉讼时效而丧失债权人享有追债的权利。另外,也有人提出反对意见,《民法典》第一百九十二条①明文规定:"诉讼时效期间届满后,义务人同意履行的,不得以诉讼时效期间届满为由抗辩;义务人自愿履行的,不得请求返还。"其焦点在于"义务人自愿"的理解,债务人的自愿应理解为债务人不受强迫且自动地承担义务,所以义务人在诉讼期满时不履行债务责任是受到法律保护的。可是"债务人的自愿"如何理解?本案例分析认为其成立的前提是不损害债权人的利益,体现公平、公正原则。故诉讼时效制不应该成为债务人的帮凶,从而损害债权人的利益。

(三) 民事案件对证明标准的要求及举证责任分配问题

在司法审理的过程中,法官要先弄清楚待证事实的每一个具体细节,分析事件的来龙去脉,而事实查明必然会受到其评判标准的界限约束。由此可以表明,无论我们是否关注以及关注的程度如何,证明标准都不随我们的意志而发生转移,它客观地存在于司法活动中。证明标准是指负有证明责任的当事人,其主张的事实依据予以证明时应达到的标准或程度。换句话说,证明标准是指为了规避不利己的风险,负有举证责任的当事人所提供证明争议事实和论证诉讼主张的证据要满足法律诉讼要求,才能有效地达成裁判者的内心确信,从而裁判争议事实真伪。而举证责任是指当事人负有提供证据证明其主张事实或反驳事实的责任。

证明标准明确了提供证明证据的内容,即负有举证责任的当事人提供证明资料。而举证责任明确了提供证明证据的主体,即是由谁来承担提供证据考证待证事实的责任。由此可见,举证责任是明确证明标准的前提条件,且举证责任在诉讼过程中某个特定的时间点呈现出了证明标准的价值。如果不存在证明标准,举

---

① 《民法典》第一百九十二条规定:"诉讼时效期间届满后,义务人同意履行的,不得以诉讼时效期间届满为由抗辩;义务人自愿履行的,不得请求返还。"

证责任便是无的放矢的海市蜃楼。举证责任由于证明标准而充实化，更富有了实在性和可操作性。只有证明标准与举证责任共同发挥作用，才能够真正明晰案件事实，判定证据的真伪，从而按举证责任分配来承担败诉的风险。

1. 民事案件对证明标准的要求。由于刑事、行政以及民事三者间的性质不同，故各自的证明标准也存在着差异。通常情况下，刑事的证明标准高于行政的证明标准，而行政的证明标准又高于民事的证明标准。刑事证据要求"超出合理怀疑"，行政证据要求"证据上具有优势的程度"，民事案件证据只要求达到"盖然性优越标准"。从证明程度高低来区分，刑事证明标准最高，其次是行政，最低是民事。在刑事诉讼过程中，被上诉人享有无罪推定的权利，审理者需要对控诉方的合理怀疑作出相关解释，才能够摒弃其指控事实的存在。而在行政诉讼案件中，法院可依据当事人所提供具有明显优势的证据来判定案件事实的标准。具体言之，法院依照双方当事人提供的证据，进行相互验证对比，当一方所提供的证据具有较强的可采性、可信度，通过负有举证人的证据质量而不是数量的优势进行裁定，该优势足以使事实审理者借助一方当事人的证明证据战胜对方的优势显著，形成内心确信，予以采信其主张的案件事实真实存在，或者更具有真实存在的可能性。

而在民事诉讼中，双方当事人享有平等的诉讼权利，不要求进行无罪推断。相反，在当事人采用推定法则的期间还可以解除当事人的证明负担。因此，在民事诉讼中，负有举证责任一方的当事人，在其最终证明的结果无法达到确实充分的情况下，应该综合全案的证据排除一切可能影响审判人员认定事实证据的因素，即可以依据事物发展的高概率性，是否具有某种必然的或合理的盖然性，或达到内心绝对确信的衡量尺度或标准就足够了，而不必达到排除合理怀疑的较高的程度，可以对事实予以确定。根据《最高人民法院关于民事诉讼证据的若干规定》第七十二条①和第七十三条②的规定，因证据的证明力不足导致争议事实难以作出裁判时，人民法院应当依据举证责任的分配要求作出判决。

在本案中，A公司向法院提供其开具的增值税专用发票以及B公司在税务机

---

① 《最高人民法院关于民事诉讼证据的若干规定》第七十二条规定："一方当事人提出的证据，另一方当事人认可或者提出的相反证据不足以反驳的，人民法院可以确认其证明力。一方当事人提出的证据，另一方当事人有异议并提出反驳证据，对方当事人对反驳证据认可的，可以确认反驳证据的证明力。"

② 《最高人民法院关于民事诉讼证据的若干规定》第七十三条规定："双方当事人对同一事实分别举出相反的证据，但都没有足够的依据否定对方证据的，人民法院应当结合案件情况，判断一方提供证据的证明力是否明显大于另一方提供证据的证明力，并对证明力较大的证据予以确认。"

关将其抵扣税款相应的证明文件，同时还出具了相应经济往来的货物运输单。鉴于此，一审法院认为 A 公司递交的证据占据明显的优势，达到盖然性优越的标准，故予以认定其事实主张。然而，二审法院持相反的意见，认为在本案中尽管 A 公司提供增值税专用发票以及发票抵扣税款的证明文件，但仅能证明当事人双方存在运输合同关系，但却不足以证明 A 公司已履行了承运义务，并且 B 公司对货物运输单的真实性持怀疑态度，故最终证据的证明力不强导致难以排除争议。因此，在证据证明力不强、采信度较弱的情况下，最终证明结果难以达到事实审判者的证明标准，所以二审法院撤销一审判决。可见，只有证明标准明确，人民法院才能依据其掌握的双方当事人提供的证据来判断待证事实是否达到其内心绝对确信，是否具有某种合理的优势盖然性，从而依据举证责任分配的规则作出裁判。

2. 民事案件中的举证责任分配问题。民事案件中的"谁主张，谁举证"原则，主张一般都是原告提出的，否则就不存在诉讼流程。所以在一般的民事案件中，基本上是原告先履行举证责任。但实际上，当事人会受到主观因素或者客观条件的制约，如果当事人无法履行其应负举证责任，即使为其主张的事实确属存在，也无法让法官认可，从而当事人承担了法律上的败诉结果。

从本案中看，一审：A 公司起诉，认为"运输"已经发生，要求 B 公司支付运费，《民事诉讼法》第六十四条第一款规定："当事人对自己提出的主张，有责任提供证据。"由此 A 公司负有举证责任，其举证的证据包含"运单"以及"增值税专用发票"。但是 B 公司对"运单"存有质疑，对"发票"给予认可，并称已进行税款抵扣。法院最终判定 A 公司胜诉。二审：B 公司上诉，认为运货单上没有托运人、收货人的签字确认，即"运输"关系不存在，请求驳回一审 A 公司诉求。二审应由 B 公司承担举证责任，但其二审中未向法院提交新的证据，因此，在诉讼过程存在主张的事实真伪不清晰的情况下，法院审判应当根据事实发生的高度盖然性以及生活经验进一步裁决，但 A 公司的证据仍然存在明显优势。

四、本案启示

实际上，在买卖合同发生纠纷过程中，如果没有充足的直接证据，如合同协议或者送货单等书面证据，仅仅依靠已经用于税收抵扣的增值税专用发票，通常情况下，不足以证明其已经履行其应承担的责任。在进行经济活动时，双方当事人在达成交易意向时，最好先遵循法定的原则，双方都签订书面合同，并且明晰合同金额、产品规格、税收金额等主要条款。在合同具体履行的过程中，双方应注意收集且保存送货单、接收单或进仓单、入库单等书面证据，并且落实对方是否确认收货的问题，以免在可能的诉讼中处于被动而造成不必要的经济损失。

在涉及案件中关于增值税专用发票能否充当买卖合同交付的证据时，增值税专用发票也仅能证明事实存在某一种可能性，并非必然性。因此，在一定原则上，增值税专用发票不能仅作为唯一的事实争议的证据，应当结合其他证据进行辅助印证。可见，我们既不能一概否定增值税专用发票的证明力，也不能片面夸大其证明力。由此，法院不应该把其作为买卖合同双方履行交付义务的直接证据，但也不应该轻易否定其作为间接证据的有效证明力。只有在审理查明中，才能够判定与事实是否存在明显不相符的情况，或者双方当事人对案件是否存在较大争议的状况，并且在无相关证据予以证明时，才可辨别证据的真伪，予以排除。在审判过程中并非不能把增值税专用发票作为双方已经履行交付义务的有效凭证，而是审理中应当注意结合当事人的争议焦点以及按照"谁主张，谁举证"的原则，对负有举证责任的当事人不仅要求提供证据证明其主张的事实，还要求其能够提供完整的证据锁链，从而对于对方驳斥的理由给予抗辩，使其所提供的证据达到足以证明其主张事实的标准或者达到优势盖然性的程度，从而法院才能合理地判断是否支持当事人的诉讼请求。在以下审判的情况中，可以把增值税专用发票作为定案证据予以采信：（1）出卖人和受买人自身不存在不履行交付标的物的责任以及不承担付款责任的争议；（2）按照增值税专用发票的出具和抵扣，可以推定是否与双方当事人的交易习惯相符，并且透过其他相关证据印证该习惯；（3）增值税专用发票的出具和抵扣与合同约定或其他证据能够形成完整的证据锁链，足以证明买卖合同一方当事人履行了交付或给付义务；（4）认定和处理的决定或裁判文书相互印证。

本案在司法实践中起到一定警示作用，增值税专用发票在证明供货事实或者双方当事人运输合同关系中的作用不容小觑，同时提醒企业在商务实践中应当保留合同书、收款收据、发货单等直接证据，以辅助证明双方当事人关系，促使其在合同纠纷中占据证据优势。

（宋生瑛、郑梓茵）

参考文献

[1] 蔡斌. 从一起合同纠纷谈增值税发票的付款证明效力 [J]. 财会月刊, 2009 (26).

[2] 陈艳. 增值税发票能否作为认定收货事实的依据 [J]. 人民司法, 2008 (24).

[3] 高颖佳. 从证据法角度看发票的证明力问题 [J]. 理论前沿, 2014 (9).

[4] 谭晓敏. 债权人利益保护视角下我国诉讼时效制度的完善 [D]. 南宁: 广西大学, 2013.

[5] 巫霁. 试论我国民事诉讼的证明标准 [D]. 北京: 中国政法大学, 2006.

[6] 吴玉亮. 浅谈增值税专用发票的付款证明效力 [J]. 铁路采购与物流, 2012 (9).

[7] 颜峰, 赵海勇. 发票对合同主要事实的证明力探析 [J]. 法律适用, 2012 (10).

[8] 易延友. 瑕疵证据的补正与合理解释 [J]. 环球法律评论, 2019 (3).

[9] 张子鹏. 论我国民事举证责任制度 [D]. 昆明: 云南大学, 2014.

[10] 周凯, 张志刚. 增值税专用发票的证明力 [J]. 人民司法, 2010 (14).

案例二　合同中发票开具义务争议案
——A 公司与 B 公司建设工程施工合同纠纷案分析

发票是我国税收管理的重要工具，不仅在税务征收中发挥着管理的作用，而且在民事合同中也发挥着重要的作用。它既是买卖双方记载交易往来的重要法律凭证，也是国家计算和缴纳税收的原始依据和必要资料。在实际交易过程中，开具发票的义务基于税法的规定而产生，但在民事法律中并未有明文规定，尤其是合同法规中关于发票开具的义务。由此可见，对于开具发票是合同相关法规所体现的附随义务，还是从给付义务，一直以来莫衷一是。之所以会出现这样的问题，主要是因为开具发票的义务的法律属性并不明确以及开具发票行为性质的认识不一致，通过明晰发票义务的法律属性和认定开具发票行为性质可以帮助我们更好地解决本案合同纠纷，同时对司法实践特别是民事审判具有参考意义。另外，本案中开具发票的诉讼请求是否属于民事诉讼范围以及委托合同的效力问题也值得关注。

一、案情简介

2014 年，秦某持 B 公司出具的《授权委托书》以该公司名义参与涉案工程竞标并中标，后与 A 公司签订《呈贡至澄江高速公路建设项目协议书》，但是协议书上 B 公司的印章是由 B 公司昆明分公司伪造的。与此同时，为方便该工程施工，秦某还使用了伪造的"B 实业（集团）有限公司昆明分公司"印章以及开设"B 公司昆明分公司"的账户。然而，由于 B 公司未向 A 公司开具工程款发票 17 031 687.59 元，导致 A 公司相应工程款支出不能在所得税前扣除，将使 A 公司多缴所得税，因此，A 公司与 B 公司就合同纠纷向人民法院提起民事诉讼。

A公司诉称开具发票属于B公司在合同履行过程中的附随义务，B公司未按承诺履行开票义务属违约行为。首先，对于合同加盖的项目部印章、昆明分公司财务章造假的问题，理应认为B公司管理不力，且分公司与子公司之间存有差异，分公司是总公司的分支机构，不具有独立个体的性质特征，因此，分公司行为的法律后果都应该由总公司承担，分公司的设立及银行账户的开设都需要总公司的支持和配合，否则是没有办法实现的，所以B公司应该对分公司的行为负责。然而，B公司辩称涉案项目协议书约定的只是税金由承包方承担，并没有约定开具发票的内容。其次，B公司与A公司之间没有施工合同关系，涉案的项目协议书尾部加盖的B公司印章系他人伪造。再者，A公司要求开具增值税普通发票的诉讼请求不属于人民法院民事案件的受案范围，双方当事人对纳税义务及开具发票的约定，不能改变税收征收征管的法律关系，应当由税收机关作出处理。最后，A公司提交的证明其有损失的证据绝大多数时间都在涉案项目进场施工以前，且证据反映的内容与涉案项目应该缴纳的税种、税收基数、税率、纳税额都不能够对应，故A公司的证据不能证明其有经济损失的主张。

一审法院认为：首先，本案中的合同是双方当事人的真实意思表示才能够合法有效，但是与本案事实不符。除此之外，A公司没有发中标通知书给B公司，也没有按招投标规定在签合同前要求B公司提交履约保证金，该合同违背《招投标法》[①]的强制规定。因此，在合同签订的过程中，A公司自身具有重大过错，秦某的行为不构成表见代理。其次，税务机关是发票的主管机关，未按规定开具发票的行为应由税务机关处理，A公司可依法向税务机关投诉，由税务机关依照税收法律法规进行处理。由此可见，该项诉讼请求不属于民事诉讼的审理范围。最后，A公司未能提交充分证据证实因B公司未开具发票给其造成实际损失数额，因此，当事人未能提供证据或者证据不足以证明其事实主张的，应由负有举证证明责任的当事人承担不利后果。

二审法院认为：本案中，虽然委托支付确认书、材料代付款委托和收据上的相关印章系伪造，A公司出具的《授权委托书》上明确的委托期限只到竞标活动结束与招标人签订合同止，但结合B公司授权秦某签订合同、秦某以B公司名义组织工人进行施工及伪造的印章均来自B昆明分公司的事实，已足以让A公司产生合理信赖，有理由相信秦某有权代表B公司，故秦某的行为已构成表见代

---

① 《招投标法》第四十六条规定："招标文件要求中标人提交履约保证金的，中标人应当提交。"

理，涉案合同所产生的法律责任应由 B 公司承担。另外，本案涉工程款数额巨大，况且双方在协议书中约定税金由承包人承担，则作为工程承包人的 B 公司，在收款后向支付工程款的发包人开具发票，既是其履行合同的附随义务，也是其根据相关税务法规应当承担的法定义务。

二、争议焦点

1. 开具发票是合同中所规定的附随义务还是从给付义务？
2. 开具增值税普通发票的诉讼请求是否属于民事诉讼范围？
3. 关于涉案《呈贡至澄江高速公路建设项目协议书》的效力如何认定？秦某的行为是否构成表见代理？

三、法理评析

（一）开具发票是合同中所规定的附随义务还是从给付义务

在审理合同过程中，我们通常会遇到原告要求被告开具发票的情形，但被告却抗辩称合同中未法定开具发票义务。在这种情况下，如果原告要求被告开具发票，其请求能否得到支持？要回答以上问题，应先厘清发票开具义务的法律属性。

1. 发票开具义务之法律属性。一般而言，发票由国家统一印刷、管理和使用，在国家税收管理方面发挥着重要的作用，也是纳税人纳税的重要凭证。然而，发票的开具无论在公法领域还是私法领域，都具有不同的属性特征。

就公法领域而言，首先，发票是计算和缴纳税收的原始凭证以及税务机关进行税收征管工作的重要依据，因此，履行开具发票的义务是国家通过发票实现控税目的的重要前提和保障。其次，为了保障我国税收征管工作的顺利进行，严惩违反发票义务的行为，在我国刑法中也形成以发票作为犯罪对象的刑法管理体系，当行为人违反有关的发票义务时，则需承担相应的法律责任，由此可见，发票的开具也属于刑法的范畴。再次，在诉讼过程中发票也同样发挥着重要功能，发票不仅是对市场交易行为进行税收活动的重要凭证，而且是国家税收管理的客观依据，因而具有证据的客观性特征；同时，在发票上通常标明着双方当事人的交易活动信息，如交易商品的数量、价格等，而这些信息恰恰与合同约定内容的部分信息相一致，因而具有证据关联性的特征；另外，开具发票的行为必须依据相关税法进行，故而其行为凭证具有一定的合法性。总而言之，在诉讼过程中发票可以充当证据使用，也是对经济活动进行记录以及管理的重要凭证，而且在诉讼中将发票作为证据有助于辨别当事人主张事实的真实度，同时有助于当事人完成举证责任，在一定程度上实现自身的诉讼请求。最后，虽然开具发票的义务是一种强制义务，当事人不得约定开具发票义务的免除。但是我国的合同相关法规中并未法定发票开具义务，仅在行政法规中表示当事人中的一方具有发票开具的义务。此外，在长期的实践过程中，人们形成一致默认的交易习惯，即未在合同中表示出卖方或者承揽方开具发票的义务，所以根据我国现行的法律，合同未约定开具发票义务也不会影响合同的生效，因而出现了合同中的一方要求另一方开具发票却因未给予无正当理由而遭受拒绝等纠纷问题。

就私法领域而言，发票义务是商事主体完成会计核算任务的重要前提之一。虽然我国对于发票开具的义务进行了相关的行政法规规定，如国务院公布的《增值税暂行条例》第二十一条①规定以及财政部公布的《发票管理办法》第十九条②规定。但是，在实践中，开具发票的行为往往成为合同双方当事人争议的热点。其主要原因在于增值税发票具有抵扣的功能，如果出卖人或承揽人不根据法律规定开具增值税发票，则买方无法向税务局进行税款抵扣，这会使买方的利益受一定的损失，这就涉及当事人的私法利益。故而，发票充当一种重要的原始依据，自然开具发票也作为合同义务的一种，深受私法的保护。

综上所述，我们可以发现，就国家的税收征管而言，发票充当一种控税的工具，这也反映了开具发票的义务属于公法义务范畴。但是，就合同履行义务而言，由于开具发票的行为直接或间接引起合同双方的利益纠纷，因此，发票的开具义务也归属于私法义务，兼具公法和私法的特性。

2. 开具发票行为性质的认定。我国《民法典》第五百九十九条规定："出卖人应当按照约定或者交易习惯向买受人交付提取标的物单证以外的有关单证和资料。"但在此条规定的理解上，学者们产生很多分歧。在司法实践中，大部分人认为向买受人交付标的物有关的单证前提是按照约定俗成或者交易习惯，并非依

---

① 《增值税暂行条例》第二十一条规定："纳税人发生应税销售行为，应当向索取增值税专用发票的购买方开具增值税专用发票，并且增值税专用发票上分别注明销售额和销项税额。"

② 《发票管理办法》第十九条规定："销售商品、提供服务以及从事其他经营活动的单位和个人，对外发生经营业务收取款项，收款方应当向付款方开具发票；特殊情况下，由付款方向收款方开具发票。"

据法律规定。而附随义务的履行是在诚实信用原则的基础之上，依据社会当中约定俗成的交易习惯而形成的合同义务，并非在合同中有明确的规定，因此，这些学者们认为开具发票的义务属于附随义务。同样在实践中也有法院将发票开具的义务认定为合同的附随义务。如临邑金宇有线网络开发有限责任公司与安徽天康股份有限公司买卖合同纠纷案。其实，这样的观点值得商榷。

显然，在众多的合同义务当中，给付义务位于核心地位。其中，给付义务又划分为主给付义务和从给付义务。主给付义务指的是合同关系中理应存在且所固有的最基本义务，如出卖人交付标的物、买受人支付价款的义务等。从给付义务仅仅是对主给付义务起到辅助功能的作用，以此确保债权人在交易活动中获得最大效用，同时债权人也可以单独请求履行该义务，或者请求损害赔偿。从给付义务发生的主要原因包含以下三个方面：（1）法律的明文规定；（2）当事人的交易习惯、约定等；（3）对合同进一步进行解释或者补充。而附随义务是基于诚信原则，除法律规定和契约形成之外所附有的义务，换言之，该义务是既无法律明文规定，合同双方也无相关约定，但为维护当事人利益并根据通常的交易观念，一方当事人应承担的义务。其法理依据是基于民法的诚实信用原则及公平性，它是一种事后的义务。我国关于附随义务也在合同相关法规中体现，"当事人应当按照约定全面履行自己的义务，遵循诚信原则，根据合同的性质、目的和交易习惯履行通知、协助、保密等义务。"从中可以看出，附随义务至少要具备三个方面的义务，即通知、协议以及保密义务。值得注意的是，附随义务不仅仅带有明显的社会道德价值判断，而且由于它并不属于法律明确规定的义务，故这一义务不可单独诉请义务人履行，只有在明显违反且给对方当事人造成损失时，才应承担赔偿责任。

从以上从给付义务与附随义务的定义特征分析中可以看出，从给付义务与附随义务的关键表现差异在于能否当作独立诉讼请求。当发票义务归属于合同中的从给付义务时，假若负有发票义务的一方当事人不遵从发票义务，则合同当中的另一方当事人可以据此通过诉讼手段实现维护自身利益的需求，这在一定程度上保障国家通过发票达成税收征管目的。

在本案中，B公司或其分公司按合同约定完成承包涉案的项目，A公司按照约定向B公司或其分公司支付工程款，即为主给付义务。那么，增值税发票开具的行为究竟归属于从给付义务还是附随义务呢？

一方面，在前面我们已经分析的附随义务和从给付义务的关系中，如果负有发票义务的当事人违反发票义务，没有严格依照法律规定履行开具或者给付发票义务，合同另一方当事人却无法以合同相对人未履行发票义务作为诉讼请求，维护自身的合法权益，这明显存在不合理。

另一方面，发票在税法中具有控税功能，也是商事主体进行会计核算的重要凭证。况且，我国对于开具发票的义务进行了相关的行政法规规定，如《增值税暂行条例》第二十一条规定，纳税义务人在出售商品或提供应当纳税的劳务时具有向买受方开具增值税发票的义务，并且应当在发票上标明相应的销售金额和销项税款。同时，《发票管理办法》第十九条规定，具有经营行为的相关组织和自然人个体，在进行经营活动时，应当向经营相对方开具发票。由此可见，根据规定，B 公司或其分公司应向 A 公司开具发票，这不仅是承包方在税法上应履行的义务，也是属于双方的合同义务，即发包方有权向承包方索取增值税发票，承包方也负有开具发票的法定义务。就此而言，承包方向发包方开具增值税发票即为承揽方的从给付义务。与此同时，发票从给付义务是在诚信原则的基础之上内嵌于合同中的义务，应属于承包人的合同义务，也归属于私法义务范畴。

（二）合同约定的"开具发票"义务属于民事法律关系范畴

在本案中，关于开具发票事项是否为民事案件受案范围，一审、二审法院给出了不一致的判决意见。具体如下：一审法院认为，发票主要管理工作是由税务机关承担，因此，未遵守规定而开具发票的行为也应由税务机关处置。A 公司可依法向税务机关投诉，由税务机关依照税收法律法规进行处理。因此，A 公司的该项诉讼请求不属本案的审理范围，不予支持。

然而，二审法院却持相反意见，认为本案涉工程款数额巨大，工程款税务发票的开具，对发包人 A 公司利益影响很大，同时也是 B 公司根据相关税务法规应当承担的法定义务，况且双方在协议书中约定税金由承包人承担。除此之外，最高人民法院《第八次全国法院民事商事审判工作会议（民事部分）纪要》（下称八民纪要）第三十四条明确规定，"承包人不履行配合工程档案备案、开具发票等协作义务的，人民法院视违约情节，判令承包人限期履行、赔偿损失等。"故 A 公司要求 B 公司开具税务发票的诉请有事实和法律依据，予以支持。

从文义表达的角度来讲，开具发票尽管是由税务机关开具，但是合同中所提及的开具发票行为并非指税务机关开具发票的行为，而是指在交付工程款时发包方向承包方开具发票的行为。就发票开具义务而言，它是基于税法的规定而产生,而合同中并未有相关法律规定,由此判定承包方不开具发票属于违反《发票管理办法》的行政法律关系,当事人可以向相关的税务机关举报,依据税收法规进行处理,所以此种情况不属于法院民事纠纷的审理范畴。但是,这一观点值得商榷。向发包方开具增值税发票,受到国家税收征管的约束,属于税法上的法定义务,具有公法义务的性质,但基于增值税发票可以抵扣相应税金,必然牵涉并影响合同的价款。此外,从上文我们已分析了发票开具的义务属于合同的从给付义务,当发包方基于合同的从给付义务要求承包方履行开具发票义务时,承包方理应自觉遵守。这表明,开具发票的一方当事人在遵守税法规定的前提下,可以对其他民事主体作出开具发票的意思表示,此行为归属于民事法律行为的范畴。对于接受发票的当事人而言,发票是否取得影响到其本身的利益关系,因此,人民法院应给予审理。

综上所述,增值税发票应受到相关行政、民事法律规范的双重调整。合同当事人可以要求对方当事人开具增值税发票,税务机关也可按照法律条文对未开具发票当事人进行处罚。因为开具发票是承揽方法定义务,也是合同当事人的权利所在。

(三) 关于涉案表见代理认定及合同的效力问题

1. 表见代理的认定分析。表见代理是指代理人虽然不具备代理权,但却具有令第三者相信其拥有代理权的原由,致使本人对于相对人负授权人责任的无权代理。新颁发的《民法典》① 可以清晰反映出表见代理的适用范畴是从合同订立领域延伸到整个民事法律行为领域,但目前仍采用相对抽象的表述,因此,表见代理的具体法律适用依旧很难准确把握。

在我国建设工程领域中,项目负责人的身份设定具有一定的不确定性,一般可以归纳为两类:一类是被代理建筑公司内部项目的管理者;另一类是与建筑公司之间存有挂靠、转包或分包关系的实际施工人。按照上述两类项目负责人的性质,以及结合相关的证明文件加以佐证,如授权委托书、项目负责人任命书等,则交易相对人完全有理由相信项目负责人具有代理权,换言之,代理权的权利外观合理存在。由此可见,这类代理权外观的证明力很强,在无其他更有力的阻却事由的情况下,对构成表见代理应持肯定态度。与此同时,印章作为权利外观的

---

① 《民法典》第一百七十二条规定:"行为人没有代理权、超越代理权或者代理权终止后,仍然实施代理行为,相对人有理由相信行为人有代理权的,代理行为有效。"

因素之一，对于代理权的存在有着至关重要的证明作用。

在本案中，秦某在 B 公司授权下取得涉案项目负责人或全权受托人的身份，但是，在签订《呈贡至澄江高速公路建设项目协议书》时，A 公司作为第三人，诚然不知道秦某项目负责人具有一次性特征，代理权已被消灭，也不知秦某与 B 公司内部关系，实际施工人以项目负责人或全权受托人的身份对外从事法律行为。因此，这表明秦某不具备代理权限，而且表见代理的本质认定条件是不具有代理权。明确代理人的权限，是有效区分具有代理权和表见代理等行为的关键因素。特别需要注意的是，虽然秦某的合同签署、合同履行等权限应在施工承包企业授予权限才能够行使，但是通常情况下法律也赋予其自主裁量权。故而在不同的工程或者企业中，企业授权的差异表现为项目负责人具体职权的差别，其实际职权可能大于或者小于其授予的代理权限。

此外，代理人在代理权表象的外衣之下实施代理行为，是表见代理行为能否成立的重要环节。例如，使用各类印章以及签署各类文书，不仅是建设工程中代理人行使代理行为的重要途径，也是判定表见代理能否成立的关键点。《合同法》第三十二条规定："当事人采用合同书形式订立合同的，自双方当事人签字或者盖章时合同成立。"因此，盖章通常表示当事人对于该项目的认可，是一种直观的当事人意思表示。从企业等法人角度来讲，其进行的活动必须依靠其授权的有关自然人，因此，印章发挥着区别主体、表明身份的作用。法人印章的行使不仅代表法人意思的表示，还象征着印章使用者的权利。

在本案中，B 公司没有证据证明相对人 A 公司在签订《呈贡至澄江高速公路建设项目协议书》时，事先知情印章系伪造的，并且此处私刻印章的使用是无权代理人侵害代理人权限的实施手段。故而，鉴于秦某在合同签订时已向对方展示身份，具备委托代理人的权限表象，已足以让 A 公司产生合理信赖，相信秦某有权代表 B 公司。因此，秦某人的行为构成表见代理，符合《民法典》第一百七十二条①的规定。

2. 合同效力的判定分析。在无权代理发生的情况中，相对人想要被代理人承担表见代理的合同责任，则需提供相关证据，如无权代理人有授权委托书的代理表象，有正当理由相信无权代理人有代理权，所以在基于信赖基础之上签订合同。而在法人工作人员具有越权或者滥用职权的情况中，相对人与法人的法定代

---

① 《民法典》第一百七十二条规定："行为人没有代理权、超越代理权或者代理权终止后，仍然实施代理行为，相对人有理由相信行为人有代理权的，代理行为有效。"

表人或其他工作人员签订合同时，应当首先被认定为主观上的善意，只要存有证明法人工作人员具有相应职务身份的证据，签订的合同能够满足生效的条件，则相对人即可直接要求法人承担合同责任。在此种情况下，法人想要摆脱合同效果归属于自身，则需要寻找证据证明相对人存在主观上的恶意，即其本身应当知道或知道无权代理且其行为超越法人工作人员的职权，但仍与其进行交易。尽管工作人员的职权范围是有明确约定的，并且受到法人内部条例约束，但其约束力只是存在于法人与内部工作人员之中，就相对人而言，其可能不熟悉工作人员的职权范围，也可能免于职权范围的约束。由此可见，法人为工作人员承担合同责任的理论基础在于工作人员受到其内部职权范围约束，这也是一种法人对外关系的制约。而法人法定代表人的代表权以及其他代表权是一种不受局限的抽象性授权，以此保护交易的安全，这有别于意在保护相对人对权利外观具有合理信赖的表见理论。

尽管《民法典》第六十一条①明确规定以民事行为来裁定法人承担合同的责任，与此同时，第五百零四条②规避了上述法规只顾法人利益而忽视相对人利益的弊端，明确表示法人或者其他组织法定代表人超越其权限签订合同，除非相对人知道或者应当知道其超越职权，否则其代理行为无效。但在实际的生活中，对于相对人知道或者应当知道其超越职权的判断存有较大争议，主要在于如何考察相对人主观上知道或者应当知道行为人超越职权。

综上所述，本案例分析认为，在判断法人是否应当为其工作人员订立合同而承担相应责任的问题上，法院应以"利益归属"作为划分依据。当行为人犯罪所获得的利益归于法人享有时，则法人应当为此承担相应的责任。相反，如果行为人犯罪所得未归于法人或者利益获得归属权益较为模糊，则相对人应当先被推定为善意第三人，而法人想要让其自身免于承担合同责任则需通过举证责任证明相对人的行为是恶意的。而在本案中，从交易惯例来看，B公司向秦某出具了《授权委托书》，授权秦某为其代理人，代为签署、澄清、递交、撤回、修改呈贡至澄江高速公路建设项目施工路面三标段施工竞争性谈判文件、签订合同和处理有关事宜。由此可见，基于《授权委托书》，在签署协议过程中，A公司对秦

---

① 《民法典》第六十一条规定："法定代表人以法人名义从事的民事活动，其法律后果由法人承受。"
② 《民法典》第五百零四条规定："法人的法定代表人或者非法人组织的负责人超越权限订立的合同，除相对人知道或者应当知道其超越权限外，该代表行为有效，订立的合同对法人或者非法人组织发生效力。"

某产生合理的信赖,相信了秦某具有代理权,因而判定该代理行为是有效的。故而按照交易惯例,A公司有充分理由认为协议上的印章是真实的,很难相信秦某超越权限或滥用权限,超越B公司内部决议限制的合同,此属于B公司的内部事务,A公司无从知悉,可推定其为善意第三人,因而不足以构成知道或应当知道的情形,所以本案中的合同具有效力。

由于行为人的犯罪行为与合同行为并非一致,或者说其并不重合,合同效力问题并不会因行为人的犯罪行为而判定为无效,而是应当根据合同相关法规处理。尽管《民法典》第一百五十三条①、一百五十四条②明确规定了相关情况之下的民事行为无效,简言之,合同被认定为无效,但是据此判定秦某因犯罪行为而所订立合同是违反法律、行政法规的强制性规定的行为,并且认定是在合法外衣之下隐藏非法目的行为,因此,应判定签订的合同为无效的。其实,这样的观点值得商榷。一方面,《民法典》第一百五十三条所提及的"违反法律、行政法规的强制性规定"是指合同本身的内容以及其所表现的社会关系不遵循法律法规的强制性规定,还是指行为人订立合同所采取的措施违反法律法规的强制性规定。另一方面,通过合法的外衣掩盖其非法行为应为合同双方合谋,至少存在双方都明知的情形。很明显,A公司作为第三人并不明知以合法形式掩盖非法目的的事实,因此,合同有效和成立合同诈骗罪两者是可以兼容的。

四、本案启示

发票在我国税收管理活动中是一个重要工具,它不仅有助于税务征收管理,在民事合同关系中也发挥着重要的作用。它票面上不仅记录着民事交易往来的重要信息,而且在合同纠纷中也充当重要的证据凭证。尽管目前我国对于发票开具的义务进行了相关的行政法规规定,如国务院公布的《增值税暂行条例》以及财政部公布的《发票管理办法》,但是现行的合同法规却未将开具发票的义务列为法定条款,也未明确要求在一些买卖合同或者承揽合同中的一方当事人应履行开具发票的义务。所以基于诚实守信原则,合同双方当事人在订立合同时并未将发票开具及给付行为约定为合同条款,而一些合同当事人恰恰利用这一漏洞,故

---

① 《民法典》第一百五十三条规定:"违反法律、行政法规的强制性规定的民事法律行为无效。"
② 《民法典》第一百五十四条规定:"行为人与相对人恶意串通,损害他人合法权益的民事法律行为无效。"

意不履行在合同法中未规定的发票义务，甚至出现免除发票义务的条款，从而实现偷逃税款的非法目的。这将给我们的税务管理造成极大的不便，给国家税收带来巨大的损失。

首先，为了使合同双方当事人认识到发票在合同中的重要性，维护双方本身各自利益，同时也为了便于国家税收管理活动，减少由于发票而引起的一些合同纠纷，我们应当在合同法规中明确规定发票开具的义务，尤其是买卖合同以及加工承揽合同，要求合同双方在履行合同义务的过程中，出卖人和承揽人必须履行发票义务开具发票，买受方和发包方也应当依法向合同相对人索要发票。其次，应明确违反发票义务的后果。如果负有发票义务的一方当事人未按照法规履行开具发票义务，则其行为应当认定为违反合同行为。如果因为其违约行为而给对应当事人带来经济损失，则违约方应赔偿相应的损失。最后，应明确发票义务免除合同条款无效。为了防止合同双方当事人为达到更大的经济利益在合同中约定免除发票义务以偷逃税款，我们应当在合同中规定，合同中出现的免除发票义务条款因其严重损害国家和社会的利益，违反相关法律法规，该条款无效。

（宋生瑛、郑梓茵）

参考文献

[1] 陈卫华，于金强. 未开具增值税发票行为的认定及处理 [J]. 山东审判，2010，26 (2)：101-104.

[2] 戴诚彤. 表见代理制度在建设工程领域的裁判研究 [D]. 杭州：浙江工商大学，2019.

[3] 李溪洪，林懿娴. 未开具增值税专用发票的法律后果 [J]. 人民司法，2015 (20)：66-68.

[4] 梁江焕. 论工作人员犯罪案件中企业法人的合同责任 [D]. 武汉：武汉大学，2017.

[5] 林桦. 论发票义务的法律属性及其在合同纠纷中的应用 [D]. 郑州：河南财经政法大学，2017.

[6] 孙铭悦. 论附随义务与从给付义务 [J]. 法制博览，2017 (12)：231.

[7] 徐欢. 未开发票能否成为履行合同主义务的抗辩理由 兼论合同主给付义务与附随义务的关系 [J]. 法律适用，2010 (5)：87-88.

[8] 郑彦维. 论建设工程领域表见代理之认定 [D]. 重庆：西南政法大学，2018.

案例三 偷税是否应以主观故意为构成要件争议案

——A公司诉B市国税局案分析

长期以来，对偷税行为的认定在税法领域和司法实践中存在一定争议。《中华人民共和国税收征收管理法》（以下简称《税收征管法》）第六十三条第一款[①]对偷税行为所包含的具体类型进行了规定，其中明确提出构成偷税行为的前提条件是当事人的主观故意心理状态。当事人的主观故意心理状态虽然一直是税务行政处罚以及征管中必须要考虑的一个重要因素，但是，相应的主管部门对于该因素并没有给予足够的重视。原因主要在于：在确保国家的税收收入以及提高征收效率之外，还应该进一步提升税务部门的执法能力并加强其法律意识。在正常的征收活动中，税务部门通常都不会将纳税人为什么少缴或者不缴税款的主观心理状态考虑在内，这不但进一步导致了征纳关系的恶化，而且也损害了税法权威，引发了后续的税务行政复议和行政诉讼案例。《税收征管法》揭示了偷税概念的本质特征，表明了偷税行为的构成要件应该具备主观故意，厘清了认定偷税行为的举证责任分配主体。在本案中，由于强调了主观故意在税收征管中的重要作用，厘清了以往在税收司法实践中一些容易混淆和模糊的重要规则，所以该案引起了社会的广泛关注，也因此被"中律评杯"评选为当年度十大涉税案例之一。

---

① 《中华人民共和国税收征收管理法》由第九届全国人民代表大会常务委员会第二十一次会议于1992年9月4日通过，自1993年1月1日起施行，现行版本为2015年4月24日第十二届全国人民代表大会常务委员会第十四次会议修正。其中第六十三条第一款指出，判定纳税人"偷税"的主要依据是其行为是否符合"伪造、变造、隐匿、擅自销毁账簿、记账凭证，或者在账簿上多列支出或者不列、少列收入，或者经税务机关通知申报而拒不申报或者进行虚假的纳税申报，不缴或者少缴应纳税款"。

一、案情简介

（一）事件经过

A 销售有限公司（以下简称 A 公司）主要经营业务是成品油、日常生活用品以及化工产品等。其在 2010 年 12 月到 2011 年 2 月期间，将 C 化工商贸有限公司（以下简称 C 公司）开具的增值税发票抵扣了税款，然而，经有关部门核验发现 C 公司开具的共 186 份增值税发票均属于虚假伪造。同期，A 公司还为乙市 D 有限公司、E 有限公司和 F 有限公司（以下简称三家公司）共开具 193 份增值税专用发票。经过有关部门的查验，A 公司与 D、E、F 公司之间并没有进行正常的交易，其开具的发票均为虚开增值税专用发票，A 公司从中收取费用 601 100 元。

2013 年 7 月 15 日，B 市国家税务局依据有关的法律规定对 A 公司作出了相应的行政处罚，对其不缴纳罚款的行为进行罚款，对其虚开增值税发票的行为进行罚款并没收违法所得 601 100 元，前者罚款数额是 31 209 130.26 元，后者罚款数额是 500 000 元。

A 公司不服该处罚决定，于是向 B 市某区人民法院提起行政诉讼，请求撤销被诉处罚决定。一审法院认定，该公司的行为符合《税收征管法》及《国家税务总局关于纳税人取得虚开的增值税专用发票处理问题的通知》规定的偷税情形，于是判决驳回 A 公司的诉讼请求。二审法院经审理，维持一审判决。B 市高级人民法院再审认为：当事人的主观故意系认定偷税行为的必要构成要件；B 市国家税务局在对 A 公司为什么少缴纳税款的主观心理状态进行分析时，没有提交相应的证据予以证明，一审法院经过审理后提出 A 公司提交的有关证据并不能证明其对于其他公司之间是否存在真实的交易不知情，对于举证责任并没有进行正确的分配。因此，对 A 公司再审请求予支持，指令 B 市第三中级人民法院再审。

（二）各方观点

1. B 市国家税务局。B 市国家税务局以甲市中级人民法院（2013）东刑二初字第 3 号《刑事判决书》以及 B 市人民检察院第三分院的三分检公诉刑不诉〔2015〕17 号《不起诉决定书》作为判断的依据，指出并没有证据能够证明 A、C 两公司之间存在着真实的交易，因此，可以确定 C 公司开具的增值税发票属于虚开的情形。随后，A 公司以此为依据进行税款的抵扣，这从本质上来说就是少缴纳了税款，从而导致了国家财政收入的减少。最终，B市国家税务局以相关的法律规定为依据确定A公司存在偷税行为。

此外，B市国家税务局根据有关的法律规定以及收集到的证据确认A公司与前述三家公司之间没有真实的交易，A公司以这种虚假的交易为依据从而开具了193份增值税专用发票，其与实际情况存在出入，违反了相应的法律规定。故而，在B市国家税务局看来，A公司存在虚开增值税专用发票的行为。

2. A公司。该公司提出其在进行大宗原料交易过程中，一般采用的是直销交易的模式，如果存在实物交易，那么该公司要缴纳的税款与没有实物交易应该缴纳的税款是完全一样的，只有在发生油料实际入库的情况下，才会导致缴纳的税款存在一定的差异。在该案中的交易属于直销业务模式，A公司在收到前述三家公司的交易请求后，与另一家上游公司订立了成品油购销合同，这三家公司交付所有的货款之后获得了A公司开具的增值税专用发票。A公司认为直销交易是完整、合法的交易模式，没有造成国家税款的流失。因此，A公司不服从B市国家税务局对其作出的《税务行政处罚决定书》（以下简称被诉处罚决定），于是向B市某区人民法院提起行政诉讼。

3. 一审法院：B市某区人民法院。该法院与该市国家税务局基于同样的判断依据指出C、A两公司之间并不存在实际上的货物购销交易，因此，C公司向A公司开具的186份增值税专用发票属于虚开，A公司将这些发票直接抵扣了进项税款不符合有关法律的规定。由我国的《税收征收管理法》以及《国家税务总局关于纳税人取得虚开的增值税专用发票处理问题的通知》可知，B市国家税务局依据上述规定认定A公司存在偷税行为并无不当。

根据《中华人民共和国发票管理办法》（2010年修订）第二十二条第二款第（一）项①的相关规定可知，该案中A公司的193份增值税专用发票并不是基于实际的交易情况而出具的，该行为与相关的法律规定不一致。因此，B市国家税务局的判断是正确的，符合有关法律规定。

4. 二审法院：B市第三中级人民法院。二审法院经审理，判决驳回上诉，维持一审判决。

---

① 《中华人民共和国发票管理办法》于1993年12月12日由国务院批准，1993年12月23日发布，现行版本为2019年3月2日《国务院关于修改部分行政法规的决定》第二次修订版。其中第二十二条第二款第（一）项规定"任何单位和个人不得有下列虚开发票行为：为他人、为自己开具与实际经营业务情况不符的发票"。

5. 再审法院：B市高级人民法院。对于法院作出的判决，A公司存在异议，因此，其向B市高级人民法院提出了再审的请求，其要求主要是确认一审、二审法院作出的判决无效，并撤销处罚决定。对案件的情况，B市高级人民法院进行了仔细的审查，并提出按照《税收征管法》第六十三条第一款的规定可知，如果纳税人通过伪造、变造等违法方式直接销毁账簿或者是在账簿上少列收入，抑或者是税务机关已经通知其申报纳税当事人不申报或虚假申报等情况，都属于偷税的情形。由这条法律规定可知，要构成偷税行为，必须满足一个前提条件，即当事人的主观上存在偷税的故意。故而，如果行政机关要对当事人进行偷税的处罚，在其收集有关证据时必须将当事人的主观心理状态考虑在内，而且其还应该提交有关的证据对当事人的主观心理予以说明。该案件中，对于A公司的主观心理状态B市国家税务局并没有进行调查，且不能提交有关的证据予以说明。在一审判决中，法院指出A公司自己提交的有关证据并不能证明其不知道第三方是否进行的交易属于真实情况，该证明责任的最终承担者应该是作出处罚决定的行政机关，这属于在举证责任分配上存在错误。二审法院在审理该案件时明确指出对于A公司提交的其在主观上不存在错误的证据不支持，法院在审理该案件时并没有很好地区分民事与行政法律关系，将前者的"主观过错"与后者的"主观故意"等同。

二、争议焦点

该案件的讨论重点为A公司的行为是否满足偷税的构成要件。《税收征管法》第六十三条对于偷税这一行为的方式与结果都予以明确，然而其并没有指出当事人的主观状态是否属于构成该违法行为的前提条件。因此，本案产生如下争议：

1. A公司的行为是否构成偷税？
2. B市国家税务局做出被诉处罚决定的执法程序是否合法？
3. 纳税人的主观故意和货物真实交易的举证责任应该如何分配？

三、法理评析

（一）主观故意是否是《税收征管法》中"偷税"的构成要件

1. 偷税的定义。由《税收征管法》第六十三条第一款的规定可知，如果纳税人通过伪造、变造等违法方式直接销毁账簿或者是在账簿上少列收入，抑或者是税务机关已经通知其申报纳税当事人不申报或虚假申报等情况，都属于偷税的情形。然而，如果当纳税人并非主观故意而只是误用了从第三方处取得的虚开增值税专用发票向税务机关进行进项税款抵扣时，一般应该按照善意取得虚开增值税专用发票这种特殊情况予以豁免。此时，纳税人只需将已向税务机关申报抵扣的进项税额作进项税额转出并依法补缴相应税款即可，此时无须缴纳滞纳金，也免予承担行政处罚和刑事责任。

由《国家税务总局关于纳税人取得虚开的增值税专用发票处理问题的通知》的相关规定可知，纳税人使用由第三方虚开的增值税专用发票向税务机关申报抵扣进项税额的，应以偷税罪定性处理。因此，在本案中，B市国家税务局认为A公司取得的186份虚开的增值税发票并不存在实际上的交易基础，并向税务机关申报抵扣了进项税款，造成了国家巨额税款的流失，从而认定A公司偷税。

但是，A公司认为，关于大宗原料交易常常采用直销的交易模式。A公司在收到上述三家公司的供货需求之后就立即与上游的企业订立了成品油购销合同，这三家公司向A公司付款之后获得了A公司开具的增值税专用发票。A公司按照通常的利润计算方法计算出应取得的利润后，将应该支付给上游企业的款项也及时进行了支付，随后直接向三家合作的公司开具了增值税专用发票，并让这三家公司及时到上游企业提货。对整个交易模式进行分析后发现A公司并不存在主观上的故意，因此，这个交易过程完全是合法合理的。

2. 国家税款流失在偷税认定中的重要作用。《税收征管法》第六十三条明确提出：如果纳税人通过伪造、变造等违法方式直接销毁账簿或者是在账簿上少列收入，抑或者是税务机关已经通知其申报纳税当事人不申报或虚假申报等情况，都属于偷税的情形。这是通过法律条文的方式来定义偷税的概念，学理上称为法律定义，也是税务实践中行政执法机关和司法机关认定偷税行为的直接依据。分析A公司的行为能否构成偷税，只能依据上述法律定义。此条款包含三个法律构成要件：第一，行为主体是纳税人；第二，行为主体采取了条款列举的偷税手段；第三，造成了少缴或不缴税款的结果。在认定偷税违法事实时，这三个要件必须同时满足，否则不构成偷税。对于这个结果要件应从何种角度理解争议较大，学界存在以下三种看法：造成国家税收流失；造成主管税务机关少征税收；纳税人自身不缴或少缴税款而从中得利。

从法律保护的权益来看，《税收征管法》是以保护国家税收为立法宗旨的，无论是规范税收征纳关系,还是保护纳税人的权益,都与保护国家的税收密切相关。第六十三条规定设在"法律责任"一章下,是为了保护国家税收的不可侵犯性;从法律解释来看,《税收征管法》属于国家立法,法律解释权归属国家立法机关,而全国人大常委会尚未对此做出解释,考虑到《税收征管法》是由国家税务总局起草经国务院常务会议讨论后提出,再由全国人大常委会提请大会审议后通过,因此,可以参考国家税务总局做出的解释,《新税收征管法及其实施细则释义》(国家税务总局征收管理司,2002)将"不缴或少缴税款"解释为纳税人采用各种手段,给国家税收造成了损失;从司法判例的经验总结来看,现实中大多数涉税案件的着眼点都在于违法主体的行为是否危害国家税款。因此,偷税认定的结果要件应当是造成国家税款流失。

3. 主观故意在偷税认定中的重要作用。如何分析与考量行政相对人主观上是否存在故意的情况在我国《行政处罚法》①中对此并没有相关的规定,即并不要求行政处罚成立的前提条件是相对人在主观上存在过错。然而,学术界对此却存在较大的争议,主要存在两种理论。第一种理论是行政处罚不问主观状态原则,该理论将行政处罚与刑事处罚相比较,行政违法相对人的违法程度较低,因此,从提高行政效率的角度来看,无须过于关注行为相对人的主观故意性。第二种理论主张行为相对人的主观过错应当作为行政处罚构成要件。持这种理论的专家指出,法律存在的根本目的就是让社会有一个正常的发展秩序,让每一个公民都能够自由地行使自己的权利。在对相对人进行行政处罚时,如果只考虑其行为是否不符合法律的相关规定以及对社会造成的危害后果,而不将相对人的主观心理状态考虑在内,那么这就与我国法治建设的要求背道而驰,不利于民众基本人权的保障。此外,从全世界总体趋势来看,行政处罚中考虑主观因素趋于主流,将主观故意作为认定偷税行为的前提条件,不仅公平合理,还有利于社会秩序的稳定。

从文义解释来看,在《税收征管法》中只规定了偷税行为具体的行为方式以及该行为可能导致的危害后果,其中第六十三条还列举了关于偷税行为的四种客观方式。虽然《税收征管法》中没有明确偷税行为的构成要件是否应包括主

---

① 《中华人民共和国行政处罚法》由中华人民共和国第八届全国人民代表大会第四次会议于1996年3月17日通过,自1996年10月1日起施行。最新修正是根据2017年9月1日第十二届全国人民代表大会常务委员会第二十九次会议《关于修改〈中华人民共和国法官法〉等八部法律的决定》第二次修正,自2018年1月1日起施行。

观故意，但关于其列举的四种偷税行为的客观方式的表述均已明显表现出很强的主观故意性。此外，《刑法》在第二百零一条中明确规定要成立逃税罪在行为方式上需要采用欺骗以及隐瞒等手段，这也意味着我国《刑法》将行为人的主观心理状态考虑在内，即纳税人只有主观上存在故意才会通过欺骗以及隐瞒等方式来逃避税收，故而，成立该罪的前提条件就是行为人主观上具有犯罪的故意。尽管《税收征管法》第六十三条中只是规定了哪些方式会成立偷税，但是其并没有明确提出在成立该行为时需要将当事人的主观心理状态考虑在内。然而类比于刑法中逃税的概念，实际上偷税罪与逃税罪两者法理相同，其目的都是为了维护国家税收征管秩序，即"殊途同归"。因此，鉴于逃税行为要求在主观方面表现为主观故意，相应的偷税行为在主观方面也应该表现为主观故意。

从法条解释来看，《税收征管法》第五十二条对纳税人因为过失或失误所造成未缴或少缴税款的情况有着明确规定：如果纳税人少缴纳税款是因为计算时发生了错误，那么税务机关在三年的时间内可以要求纳税人及时补缴税款以及滞纳金，如果存在一些特殊情形，那么补缴税款的时间可以再延长两年。如果纳税人少缴纳或者是不缴纳税款的原因是因为其采用了一些违法的方式，例如抗税、偷税等，那么税务机关追缴税款就不需要遵循前述时间的限制。对于纳税人因失误造成未缴或少缴税款和偷税这两种不同的情况，该法条分别作出了相关规定。失误只是一种过失，纳税人因计算错误或其他过失所造成的未缴或少缴的税款在主观上不具有故意性，因而也不应该定性为偷税。因此，从对该法条解释的角度来看，偷税也应仅限于主观故意。

此外，虽然《税收征管法》中没有明确规定要追究当事人的逃税行为时必须要将其主观心理状态考虑在内，然而，在处理不同的偷税案件中，国家税务总局发布了相应的函件[1]，其中明确提出当事人主观上的故意是构成偷税行为的前提条件，换言之，当事人主观上存在偷税的故意才成立偷税行为。

由上述分析可知，无论是从文义解释，还是从法条解释，抑或是从近年来国家税务总局对偷税行为解读的相关规范性文件来看，主观故意都确实应是偷税行为的构成要件。国家税务总局在《关于进一步做好税收违法案件查处有关工作的通知》中也对偷税行为的认定表明了态度，在对行为人的偷税行为进行处罚时，

---

[1] 《国家税务总局办公厅关于呼和浩特市昌隆食品有限公司有关涉税行为定性问题的复函》《国家税务总局关于检查期间补正申报补缴税款是否影响偷税行为定性有关问题的批复》《国家税务总局关于北京聚菱燕塑料有限公司偷税案件复核意见的批复》。

需要将下列因素都考虑在内，即当事人违法采取的方式或手段、主观心理状态等。如果当事人没有采取欺骗或隐瞒等方式来逃税，只是因为其对新颁布的税收法律理解不透彻或者是计算上出现了错误，那么该行为就不属于偷税，应该及时督促行为人补缴税款以及滞纳金。虽然上述几个文件中都提到了主观故意在认定偷税行为时的重要作用，国家税务总局也认为在认定偷税行为时应该充分分析行为人的主观心理状态，然而这些意见只是出现于某些批复中，其并不具有普遍适用性，在司法实践中也不具有较大的参考价值，因此，这些文件的执行力度难以达到预期。此外，在税收征管工作中，税务机关因享有国家赋予的职权往往在征纳关系中居于主导地位，即使纳税人存在质疑也往往会采取息事宁人的态度。故而，为了能够让全国的税务机关都适用同一套执法标准，国家税务总局应该出台相应的部门规章或者规范性文件，从而进一步指导司法实践。本案中鉴于A公司特殊的直销业务模式，B市国家税务局并没有进行相应的审查以及听证工作就直接认定A公司偷税和虚开增值税专用发票存在举证责任分配不明、事实认定不清的问题。

4. 对A公司偷税认定的法律构成要件分析。本案中，税务机关对A公司的偷税认定是基于其实施了偷税手段做出的，并不能充分认定A公司构成偷税的事实。

就偷税手段而言，《新税收征管法及其实施细则释义》解释"不列、少列收入"具体是指纳税人将自己账外经营获得的收入排除在外，或者是应该列入纳税账户的收入直接等同于利润等，"进行虚假的纳税申报"是指为了减少纳税的数额，纳税人在缴纳税款时采用一些方式制造出虚假的情况，例如对于纳税申报表没有如实填写等，从而减少需要缴纳的税款。A公司对虚开增值税专用发票部分取得的销售收入没有入账可以被定性为不列、少列收入和少报应税项目的虚假纳税申报行为，也就是说纳税人实施了偷税手段。

那么，解决争议的关键就在于A公司的未入账交易是否导致国家税款流失。本案中，A公司是否构成偷税，取决于取得虚开增值税专用发票的三家公司的经营及纳税情况。如果是正常经营企业，没有享受免税和即征即退的增值税优惠政策，那么就没有使国家税款流失，不能构成偷税。如果三家公司有非法渠道取得的增值税专用发票进行抵扣或未就虚开发票足额纳税，那么就存在国家税款的流失，构成偷税。

5. 税务机关在税收征管中忽视纳税人主观因素的原因分析。税收具有三个独有的特征，即强制性、无偿性以及固定性。在税务机关征税的过程中往往强调优先保证国家征税权，而忽略了对纳税人权利的保护。税务行政处罚不考虑纳税人主观因素，一方面有利于充分保障国家征税权，另一方面也有利于税务机关开展工作、提高税务征收的工作效率。例如，《税收征管法》第八十八条规定，如果纳税人与税务机关之间发生了争议，纳税人并不能拒绝缴纳税款，除非其提供了相应的担保，否则都应该缴纳税款以及滞纳金，随后，才可以将该争议选择以行政复议的方式予以解决，如果对该结果仍然不满的，可以选择进行行政诉讼。即当产生税收争议时，纳税人只有在缴纳税款或者是提供担保后才能选择将该争议交给一定的部门处理。之所以这样规定是为了最大限度上保护好国家的财政收入，此时对于纳税人具体的财务情况、经营现状以及处罚的合理性都加以考虑。此外，在税务执法实践中，税务机关取得的证据往往局限于财务账簿、银行流水、购销发票等方面。如果明确规定税务机关在进行税务处罚时必须将纳税人的主观心理状态考虑在内，那么税务机关就需要花费大量的时间与精力进行调查。因此，税务机关在实施税务行政处罚时不考虑纳税人主观故意要素，有利于节省税收执法成本，提高查处效率。

然而，如果对于故意与过失偷税采用同一个处罚标准，那么执行起来就容易发生争议。一方面，与税收的本质特征相违背；另一方面，违反了行政法中的比例原则[①]。税务案件往往会涉及许多的税收法律、法规以及规范性文件，而且在处理这类纠纷时也需要将事实关系以及计算方式等情况都考虑在内，即使是由专业的税务机构来从事该项工作，也可能会发生一定的错误，这种情况极其常见，而且也是避无可避的。这时，如果纳税人逃税并不是出于主观上的故意，但税务机关在对其进行处罚时未将其主观上的过失心态考虑在内，那么就容易产生不公正的处罚结果，最终让纳税人心里出现不满的情绪。这种状态下的逃税行为相较于故意逃漏税来说，其违法情节较为轻微且在主观上不具有故意性。从实现处罚目的的层面上进行论述，采用轻重不同的处罚标准更能体现出行政比例原则。另外，对于故意偷税与过失偷税适用相同的处罚也与立法者确立行政裁量权的初衷存在冲突。税法将处罚的具体金额与倍数都完全交给税收征收机关，这有利于公平公正的处理案件。对于不同的案件，税收征收机关可以根据案件的具体情况来决定征收的数额。在征收税款的过程中，该机关应该将纳税人主观心理状态考虑

---

① 行政法中的比例原则是指行政权力的行使除了有法律依据这一前提外，行政主体还必须以对人民侵害最小的方式进行。

在内，对于故意与过失逃税采用不同的处罚方式，从而有利于实现公正。

（二）税务行政机关的执法程序是否合法

本案争议的另一焦点是 B 市国家税务局作出的《税务行政处罚决定书》是否符合法定程序。一审、二审法院均没有回应原告提出的被告做出该行政行为是否存在税收实体违法的嫌疑，那么，法院不予回应是否存在不当之处？如果已生效的税务处理决定确实有误又该如何处理？

行政诉讼在司法审判中实行的是不告不理原则，具体来讲就是人民法院原则上是不能将被诉行政行为以外的其他行政行为纳入审查范围，即只能对被诉行政行为进行审理。但是很多时候，被诉行政行为和其他具体行政行为之间有着一定的联系，行政执法行为不是简单的独立行为。如果对非诉行政行为一概不理，有些情况下很难确定被诉行政行为的合法性。这里存在着对于司法的程序正义和执法的公平效率的考量。一方面，为了维护纳税人的合法权益，无论由谁发现、什么时候发现税务处理或处罚决定有误，都应该进行纠正；另一方面，如果可以对已经生效的税务处理决定进行调整，则会挑战程序的权威，不利于纳税人严格遵守行政复议及诉讼期限的规定。在司法实践中，程序正义的重要性往往比实体正义更为重要，著名的美国辛普森案就是一个典型案例。但是，执法行为的严谨和公平是对程序正义绝对维护的前提，如果执法过程随意、程序设计不合理，那么一味坚持程序正义，也不利于执法行为的规范和司法体系的完善。

虽然《税务处理决定书》并不是本案的诉讼标的，但是税务机关作出行政处理决定和处罚决定是一脉相承的关系，本案中被诉《税务行政处罚决定书》正是依据《税务处理决定书》而做出的决定。《税务行政处罚决定书》以 A 公司虚开增值税专用发票、利用获得的虚开增值税专用发票抵扣增值税进项税额作为税务处罚决定的事实依据。但如果依据的认定事实和认定数额有误，那么必然导致处罚决定以及相应处罚金额不当。如果不对《税务行政处罚决定书》进行合法性审查，将无法使全案得到妥善处理，可能引发纳税人的不满情绪。因此，一审、二审法院应当对税务处理决定相关的实体合法性进行审查，如确有误则必须予以纠正。

（三）纳税人主观故意和货物真实交易的举证责任应该如何分配

举证责任是指对于自己提出的主张，当事人或者是其他主体应该提交相应的证据予以说明。尽管《税收征管法》并没有明确税务机关在进行行政处罚时必须将纳税人的主观心理状态考虑在内，但是要想清晰地认定纳税人的违法行为，该因素就必须考虑在内。当前，我国在税收程序中对举证责任的探讨主要是与税收诉讼中举证责任的承担保持一致。举证责任的分配是一项关乎纳税人实体权利与义务的重要程序规则，因此，税务机关和司法机关在处理税务问题时应当充分考虑纳税人的抗辩权和诚实推定权。此外，对于纳税人违法行为主观要素举证责任的分配在理论界和实务界也存在着不小的争议，应该由哪一个主体来提交证据证明纳税人的主观心理状态至关重要，其会直接影响到税务机关的执法活动。这也主要分为两个不同的观点，即一种观点认为该证明责任应该由税务机关承担；另一种观点认为应该由纳税人自己提交相应的证据予以说明。

1. 税务机关举证。《税收征管法》并没有明确提出税务机关在进行税收的行政处罚时必须要将纳税人的主观心理考虑在内。而且，在具体的司法实践中，要想依据一定的客观存在的证据来证明纳税人的主观心理状态是比较困难的，因此，在处理这类案件时许多税务机关并不会将纳税人的主观心理状态作为一个必须考虑在内的参考因素，其只是简单地依据纳税人的行为与最后造成的结果来确定该行为是否属于偷税。然而，在税务行政诉讼中，主观心理又是必须予以考虑并证明的一项关键因素，这样就发生了冲突。

2. 纳税人自证。有些学者认为，主观因素属于人的主观心理状态，很难依据一些客观的因素来加以判断，特别是让税务机关来证明更是难上加难，且不利于行政效率的提升。相较于税务机关而言，纳税人对于自己的心理状态更容易有一个清晰的认知，而且其也知晓应该怎样进行证明更简单。因此，由其提交证据予以证明更有利于提升行政效率。在日常生活中，即使纳税人不能提交有关的证据对其主观心理予以说明，税务机关也可以通过其外在的行为方式来予以判断。不过税务机关作为行政执法主体往往会先入为主地认为纳税人既然最终导致了偷税的结果，那么其主观上一定有偷税的故意。故而，如果税务机关以纳税人的行为作为判断其主观心理状态的依据，从而认定其主观上属于故意偷税，那么只要纳税人提交一定的证据证明其主观上不存在故意，就可以认定纳税人不属于偷税行为。而且从性质上来说，税务机关属于行政机关，其对于司法方面并不具有足够的专业知识，因此，让其来承担举证责任实践起来困难程度也比较大。

3. 举证责任分配的争议。作出行政处罚决定的主体是税务机关，既然其已经作出了处罚决定，那么也就意味着税务机关对该案件不但有了一个清晰的了解，而且也收集到了足够多的资料来证明其行为的合法性。税收违法行为中的另一主体是纳税人，其对于自己的纳税行为以及相应的交易情况都比较了解，也能够提交有关的证据进行证明，这样可以最大限度上还原案件的实际情况。税务机关在履行法定职责的过程中会尽可能地收集证据，如果在收集相关证据时纳税人不积极配合，从而导致某些证据灭失，此时就可以推定该证据成立，认定纳税人存在偷税行为。

然而，如果明确规定该证明责任的承担者是纳税人，那么不但会损害纳税人的诚实推定权，而且实践起来也比较困难。这里所说的诚实推定权是指，纳税人在进行税收的申报时，如果没有证据证明其存在违法行为就假定其申报行为是诚实可靠的。此外，纳税人"自证清白"实际上也很难实行。纳税人如果要证明自己的清白除了提交账簿以及原始凭证外，还存在哪些方式呢？如果纳税人的确存在主观故意偷税的行为，那么让纳税人"自证清白"实际上也是"贼喊捉贼"，并不会有利于事实行为的认定。

我国《行政诉讼法》指出，被告需要提交证据证明自己作出的行政行为与有关的法律规定是一致的。由此可见，即便税务机关在认定纳税人存在偷税行为时采取了过错推定原则，但一旦进入行政诉讼程序，税务机关依然应当对作出行政行为的合法性负有完全的举证责任。因此，在本案中，B市国家税务局以构成偷税行为为由对当事人作出行政处罚，那么其不但应该提交一定的证据对当事人抵扣税款的主观心理予以证明，而且在A公司提起诉讼后也应该承担举证责任。

四、本案启示

在税收执法过程中应正确认识纳税人税收违法行为的主观因素，有关机关在进行行政处罚以及确认违法行为时必须对当事人的主观心理状态进行调查与分析。应该由何人承担起行政处罚以及诉讼中的证明责任应该进行合理的分配，不但有利于进一步提高行政效率，而且有利于维护社会的和谐与稳定。

（一）偷税行为的认定需以纳税人存在"主观故意"为要件

该案件的讨论重点为A公司的行为是否满足偷税的构成要件。《税收征管法》第六十三条对于偷税这一行为的方式与结果都予以明确，然而其并没有指出当事人的主观状态是否属于构成该违法行为的前提条件。A 公司认为申请人没有授权呼某以申请人名义从事业务，不具有对中间人呼某业务行为进行审查的义务和责任。税务机关和一、二审判决未对申请人偷税的主观故意作出充分认定就进行处罚判决，不符合税收法定和税收公平的原则，因此，A 公司向 B 市高级人民法院提起复审申请。《税收征管法》并没有明确要求税务机关作出行政处罚决定时必须考虑纳税人的主观心理，而且我国也没有出台一个统一的税收稽查标准，因此，对于这类纠纷极易发生同案不同判的情况，这样不但不利于提高行政效率，而且对于行政机关威信的提升也极为不利。故而，有必要明确在对纳税人进行行政处罚时将其主观心理作为一个重要的因素考虑在内，从而作出公正合理的行政处罚决定。

税务机关在作出行政处罚决定时，以《税收征管法》作为法律依据，其中没有明确规定必须将纳税人的主观心理状态考虑在内，纳税人只要是通过伪造、变造等违法方式直接销毁账簿或者是在账簿上少列收入，抑或者是税务机关已经通知其申报纳税当事人不申报或虚假申报等情况，都属于偷税。但是通过上述分析以及国家税务总局对偷税行为解读的相关规范性文件来看，主观故意确实应是偷税行为的构成要件。此外，在举证责任分配的问题上，由《行政诉讼法》可知，被告需要提交证据证明自己作出的行政行为与有关的法律规定是一致的。故而，B 市国家税务局必须提交证据证明自己作出的行政处罚决定是正确的。且原告也可以提交证据来证明该行政机关的行为不合法，即使法院没有采用该证据，也不能免除被告的举证责任。

（二）提高税务机关行政效率和维护纳税人合法权益的问题

行政机关作为国家公共管理机构，其开展每项工作均应以提高社会管理效率为目标。制定行政法规也是旨在为行政效率提供法律保障，通过行政处罚来规范社会秩序，主要是针对行为人违反行政管理规定的行为而施加行政强制措施，其目的是保证行政管理的目标得以顺利实现，从而提高行政管理的效率。

税收收入是国家财政收入的重要组成部分，税务机关的税收征管工作也是一项极为重要的行政执法活动。作为国家税款的主要征管机构，税务机关将众多资源进行整合管理，由此产生行政效能，其最主要的体现是在税收效率上。税收效率的提升能够明显降低纳税人的税收负担，增强纳税人依法纳税的意识和自觉纳税的遵从度。但如果盲目地追求税收效率的提高也可能会损害纳税人的合法权益。在本案中 B 市国家税务局在司法机关判决之前就对 A 公司的偷税行为进行处罚，仅出自行政效率的考量就急于结案，对偷税行为是否具有主观故意以及是否存在真实交易行为核查不力，不但不利于提高行政效率，如此次的败诉，而且还可能侵犯了纳税人的合法权益，如使 A 公司承受超额税收负担，不利于税务机关和纳税人的和谐关系。因此，税务机关在对内进行公共管理时，不应以税收为行政执法的唯一目标，而应以维护税制的公平性、税法的严肃性和整个社会的税收秩序作为最终目标。因此，本案中 B 市高级人民法院认为 B 市国家税务局违反规定、程序违法，一审、二审法院对纳税人主观故意核实不力、货物交易事实不清，同意了 A 公司的再审请求，主要也是从维护纳税人权益的角度以更好地实现税收公平。

在税收行政执法的过程中，税务机关应本着维护纳税人合法权益，公平公正执法的原则开展工作。在依法征税、提高行政效率和完善纳税服务的基础上，对涉及偷税漏税的案件，应认真分析和界定案件性质、充分考虑纳税人的主观因素并依法完成举证责任工作，更好地发挥税收工作在维护社会主义市场经济秩序中的作用。

（宋生瑛、夏广瑞）

参考文献

[1] 白林. 关于税务行政处罚主观归责的思考 [J]. 四川行政学院学报，2015 (5)：48 - 51.

[2] 董飞武. 虚开增值税专用发票行为入罪问题研究——基于虚开增值税专用发票罪的性质辨析 [J]. 西安财经学院学报，2020，33 (2)：110 - 118.

[3] 贺燕，周序中. 税法举证责任分配规则新议 [J]. 税务研究，2016 (6)：46 - 50.

[4] 梁晶晶. 虚开发票定性时容易出现的四个误区 [N]. 财会信报，2020 - 09 - 14 (B03).

[5] 廖仕梅，屈震. 论虚开增值税专用发票罪与真实交易 [J]. 税务研究，2018 (1)：76 - 80.

[6] 马成武. 论税务行政处罚中的主观故意 [D]. 兰州：兰州大学，2020.

[7] 小郭. 偷税是否以主观故意为构成要件？[N]. 财会信报，2017 - 08 - 21 (B04).

[8] 徐浩，罗嫣. 试论虚开增值税专用发票入罪的司法立场 [J]. 人民司法，2020 (7)：74 - 80.

[9] 薛娟. 偷税认定的理论争议与实践检思——以主观故意的认定为视角 [J]. 税法解释与判例评注, 2017 (1): 121-167.

[10] 姚龙兵. 如何解读虚开增值税专用发票罪的"虚开" [N]. 人民法院报, 2016-11-16 (006).

[11] 殷秀华, 王华. 慎用"善意取得虚开增值税专用发票"的定性 [N]. 中国税务报, 2014-07-16 (B03).

[12] 袁森庚, 宋玉华. 税务机关败诉案例分析与反思 [M]. 北京: 经济科学出版社, 2016.

案例四　虚开增值税专用发票罪司法认定争议案

——A公司等虚开增值税专用发票案分析

近年来，虚开增值税专用发票的犯罪案件日益增多，这严重影响了国家的税收治理秩序，造成了国家税款的大量流失。增值税专用发票是买卖双方在进行经济交易活动时获取的重要凭证，其将产品的生产、销售、消费等环节联系起来，从而确保赋税的完整性。增值税专用发票既是销售方计算缴纳税款时的依据，也是购买方进行抵扣税款时的凭证，与增值税普通发票和其他类型的发票相比，其主要具有抵扣税款、抵减应纳税额等特殊功能。正因为增值税专用发票这一特殊价值，故导致其经常被不法分子利用，来实施逃避缴纳税款等违法犯罪行为。随着经济的不断发展，从最近几年出现的司法案例来看，虚开增值税专用发票犯罪的形式越来越复杂化，隐蔽性越来越强，犯罪手段也更加多样。同一案件可能涉及多种罪名，且采用多种犯罪手段，这进一步增加了裁判的难度。

在司法实践中，对于如何认定虚开增值税专用发票罪具有非常大的争议。刑法中明确规定此罪应作为行为犯，在这一前提下，是否还需要考虑虚开增值税专用发票的目的和后果。与此同时，在司法实践中，如何把握好司法判决的尺度，既能够实现保护企业家的司法政策目的，又不至于违背罪刑法定的处罚原则。在本案最终判决中，没有进行实际交易的融资性贸易被法院从虚开增值税专用发票罪中排除。从主观和客观两个方面将"虚开增值税专用发票罪"与"非法购买和出售增值税专用发票罪"进行区分，纳税人被认定为虚开增值税专用发票罪，除了需要在主观上具有骗取国家税款的目的之外，还需要在客观上确实造成了国家税款的损失。本案基于最高人民法院的裁判要旨，进一步明确了需造成国家税款损失这一客观方面的犯罪构成要件。

一、案情简介

2007年1月，B省分公司成立，赵某任经理。2010年8月，B省分公司与B省某集团签订合作开发协议，合作开发B省某项目。为解决B省该项目的建设资金问题，赵某与C公司的李某、刘某，经过商讨决定通过贸易的方式，由C公司为B省分公司进行融资。操作方法为：首先，B省分公司通过向C公司购买钢材，同时以货款名义开具商业承兑汇票，通过利用C公司在银行的信用将商业承兑汇票进行贴现；其次，C公司从实际由赵某控制的A公司购买钢材，以货款的名义将银行贴现款转移给A公司；最后，由A公司以往来款的名义将收到的款项转移给B省分公司，或者直接通过向第三方购买钢材并将其转交给B省分公司用于生产建设。B省分公司应在商业承兑汇票到期后将到期应归还的款项还给C公司，再由C公司将该笔款项归还给银行。

具体交易过程如下。

1. 赵某以B省分公司名义在2012年4~8月期间，与C公司先后签订了5份钢材销售合同，合同涉及金额合计高达1.88亿余元人民币。与此同时，B省分公司以支付货款的名义向C公司开具了5张商业承兑汇票，金额合计1.88亿余元，而C公司仅给B省分公司开具相应金额的增值税普通发票。

2. C公司与以刘某为法定代表人的D公司签订了1份钢材采购协议，并以支付货款的名义向D公司开具了1 500万元的商业承兑汇票，同时，D公司给C公司开具相应的增值税专用（进项）发票。D公司在汇票贴现后以支付货款名义将其中的1 400万元转给A公司，A公司再给D公司开具相应的增值税专用（进项）发票。

C公司通过与B省分公司以及A公司签订三方采购协议的方式，利用银行贴现，将B省分公司承兑汇票贴现款以支付货款的名义转移给A公司。除此之外，C公司还在2012年9月份与A公司签订了采购合同，通过虚构钢材购买，以支付货款的名义向A公司开具商业承兑汇票。在2012年6月~2014年1月期间，A公司因此同时给C公司开具了涉及金额1.2亿余元的增值税专用（进项）发票高达1 000多份。

3. A公司通过直接从C公司或者利用增值税专用（进项）发票抵扣间接从D公司获得款项。其在收到款项后，将部分款项转移给B省分公司，并将收到的

C公司开具的商业承兑汇票直接背书给B省分公司，用于项目建设。

在上述公司之间的贸易融资过程中，由于A公司与C公司虚构钢材购买，给C公司开具了1.2亿余元的增值税专用（进项）发票，A公司因此留下了相应金额的增值税专用（销项）发票，如果没有相应的增值税专用（进项）发票用来抵扣，A公司则需要缴纳相应的增值税。为此，A公司找到由刘某担任法定代表人的D公司和E公司，2012年8月~2013年3月期间，由D公司给A公司开具增值税专用（进项）发票约100余份，税额合计超1 600万元，价税合计金额将近1.2亿元。2012年11月，E公司给A公司开具增值税专用（进项）发票约50余份，税额合计超66万元，价税合计金额超450万元。A公司将上述由D公司和E公司虚假开具的增值税专用（进项）发票全部进行了认证抵扣。与此同时，A公司以支付货款的名义向D公司支付约9 000万元，该笔款项在经过E公司流转后最终又绝大部分转回了A公司。另外，A公司还向E公司支付了近450万元，该笔款项同样在当日就全部转回了A公司。在此交易过程中，D公司和E公司通过给A公司虚假开具增值税专用（进项）发票，获取非法利益共计约470万元。根据案情做出如图1所示的案件关系图。

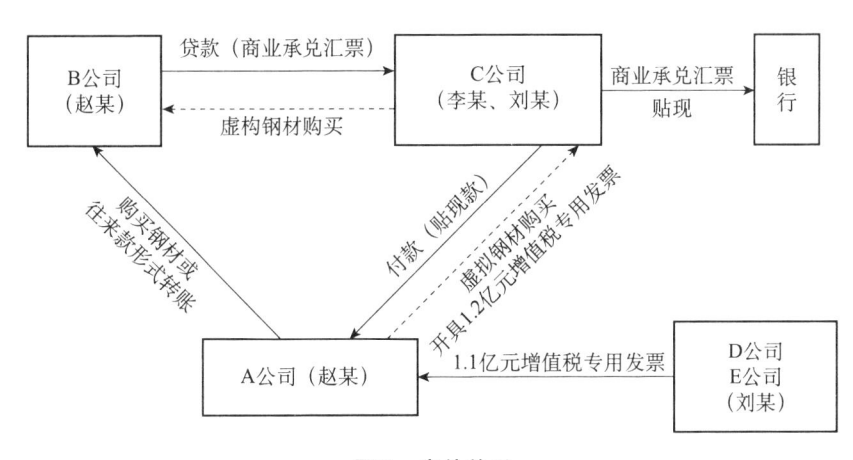

图1 案件关系

在案件审理过程中，A公司、D公司、E公司的行为被一审法院认定为均已经构成虚开增值税专用发票罪，而赵某和刘某作为相关公司的负责人，其行为亦被认定为已经构成虚开增值税专用发票罪。在二审法院审理过程中，D公司、E公司以及刘某被指控为构成非法出售增值税专用发票罪，A公司和赵某被认为构成非法购买增值税专用发票罪。经过审理，二审法院认为，一方面，A公司及其实际控制人赵某因在主观上不具有骗取国家税款的目的，另一方面，在客观上认定其造成国家税款损失的证据不足，因此，不能判定其构成虚开增值税专用发票罪。最终，二审法院推翻初审法院的判决，因 A 公司从 D 公司和 E 公司获取增值税专用发票并支付了相应费用，故判决上诉单位 A 公司犯非法购买增值税专用发票罪，并判处罚金人民币 15 万元；该单位实际控制人赵某亦被判决为犯非法购买增值税专用发票罪，同时判处有期徒刑 2 年 6 个月。因 D 公司和 E 公司向 A 公司提供增值税专用发票并收取了相应费用，故判决上诉单位 D 公司犯非法出售增值税专用发票罪，并判处罚金人民币 15 万元；判决上诉单位 E 公司犯非法出售增值税专用发票罪，并判处罚金人民币 5 万元；判决 D 公司和 E 公司单位负责人刘某犯非法出售增值税专用发票罪，判处有期徒刑 3 年。

二、争议焦点

1. 虚开增值税专用发票并进行认证抵扣税款的行为，是否构成虚开增值税专用发票罪？

2. 虚开增值税专用发票时存在给付和收取费用的行为，是否构成非法购买、出售增值税专用发票罪？

三、法理评析

（一）虚开增值税专用发票罪认定条件

虚开增值税专用发票，是指将可能反映纳税人的纳税情况、缴纳数额等内容的发票故意作出不实填写，导致所开具发票的税款与纳税人实际应当缴纳的税款不相符的行为。具体情形包括：在并未实际进行销售商品或提供服务等经营活动的情况下，却虚构经济活动的项目，并捏造相应的数量、单价以及收取的金额，填写不实的税率和税额；或在实际进行销售商品和提供服务时，故意私自改变经营项目的相关名称、数量和单价，填写与实际经营项目不相符的税率和税额，从而导致交易双方实际进行的经营活动以及应缴纳或已缴纳税款的真实情况不能通过发票体现和反映。虚开增值税专用发票主要体现为发票填写项目与实际销售的商品或提供服务等经营活动的项目不相符，以及发票票面金额与实际收取的金额不一致。《中华人民共和国刑法》第二百零五条规定："虚开增值税专用发票或者虚开用于骗取出口退税、抵扣税款的其他发票，是指有为他人虚开、为自己虚开、让他人为自己虚开、介绍他人虚开行为之一的。"

目前,对虚开增值税专用发票罪的"虚开"行为,是否要求有特定的实际造成国家税款损失的目的,仍然存在很大的争议。这在一定程度上不但会造成理论上的混乱,而且使司法机关在处理这类问题时也会存在作出司法错判的风险,实践中类似的案件也产生了迥然不同的结果。由于我国《刑法》第二百零五条对虚开增值税专用发票罪只作出了简单描述,并没有明确关于"行为人具有偷逃骗取国家税款的目的"的罪状描述。因此,对刑法的解释不应单单依据相关条文,还应当探寻刑法的立法本意,回归到行为是否具有严重社会危害性这一根本问题,同时还需要兼顾社会实际情况,以实现刑法的公平正义[1]。故应当从多个角度来进行考量,包括本条法律的立法目的、相关规则的历史沿革、犯罪的本质理论、犯罪构成的基本理论和刑法理论中包含的罪责刑相适应原则等。构成虚开增值税专用发票罪,除需要行为人在主观上具有偷逃国家增值税税款的目的之外,还需要其在客观上确实对国家税款造成了实际的损失。[2]

1. 关于惩治增值税专用发票犯罪的立法目的。1994年,我国开始实施全面税制改革,建立了以增值税为主的流转税制度。随后,围绕增值税专用发票以及其他可抵扣税款的发票犯罪活动日益猖獗,给国家税款造成了巨额损失。为了保障国家税款收入,1995年,全国人大常委会作出《关于惩治虚开、伪造和非法出售增值税专用发票犯罪的决定》[3](以下简称《决定》),出台此《决定》的主要目的是打击那些虚开增值税专用发票或者其他可以用于抵扣税款和出口退税的发票,进行进项税额抵扣、骗取税款造成国家税款大量损失的违法犯罪行为,从

---

[1] 赵琳. 法院裁判:没有货物交易虚开发票形成闭环,不应认定虚开增值税专用发票罪[EB/OL].
(2019-12-09)[2020-12-01]. https://baijiahao.baidu.com/s?id=1652437265130347560.
[2] 四川智禾律师事务所. 增值税专用发票涉税犯罪实务研究报告[EB/OL]. 2017.
[3] 《关于惩治虚开、伪造和非法出售增值税专用发票犯罪的决定》规定:"为了惩治虚开、伪造和非法出售增值税专用发票和其他发票进行偷税、骗税等犯罪活动,保障国家税收,特作如下决定:
一、虚开增值税专用发票的,处三年以下有期徒刑或者拘役,并处二万元以上二十万元以下罚金;虚开的税款数额较大或者有其他严重情节的,处三年以上十年以下有期徒刑,并处五万元以上五十万元以下罚金;虚开的税款数额巨大或者有其他特别严重情节的,处十年以上有期徒刑或者无期徒刑,并处没收财产。
二、有前款行为骗取国家税款,数额特别巨大、情节特别严重、给国家利益造成特别重大损失的,处无期徒刑或者死刑,并处没收财产。
三、虚开增值税专用发票的犯罪集团的首要分子,分别依照前两款的规定从重处罚。
四、虚开增值税专用发票是指有为他人虚开、为自己虚开、让他人为自己虚开、介绍他人虚开增值税专用发票行为之一的。"

而实现保障国家税收的目的。正如《决定》前言部分所述，"为了惩治虚开、伪造和非法出售增值税专用发票和其他发票进行偷税、骗税等犯罪活动，保障国家税收，特作如下决定"，由此可见，该罪设立之初就带有维护税收管理秩序和保护国家税收利益的目的，因此，也决定了该罪具有目的犯的特征。在当时特定的时代背景下，大多数虚开增值税专用发票行为的目的是为了骗取国家税款，而为了粉饰业绩、包装上市或融资贷款等目的而对开、换开增值税专用发票的行为几乎不曾出现。因此，《决定》中对"虚开"行为要以骗取国家税款为目的这一客观条件没有做出明确规定。但笔者认为，不应脱离当时特定的时代背景来理解上述《决定》的相关规定，即在增值税专用发票制度刚刚设立之时，由于增值税专用发票与普通发票相比具有凭票抵扣税款的功能，故一些不法分子虚开增值税专用发票的主要目的无疑就是骗取国家税款，除此别无他目的。①

如上所述，刑法仅仅在形式上对虚开增值税专用发票罪的犯罪构成要件作出了规定，但不能仅仅依据刑法条文的字面含义来解释，而应当参考立法的目的从各罪名成立的主观和客观犯罪构成要件这两个角度来解释其具体内容。因此，构成犯罪的行为人需同时满足主观上具有偷逃税款的目的、客观上实际造成了国家税款损失这两个条件，这应当属于《刑法》规定中的应有之义。如果行为人仅实施了虚开增值税专用发票的各种行为，但并不带有偷逃税款的目的且实际上没有损害国家的税收利益的，不应属于《刑法》第二百零五条规定的范围之内，也不应当以该罪追究行为人的责任。

2. 关于惩治增值税专用发票犯罪的本质理论。犯罪在刑法学界的概念，是指行为人实施的行为违反了法律的相关规定，且其行为对社会造成了严重的危害，应当受到刑法处罚的行为。根据《刑法》第十三条"犯罪概念"②的相关规定可知，判定行为人的行为是否构成犯罪的核心在于评判其行为具有多大的社会危害性。如果行为人的行为对社会造成的危害达到了极其严重的地步，那么按照《刑法》的相关规定应将其定义为犯罪，并给予其相应的刑罚处罚。而如果行为人的行为并没有对社会产生严重的危害性，《刑法》上则不应该将该行为判定为

---

① 姚龙兵. 如何解读虚开增值税专用发票罪的"虚开" [EB/OL]. (2016-11-16) [2020-12-01]. http://www.china.com.cn/legal/2016-11/16/content_39716055.htm?f=pad.

② 《刑法》第十三条规定："一切危害国家主权、领土完整和安全，分裂国家、颠覆人民民主专政的政权和推翻社会主义制度，破坏社会秩序和经济秩序，侵犯国有财产或者劳动群众集体所有的财产，侵犯公民私人所有的财产，侵犯公民的人身权利、民主权利和其他权利，以及其他危害社会的行为，依照法律应当受刑罚处罚的，都是犯罪，但是情节显著轻微危害不大的，不认为是犯罪。"

犯罪。因此，如果行为人虚开增值税专用发票的行为并没有对国家税款造成损失，且其实施该行为是为了偷逃税款以外的目的，其行为显然没有对社会造成严重危害，尚且达不到《刑法》上对其定罪的程度。

3. 关于惩治增值税专用发票犯罪应遵循罪责刑相适应原则。我国《刑法》第五条规定："刑罚的轻重，应当与犯罪分子所犯罪行和承担的刑事责任相适应。"因此，我国《刑法》中的罪刑相当概念因而出现了新的内涵，即刑罚的轻重，不仅应与罪行的轻重相适应，还要与承担的刑事责任的轻重相适应。同时，结合《刑法》第十三条的相关规定可知，对于犯罪行为的刑罚必须要与其对社会危害的严重性程度相适应。罪责刑相适应原则不仅是在司法实践中应当参考的量刑原则，也应当是《刑法》立法时所应遵循的原则。某个行为如果在立法中被认定为犯罪后，如何对其进行量刑则成为评价立法是否科学、合理和公正的关键。我国《刑法》总体上都较好地体现了罪责刑相适应的原则，如故意杀人罪按法定刑的刑罚严重程度与故意伤害罪相比要更加严重，抢劫罪比抢夺罪更加严重等。因此，在我国《刑法》中，刑罚的轻重通常与行为人所实施的行为对社会的危害程度以及其所应当承担的责任有关，同时，这也是罪责刑相适应原则的应有之义。由此可见，根据刑法分则中对某罪的刑罚配置的严重程度，同样可以反向推测出该罪对社会危害的大小。虚开增值税专用发票罪在《刑法》中属于特别严重的罪行，在《刑法修正案（八）》之前，该罪最高可判处死刑，即使在《刑法》修改后，该罪的最高刑罚仍然可以判处至无期徒刑。在1997年刑法修订之时，立法者并没有对虚开增值税专用发票的罪状表述进行较大变动的修改，而是将《决定》中有关此罪的相关规定略作修改后，继续采用简单罪状的表述方式，并将其纳入《刑法》第二百零五条中。结合之前关于立法目的的叙述可知，基于当时的时代背景下，大多数虚开增值税专用发票行为均是以骗取国家税款为目的。因此，将"虚开"界定为具有骗取国家税款的目的和事实的实质意义上的虚开，既符合立法者在立法时对本罪的认知，也符合《刑法》中的罪责刑相适应原则。从公平正义的角度出发，如果对行为人的目的不进行区分则可能造成处理结果的不公正。实践过程中，虚开增值税专用发票的目的既可能是骗取国家税款，也可能是其他目的，且这两者对社会危害的严重程度相差甚大，如果不对两者进行区分，而是按照相同的定罪量刑标准来追究行为人的刑事责任，则显然有失公允。

与此同时，刑法是在文明社会中对社会造成重大危害的违法犯罪行为所实施的最严厉的制裁手段，因此，《刑法》在任何时候都需要保持其谦抑性，在设置犯罪界限时需要保持谨慎，尽量避免不合理地扩大范围。根据《刑法》第二百零五条可知，虚开增值税专用发票罪最高法定刑为无期徒刑，这就意味着此罪所对应的犯罪行为具有极其严重的社会危害性。倘若行为人仅仅只是在形式上满足了本罪的构成要件，并不满足出于逃避国家税款的目的，则对行为人处以如此重的刑罚明显违背了《刑法》的罪责刑相适应原则。

4. 关于虚开增值税专用发票罪保护法益。从保护法益来看，虚开增值税专用发票罪保护的是双重法益，其一是发票管理秩序，其二是国家税收利益，两者缺一不可。事实上，所有的虚开发票行为都侵害了发票管理秩序，这是伴随虚开行为带来的必然结果。因此，只要被认定为实施了虚开发票行为，该行为便侵害了发票的管理秩序，那么是否侵犯了国家的税收利益便应当成为本罪区别于其他虚开发票型犯罪的本质特征，而且国家税收利益应当属于虚开增值税专用发票罪保护的首位法益。[①] 实践中，行为人为了虚增业绩或者夸大经济实力而实施的虚开发票行为不能被认定为犯罪，因为此行为并没有侵犯本罪保护的法益之一，即国家税收利益。因此，这也从另一个角度说明了本罪的构成必须要带有偷逃税款的目的，仅仅单纯的虚开发票而不偷逃税款的行为不构成此罪。同时，比较分析本罪与虚开普通发票罪可知，两者均要求要实施了虚开的行为，看似行为要件相同，其实行为对象并不相同，一个是普通发票，另一个是专用发票。《刑法》中对这两个罪名规定了不同的量刑程度，虚开增值税专用发票比虚开普通发票的刑罚要严重很多，最高可判处无期徒刑，而虚开普通发票的最高刑期为七年以上有期徒刑。从罪责刑相适应原则可知，根据量刑的轻重程度可以倒推罪责的严重程度，因此，显然虚开增值税专用发票罪的罪责更为严重。既然虚开发票罪保护的法益为发票管理秩序，那么虚开增值税专用发票罪保护的法益就绝非仅仅只包括发票管理秩序，还应当包括国家税收利益。

增值税是一种以商品或应税劳务在流转过程中产生的增值额为计税依据而征收的流转税，增值税的征收以有实际商品流转或应税劳务发生且有增值为事实基础。因此，开具增值税专用发票也应以实际发生商品流转或应税劳务为事实基础，在没有真实交易的情况下开具增值税专用发票，就是一种虚假开具的行为，本质上属于虚开增值税专用发票行为，此种行为严重扰乱了增值税专用发票的正

---

① 高苑丽. 虚开增值税专用发票罪司法认定的困境与出路 [D]. 太原：山西大学，2018.

常管理秩序，已经构成行政违法。但是在缺乏真实交易的情况下，虚假开具的行为是否构成虚开增值税专用发票罪，却需要按照刑法相关标准进行判断①。

分析本案可知，A 公司寻求 D 公司、E 公司虚开增值税专用发票的原因，是因为 A 公司、B 省分公司与 C 公司在之前进行贸易融资时，A 公司给 C 公司虚开了大量的增值税专用（进项）发票，A 公司因此留下了相应的增值税专用（销项）发票无法抵扣，为避免缴纳相应的增值税，A 公司才从 D 公司、E 公司处获取了虚开的增值税专用（进项）发票。同时，从事情的起因来看，A 公司寻求 D 公司、E 公司虚开增值税专用发票主观上也并非出于骗取国家税款的目的。而 A 公司虽然已经将上述虚开的增值税专用（进项）发票全部进行了认证抵扣，但由于考虑到在此之前 A 公司因为给 C 公司开具增值税专用发票而留下了大量待抵扣的增值税销项发票。该部分发票在开具时并没有发生实际的商品流转，也就没有产生真实的商品增值，更没有缴纳增值税的事实基础，因此，即使不缴纳该部分税款也不会对国家税款造成实质性的损失。根据现有证据可知，不能完全排除 A 公司从 D 公司和 E 公司获取的虚开增值税专用发票就是为了抵扣其为 C 公司虚开增值税专用发票对应的销项税额的可能性，同时，也不能完全确定其所留存的待抵扣的增值税专用（销项）发票中包含了因存在真实的经济交易而确实需要缴纳增值税的情况，所以，现有证据并不能认定 A 公司将虚开的增值税专用发票进行认证抵扣确实对国家的税款造成了损失。故虽然 A 公司及其实际控制人赵某实施了让他人为自己虚开增值税专用发票的行为，但因其在主观上并不具有骗取国家税款的目的，且在客观上认定其确实造成国家税款损失的证据不足，因此，不构成虚开增值税专用发票罪。同时，D 公司、E 公司及其法定代表人刘某基于同样的原因开具相应的增值税专用发票，也不应构成虚开增值税专用发票罪。

（二）非法购买和出售增值税专用发票罪认定条件

虚开增值税专用发票并同时收取相应费用的行为，在本质上就是一种买卖增值税专用发票的行为。发票是一种证明经济交易活动真实发生的凭证，对于交易双方而言，销售商品或提供应税劳务和服务的一方，依法应当向接受商品或服务的一方开具发票。开票方向购买方开具发票应该是一种无偿的义务，除正常交易

---

① 唐久英. 给予、收取开票费可构成非法购买、出售增值税专用发票罪 [J]. 人民司法, 2019 (26): 21-24.

费用之外开具发票不应再另行收取任何费用，开票方的利润应当体现在销售商品或提供服务和劳务收取的费用中，而不是通过开具发票来获取利润。

实践过程中，虚开增值税专用发票的开票方通常会以各种名义向要求提供增值税专用发票的一方收取费用，以作为开票方实施虚开增值税专用发票行为的报酬。这些费用的收取方式，有的是通过按照开票金额的一定比例来收取，有的则是为了掩盖这种行为的真实目的，通过签订虚假合同并提高相应的合同价款来收取。在虚开发票过程中，由于不存在真实的应税劳务或商品交易，故这些费用既非提供应税服务或劳务可以收取的合法费用，也非正常经营活动所产生的合法利润，这些费用与开票方的合法经营活动无任何关系，收取这些费用欠缺一个合法的依据，不论以何种名义收取，均无法掩盖其系违法所得的本质。在此过程中，费用的支付和收取只是基于一个标的——虚开的发票。提出虚开发票的一方支付费用并获得虚开的发票，开具发票的一方收取费用并提供虚开的发票，虚开的发票成为交易的对象，成为此过程中的"商品"，双方本质上形成了买卖关系，买卖的商品就是虚开的发票。

非法出售、购买增值税专用发票罪，是指违反国家发票管理法规的相关规定，故意非法出售、购买增值税专用发票的行为。以一定价格非法出售增值税专用发票的行为，其包括有增值税专用发票拥有权的单位和个人倒卖增值税专用发票。通常有五种情况：一是有权出售增值税专用发票的税务机关或其税务人员故意违反规定出售增值税专用发票，如因受贿或为了小恩小惠或其他关系而向明知不能领购增值税专用发票的单位和个人出售增值税专用发票的行为；二是合法取得增值税专用发票的增值税一般纳税人及有关单位和个人，领取增值税专用发票后再出售的行为；三是将盗窃、诈骗、借用、拾得的增值税专用发票又出售的行为；四是增值税专用发票的印制企业将其印制的增值税专用发票非法出售的行为；五是其他非法出售的行为。买卖增值税专用发票的犯罪是一种行为犯，主观上行为人只要对非法买卖的行为有认知即可，无须附加其他主观目的；客观上只要实施了非法买卖的行为即可，无须造成一定的危害后果。行为人是否获利、出于何种目的买卖、是否造成了国家税款流失都不是本罪与非罪的界限，只是在量刑时可以作为情节考量。首先，从非法出售、购买增值税专用发票罪所保护的法益看，认定该罪无须具有其他目的。该罪侵犯的是我国对增值税专用发票严格的领购制度，增值税专用发票只能由增值税一般纳税人到指定的税务机关凭相应凭证采取以旧换新方式进行领购，其他任何单位和个人都不得实施买卖增值税专用发票的行为。由于增值税专用发票具有直接抵扣税款的凭证作用，犯罪分子出售、购买增值税专用发票可牟取暴利，所以非法出售、购买增值税专用发票的行为就是犯罪行为。该罪主观上只要求行为人对非法买卖的行为有认知即可，无须附加其他主观目的。其次，从刑法解释的统一性看，销售、购买类犯罪均是行为犯，只要行为人主观上对销售、购买的对象明知，客观上实施了非法买卖的行为，就可以构成该类型犯罪。因此，只要行为人明知买卖的是增值税专用发票而仍予以买卖，就可以构成非法出售、购买增值税专用发票罪，有其他特定目的的，还可能构成其他犯罪。最后，按照刑法规定，构成非法出售、购买增值税专用发票罪只需买卖的增值税专用发票达到一定数量即可，无须造成一定的危害后果。虽然所造成的后果不是构成该罪的必备要件，但在量刑时可以作为情节予以考量[①]。

同时，虚开增值税专用发票罪和非法出售、购买增值税专用发票罪可能构成竞合关系。对于受票方而言，如果出于抵扣税款的目的，向开票方支付费用取得虚开的发票并用于抵扣税款造成税款流失，则受票方同时构成虚开和非法购买增值税专用发票，一行为同时触犯数个法条，应择一重罪处罚。对于开票方而言，如果知道受票方购买的目的是为骗取税款，则同时构成虚开和非法出售增值税专用发票罪，同样应择一重罪处罚；如果不知道受票方购买的目的是为骗取税款，则只构成非法出售增值税专用发票罪，此时受票方抵扣税款造成的税款流失可以作为开票方的量刑情节。职业出售者应认定对受票方具有抵扣税款目的具有放任的故意，在受票方实际抵扣税款时同样应认定同时构成虚开和非法出售增值税专用发票罪，择一重罪处罚。

综上所述，在虚开过程中，如果受票方支付一定费用让开票方虚开增值税专用发票的，可以构成非法购买、出售增值税专用发票罪。

本案中，从所涉事实看，A公司与D公司、E公司之间的虚开增值税专用发票行为与贸易融资并无直接关系。在A公司寻求D公司、E公司虚开增值税专用发票时，贸易融资行为已经完成。B省分公司、C公司和A公司签订三方合作协议，资金已通过B省分公司与C公司、C公司与A公司之间的虚假贸易，以支付货款名义到了A公司，再经由A公司到了B省分公司，B省分公司已因此获得了相应资金。A公司寻求D公司、E公司虚开增值税专用发票的目的不过是为取

---

① 唐久英. 给予、收取开票费可构成非法购买、出售增值税专用发票罪[J]. 人民司法，2019(26)：21-24.

得进项发票抵扣,源于给C公司开具增值税专用发票而产生的增值税销项发票,这里已无关融资。同时,在本案犯罪事实涉及的整个交易过程中,D公司、E公司一不要提供资金,二不用联系客户,三无须进行购货、运输、交货等任何经营行为,其所谓交易成本只有虚开的增值税专用发票,因此,不论以何名义、采取何种形式,D公司、E公司在此过程中获取的"利润"本质上就是通过虚开增值税专用发票所得的好处,就是变相出售增值税专用发票的违法所得。而A公司在此过程中,除了从D公司、E公司处得到了虚开的增值税专用发票外,一无所获,其所支出的费用本质上就是变相购买增值税专用发票所花费的对价。根据《中华人民共和国发票管理办法》和国家税务总局制定的《增值税专用发票使用规定》的规定,禁止倒卖倒买发票,增值税专用发票的发售单位只能是主管税务机关,任何单位和个人都无权出售增值税专用发票,从无出售权的单位与个人处购买该发票的,均属非法购买。故D公司、E公司及其控制人刘某构成非法出售增值税专用发票罪,A公司及其控制人赵某构成非法购买增值税专用发票罪。

(三) 虚开增值税专用发票罪和非法购买及出售增值税专用发票罪的区分

对于行为人"购买"空白的增值税专用发票的行为,行为人只可能构成非法购买增值税专用发票罪,不可能构成虚开增值税专用发票罪。非法购买增值税专用发票罪的客体是单一客体,即国家增值税专用发票管理制度,而虚开增值税专用发票的客体是复合客体,不仅包括国家增值税专用发票管理制度,还包括国家的税收征收管理制度。空白增值税专用发票在填写内容之前不能抵扣税款,不能对国家的税收征收管理制度造成损害,却损害了国家增值税专用发票管理制度。因此,行为人"购买"空白增值税专用发票的行为只可能构成非法购买增值税专用发票罪,而不可能构成虚开增值税专用发票罪。此外,空白增值税专用发票是还没有填写内容的发票,根本不涉及虚开行为,因此,也不可能构成虚开增值税专用发票罪。

对于行为人通过支付手续费取得已经虚开的增值税专用发票的行为,由于虚开增值税专用发票罪的客体包括国家的税收征收管理制度,而非法购买增值税专用发票罪的客体不包括国家的税收征收管理制度。因此,对于行为人通过支付手续费取得已经虚开的增值税专用发票的行为,主要应该判断行为人的目的是否包含对国家税收征收管理制度的损害。如果行为人购买虚开的增值税专用发票的目的是抵扣税款,那么行为人就破坏了国家的税收征收管理制度,行为人就构成虚开增值税专用发票罪；而如果行为人购买虚开增值税专用发票的目的不是抵扣税款，而是有其他目的，比如在经济往来中为了向对方显示自己的实力而购买虚开的增值税专用发票，中间人为了向购买方销售增值税专用发票而从销售方处购买增值税专用发票，员工为了报销之用而购买增值税专用发票等，行为人就只可能构成非法购买增值税专用发票罪。对于行为人购买增值税专用发票后是否实际进行了抵扣，则只能作为量刑的依据，而不能作为定罪的依据。

本案中，A公司在没有真实交易的情况下，以购进钢材名义取得D公司、E公司虚开的增值税专用发票，已经构成了行政违法，二审法院在判决中写道："增值税是以商品或应税劳务在流转过程中产生的增值额为计税依据而征收的一种流转税，增值税的征收以有实际商品流转或应税劳务发生且有增值为事实基础，同样开具增值税专用发票也应以实际发生商品流转或应税劳务为事实基础，在没有真实贸易的情况下开具增值税专用发票，就是一种虚假开具的行为，本质上属于虚开增值税专用发票行为，此种行为严重扰乱了增值税专用发票的正常管理秩序，已构成行政违法。"但是在刑法领域，除了需要考虑行政违法的构成要件，还需要考虑违法人的主观故意与税款流失的客观事实。此案的二审法院秉持了最高人民法院在处理类似案件时的精神与原则，阐明了"虚开"的行政违法与刑事犯罪的界限问题。

四、案例启示

在司法实践中，各方对于虚开行为的认定不尽相同，究其原因在于《刑法》第二百零五条对于虚开增值税专用发票罪的表述并不明确，只是简单地描述了该罪，即"虚开增值税专用发票或者虚开用于骗取出口退税、抵扣税款发票的，处……"，使用的是简单罪状的形式。这个规定，并未规定本罪主观上具有骗取国家税款的目的，客观上造成国家税款损失的结果，加之实践中虚开行为的多样性，导致出现不同的裁判结果，以至于不少理论界和实务界的人都认为本罪属于行为犯。虚开增值税专用发票罪究竟是行为犯还是目的犯、结果犯，无论是在理论界还是在司法界争议都非常大，这给司法审判也带来一定的难度，导致相似的案件会出现迥然不同的判决。

随着增值税发票制度的推进，增值税在日常生产、经营方面的作用就越来越重要，故实践中出现为了粉饰业绩、壮大经营规模等不以骗取税款为目的虚开行为，且客观上也不可能造成国家税款的实际损失。这些虚开行为虽然属于税法上的"虚开"，也造成了增值税专用发票管理制度的混乱，但应该与刑法上的虚开增值税专用发票行为相区别，如果仅仅是简单、机械地套用刑法上的规定，则既会背离立法时的初衷，也有违刑法的基本原则。因此，本案例判决中的意见，即"不具有骗取国家税款的目的，未造成国家税款损失，其行为不构成虚开增值税专用发票罪"，不但为司法审判提供了参考尺度，而且实现了保护企业家的司法政策目的。同时，为审理虚开增值税专用发票罪案件提供了明确的指导，是对虚开增值税专用发票罪构成要件的完善，即成立虚开增值税专用发票罪不但主观上需以骗取国家税款为目的——目的要件，而且客观上也需造成国家税款的损失——结果要件。

实践中，虽然存在着个别不以骗取国家税款为目的的虚开增值税专用发票罪案件，不构成虚开增值税专用发票罪，但大多数法院对于此类案件都是以犯罪来作出判决的，即使同样是不以骗取国家税款为目的的相似虚开行为，各地的法院对此类案件的定罪量刑上也存在着较大差异。因此，最高人民法院典型案例对当前虚开增值税专用发票刑事案件具有重要的影响，明确了"不以骗取国家税款为目的，未造成税款损失"的虚开行为不构成虚开增值税专用发票罪，既为各地法院在审理同类案件时指明了方向，也为此类案件的法律适用和定罪量刑统一了标准，避免造成司法适用的混乱。

此外，笔者通过中国裁判文书网搜索了解到，自2014年起，虚开增值税专用发票罪案件每年的案件数量都超过3 000起，多则4 700多起，这些都是已经生效了的虚开增值税专用发票罪案件。在这些生效的裁决中，必定也存在着大量的"没有以骗取国家税款为目的，未造成国家税款损失"的案件当事人。在没有权威观点明确的情况下，已决案件的当事人申诉申请大多数都会被驳回，导致申诉无门。目前，最高人民法院已明确了"不具有骗取国家税款的目的，未造成国家税款损失，其行为不构成虚开增值税专用发票罪"的观点，将使此类案件的当事人看到申诉的希望。

我国改革开放后的一段时期，社会主义市场经济制度不够完善，一些企业特别是民营企业发展有一些不规范行为。习近平总书记在民营企业座谈会上强调，对一些民营企业历史上曾经有过的一些不规范行为，要以发展的眼光看问题，按照罪刑法定、疑罪从无的原则处理，让企业家卸下思想包袱，轻装前进。在改善营商环境的大背景下，以发展的眼光看待民营企业发展中的不规范问题，基于刑法的谦抑性要求,近年来,审判机关对虚开增值税专用发票行为的认定,以及对虚开增值税专用发票罪的判决也有从宽化、从轻化的倾向。

本案不仅再次确认了"不具有骗取国家税款的目的,未造成国家税款损失,其行为不构成虚开增值税专用发票罪"的观点,同时,也确认了本案虚开增值税专用发票虽不构成虚开增值税专用发票罪,但也是行政违法行为,并认定本案行为人虚开增值税专用发票并收取费用的行为构成了非法购买增值税专用发票罪、非法出售增值税专用发票罪。因此,本案对类似案件的处理会带来一定的指导价值。

(罗昌财、陈嘉乐)

参考文献

[1] 高苑丽. 虚开增值税专用发票罪司法认定的困境与出路 [D]. 太原:山西大学,2018.

[2] 刘剑文,熊伟,翟继光,汤洁茵. 财税法成案研究 [M]. 北京:北京大学出版社,2012.

[3] 刘剑文. 财税法专题研究(第三版)[M]. 北京:北京大学出版社,2015:202.

[4] 四川智禾律师事务所. 增值税专用发票涉税犯罪实务研究报告 [EB/OL]. 2017.

[5] 唐久英. 给予、收取开票费可构成非法购买、出售增值税专用发票罪 [J]. 人民司法,2019(26):21-24.

[6] 姚龙兵. 如何解读虚开增值税专用发票罪的"虚开"[EB/OL].(2016-11-16)[2020-12-01]. http://www.china.com.cn/legal/2016-11/16/content_39716055.htm?f=pad.

[7] 赵琳. 法院裁判:没有货物交易虚开发票形成闭环,不应认定虚开增值税专用发票罪 [EB/OL].(2019-12-09)[2020-12-01]. https://baijiahao.baidu.com/s?id=1652437265130347560.

第三编
二手房交易中的税收争议问题

案例一 税费承担条款是否改变纳税义务人争议案

——A公司与B税务局破产债权纠纷案分析

近年来,司法拍卖中的价款是否含税以及税费的最终承受主体成为各方关注热点。其中,涉及税务机关在行使税收征管权时,对纳税人合法民事行为产生的税收结果在税法上如何评价的问题更为普遍。本案争议系由《竞买须知》[①] 同税法规定的纳税义务人不一致引起。本案例通过分析,明确司法拍卖中买受人税负承担条款中对税费的约定不变更法律规定的纳税义务人主体的效力,仅改变税费承担主体,且其效力不能对抗税务机关。本案例体现了在涉税问题上要优先遵从税法的规定,对该类纠纷具有重要示范意义。

一、案情简介

本案涉案房产与土地所有人为A公司,其所有的B市土地、房屋及附属物于2015年11月21日,通过淘宝网司法拍卖网络平台以最高价被本案第三人C公司(买受人)竞得。《竞买公告》中的《司法拍卖成交确认书》明确载明:标的物过户所涉及的一切税、费及其可能存在的物业费、水、电等欠费均由买受人承担,成交价不含过户时所发生的全部费用和税费。2016年6月2日,A公司被申请破产清算。在后续债权申报过程中,国家税务总局B市税务局(以下简称B税务局)与A公司管理人就该拍卖所得税款缴纳问题发生争议,A公司认为C公司系法院司法拍卖文书中确定的纳税义务的承担者,而B税务局则认为拍卖本

---

① 司法拍卖中,竞拍人竞拍前需要阅读的一种文件,一般是法院根据《中华人民共和国拍卖法》《拍卖管理办法》及地方有关的适用法律、法规、文件的规定制定。

案不动产所涉及的营业税、城市维护建设税、教育费附加、地方教育附加及土地增值税的法定纳税义务人仍为 A 公司。遂由 B 税务局起诉至 B 市人民法院，要求 A 公司确认该部分破产债权（税款）的优先受偿地位。法院认为，《竞买公告》中的《司法拍卖成交确认书》中载明的税费承担条款为对最后承受主体的约定，而非对纳税义务人的变更，故对 B 税务局的诉讼请求予以支持。A 公司不服一审判决，上诉至 B 市中级人民法院，二审法院判决驳回上诉，维持原判。

在本案中，一审法院的裁判观点主要集中在税收负担条款是否改变纳税义务人的分析上。A 公司主张自己不是本案的纳税义务主体，原因主要有两个：一方面，本次拍卖不存在法律意义上的转让或销售收入；另一方面，受让人拍卖不动产前已阅读竞买须知等相关公示材料，故所涉及的一切税费均应由买受人自行承担。

针对这两点，一审法院也给出了裁判意见。法院认为司法拍卖也是销售、转让的一种方式。本案房产、土地司法拍卖所得已作为破产财产交由 A 公司，故确认其为出让房产时营业税、城建税及两个附加、土地增值税的纳税义务人。法院认为竞买公告、确认书中载明的税费由买受人承担的条款并不改变法定纳税义务人，对于税费的最后承受主体的规定，A 公司可与 C 公司另行诉讼解决。

二审法院对一审法院所查明的事实和判决结果予以肯定，认为 A 公司是法定纳税义务人，这一点不可更改，并对 A 公司提出的 B 税务局的税款计算方式错误的抗辩意见进行了阐述。法院认为，根据法律规定，当事人对自己提出的诉讼请求所依据的事实或者反驳对方诉讼请求所依据的事实，应当提供证据加以证明。在作出判决前，当事人未能提供证据或者证据不足以证明其事实主张的，由负有举证证明责任的当事人承担不利的后果。A 公司提出税款计算错误，但在诉讼过程中未提供相关证据，缺乏事实与法律依据，法院不予采纳，驳回其上诉请求。

二、争议焦点

1. 税费负担条款是否改变纳税义务人？
2. 税费负担条款能否将税费转移给纳税义务人以外的第三人？

三、法理评析

(一) 税费承担条款的由来

税费承担条款是指交易双方在合同中约定税费由谁承担的条款。该条款常见于司法拍卖的拍卖公告中,在实务中一般存在两种不同的约定方式。一种是买受人承担型,即约定一切税费由买受人承担;另一种是双方依法承担型,即税费按照法律行政法规各自承担。虽然后者在实践中产生的纠纷较少,但往往不动产司法拍卖实践中的规定多为前者。这显然与税法规定有一定矛盾,本案的争议也正是由此引起的。本案例中所讨论的司法拍卖的税费承担条款,指的就是买受人承担型条款。

在司法拍卖中,税费承担条款的制定者为法院,其制定该条款的目的主要是为了保障税收收入、提高征管效率。一般来说,不动产会被强制性地执行司法拍卖,被拍卖人本身已经无力偿还税款或者被认定为非正常户,下落不明,客观上无能力、主观上也不愿承担非自愿状态下被拍卖不动产的相关税费。如本案中的A公司已经进入破产程序,出现资不抵债或明显缺乏清偿能力的迹象,要求其承担法定税费在实际操作中存在很大的困难。但在我国不动产制度中的"先税后证"制度下,不动产未缴清相关税费,是不得办理产权权属变更登记的。因此,往往买受人为了实现权属登记只能选择先替出卖人承担相关税费,但后续可能会由此要求司法机关协调解决或者直接提起诉讼,法院为减少拍卖不动产过户时的诉讼纠纷,会直接在拍卖公告中规定涉及的一切税费由买受人承担的条款,认为该条款可以节约司法资源,减少法院工作量。

(二) 税费承担条款不变更纳税义务人

本案的核心争议点主要在于税费负担条款是否变更纳税义务人。本案一审、二审法院裁判书中对于此问题观点很明确,认为司法拍卖过程中对税费的约定不产生变更法律规定的纳税义务人主体的效力,即在涉税问题上优先遵从税法的规定。

这个问题可以从税收法定的角度来考虑。纳税义务人是指一切法律和行政法规中明文规定直接履行纳税义务的人,即依照税法规定直接负有纳税义务的自然人、法人和非法人组织。若本案中的税费承担条款变更了相关税种的法定纳税义务人，无疑违背了税收法定原则，亦违反了税收征管的法律规定。法院也是在这一观点下进行判定的。

税收法定主义是近现代税法的首要原则，包括要素法定、要素明确和程序法定的原则。其中，课税要素法定原则中的课税要素主要包括纳税主体、征税对象、税率、纳税环节、纳税期限、纳税地点、税收优惠、税务争议和税收法律责任九个方面（高军等，2010）。税收法定主义要求税法的各类要素必须且只能由法律予以规定，任何人无权予以变更。纳税义务人，即纳税主体要素，是课税要素的重要组成部分，其直接影响征税范围，自然不能因为纳税主体与其他民事主体之间约定，或者行政司法机关指定方式予以改变。

《税收征管法》第四条也明确了法律、行政法规规定负有纳税义务的单位和个人为纳税人，纳税人必须依照法律、行政法规的规定缴纳税款。纳税人身份的确定是国家的强制性规定，税收法律关系系公法范畴，案例中司法拍卖公告是私法，无权改变、无权免除在税法中已经确定的法定纳税主体的义务。

（三）条款是否改变税费承担主体

本案法院判决认为该税费承担条款约定系司法拍卖过程中对税费最终承受主体的约定，并非变更纳税义务人。即条款内容实质为当事人通过协议约定，由非纳税义务人承担条款所涉税费。

本案例分析认为税负承担条款中纳税义务人与税费承担主体的分离有点类似税收理论中纳税人与负税人的分离，但又有所不同。

税收学原理中的纳税人与负税人是否分离是看其税款能否转嫁，即由税种是直接税还是间接税决定的。一般所得税为直接税，而商品税为间接税。其税款负担与税款缴纳是基于其税种本身特点和税法规定，具有统一性和强制性。这种转嫁是法定的、被统一承认的。但税费承担条款中造成的纳税主体与最终税费承受者的分离，与前述的纳税人和负税人不同（包云长，2019）。拍卖中的承担条款不是法律规定的，而是由法院制定的，且条款内容具有任意性，不是根据税法规定或直接税和间接税来进行划分的，税费负担内容多样，不具有统一性。

当事人之间约定税费的转移看似只是民事主体之间约定的一种金钱给付行为，但又与普通的民事行为不同，其转移的是税费，而不是普通的金钱给付，系税收法律关系范畴，实质是把税款给付义务中本应由纳税义务人应负担的税费通过该条款转移给了非纳税义务人的第三方负担。由此产生了争议问题：本应由纳税义务人负担的税费能否在司法拍卖中通过法院设立的税负承担条款转移给非纳税义务人的第三方，使其成为经济上的负税人呢？该问题尽管在司法实践中几乎达成了普遍共识[①]，认为这种税费转移是合法的，但理论上还存在争议。

支持者认为税收法律关系以金钱给付为标的，因此，不具有人身专属性。虽然税法对于税种、税率、税额的规定是强制性的，但对于实际由谁缴纳税款没有作出强制性或禁止性规定，故根据法无禁止皆可为这一民事领域的基本原则，该税费转移条款有效。黄茂荣（2011）教授认为"在民法上故可以利用转嫁之约定，使特定税捐的负担归属于纳税义务人以外的人，但转嫁之约定并不改变所转嫁之税捐在税捐法上的纳税义务人。亦即在税捐法上转嫁不产生任何效力"。即认同税费可通过民事主体之间约定转嫁给纳税义务人之外的第三人，但不改变税法规定的法定纳税义务人和税款负担人。

但反对者认为在公法领域一般遵循法无明文规定则禁止的原则。民事主体是否有权将税款给付义务转移给第三人，应当根据我国现行税收法律法规的规定，有则行无则止。由于在我国法律中并没有对民事主体将税款给付义务转移给第三人作出明确规定，故按照公法原则，这种转嫁没有相应的法律依据，不能得到承认。

本案中的涉案竞买合同关于税费缴纳的约定实质上是包税条款在司法拍卖领域的体现。"包税条款"的说法更多来源于税法实践，从形式上看，包税条款是合同双方约定对于交易所产生的税费（税金）由协议的一方全部承担并缴纳的条款；从实质上看，承担缴纳税款义务的主体变更为非税法上的纳税义务人（肖太寿，2012）。虽然在法律上没有对税费给付义务转移进行明确规定，但一些税收规范性文件的出台其实已经默认了这种约定的合法性。如《国家税务总局关于雇主为其雇员负担个人所得税税款计征问题的通知》《国家税务总局关于明确单位或个人为纳税义务人的劳动报酬所得代付税款计算公式的通知》等文件就已间接承认雇主为其雇员负担个人所得税税款的合法性，那同为包税条款的司法拍卖中的"一切费用由买受人承担"中的税费转移也应该是合法的。再基于民事领域意思自治原则，双方可以自主约定税费承担主体，且只要该税费承担约定并未逃

[①] 最高人民法院曾在2007年于2007年民一终字第62号民事判决书中指出"对于实际由谁缴纳税款没有作出强制性或禁止性的规定，当事人关于税费负担约定并不违背税收管理方面法律法规的规定，属合法有效协定"。由于该案系最高人民法院作出且后被载入最高人民法院公报，所以该观点的确立对后续司法审判实践产生了广泛和重大的影响，几乎获致各级法院的一致遵循，产生了普遍适用的效力。

避法律规定的纳税义务,未违反法律法规的强制性规定,也未损害国家、集体或第三人利益,不涉及合同无效情形,则公权力机关不宜对此做过多干涉。

经过上述分析可知,买受人承担型税费条款只是改变了资金流向路径,既没有改变A公司与税务机关的行政法律关系,也没有重新建立买受人C公司与税务机关的行政法律关系。买受人直接向税务机关缴纳税款,既包括本应买受人承担的契税、印花税,还包括代被拍卖人承担的以往欠费和本次交易被拍卖方应缴纳的税费。前者由履行自身法定义务的C公司缴纳,后者由本该承担税款缴纳义务的A公司缴纳,实践中往往省略后一步直接由C公司交与税务机关。如若分解来看,该笔税费仍然还是以A公司的名义缴纳,并不会涉及纳税义务的变更问题。

(四) 条款效力不得对抗税务机关

拍卖公告中的税费负担条款不变更税法上的纳税义务人,实际上是对税负实际承担者进行了约定。但这并不意味着纳税义务人与出卖人在签订该条款后,作为纳税义务人的被拍卖人就可以高枕无忧。

无论是出于纳税人、扣缴义务人或与纳税人有着民事合同关系的第三方的原因未及时履行税法上规定的纳税义务,其承担者均应为纳税人或扣缴义务人,而不能因为纳税人与第三人建立的民事合同关系而转移征纳关系,即转移纳税人、扣缴义务人的法律责任。换言之,买受人代缴拍卖相关税费,并不意味着其能取代出卖人的法定地位,税收债务人并不因私法上的约定有效而得以免责(刘树艺,2010)。在第三人违反其契约设定义务并未缴纳相关税费时,依据税收法定主义原则,税务机关不能强制作为非纳税义务人的买受人,并不涉及第三人责任。买受人与出卖人在民事上的约定已构成契约责任,其不负有税收法律责任,但对出卖人负有私法意义上的违约责任(程信和等,2000)。

在本案中,A公司的不动产被司法拍卖,C公司在参与竞拍时就已经默认了公告中的税费承担条款,但在司法拍卖后,买受人C公司并未按照双方约定向税务机关以A公司的名义缴纳税款。而当税务机关进行税款征缴时,税务机关进行追缴的对象仍为法定纳税义务人A公司。这是因为对税务机关而言,其执法的依据就是作为公法的各类税收法律法规,公法领域不能因税费承担条款的存在而踏入私法领域。合同约定属于私法,因此,纳税义务人A公司只能按照规定履行相应的义务去补缴税款、滞纳金,而不得以税费条款有效为由来对抗税务机关。

尽管合同双方约定了税款承担的主体，但该约定仅在当事人之间具有拘束力，对税务机关没有任何拘束力。因为税费条款的有效性是基于合同约定，其属于内部约定，不能对外产生对抗法律法规关于法定纳税义务人规定的效力①。在买受人未按约定承担税费时，税务机关追缴税费的对象当然是与税务机关有税收法律关系的纳税义务人，未按时缴纳税费的责任也由其承担，纳税义务人不得以存在税费转嫁条款为由进行抗辩。但是在私法领域，纳税义务人在依法履行自己的税收法律责任后，可以依据合同中的税费条款通过民事诉讼程序要求买受人承担违约责任，赔偿其损失。这也就是本案法院判决书所说的"税务机关的纳税相对方应为纳税义务人，至于纳税义务人与其他相对方之间的责任承担问题系双方之间的另案法律关系，应另诉解决"。

四、案例启示

（一）税费承担条款实施困境及其解决措施

1. 税费承担条款实施困境。

（1）税费负担不合理且信息不透明。买受人承担型税费条款中买受人承担的税费，既包括与本次拍卖交易无关的企业欠缴的水电和煤、燃气费以及土地使用费等费用，也包括本次拍卖应由被拍卖人承担的税费。前者为被拍卖人的先期债务，根据债权的相对性，应当由被拍卖人自行承担（刘翠，2018）。而后者税务部门有权利也有义务依法向被拍卖方追缴，在税务机关没有尽一切努力去追缴的前提下，把这部分税费转嫁给买受人是不正当的。将一切税费转嫁给买受人，虽然减少了法院工作量，但造成显著的不公平，严重损害了买受人的利益，买受人情感上也不愿接受。

另外，在司法拍卖中，法院一般不会主动对标的物的税费问题进行详细说明，需要竞买人去自行了解，其过程困难重重。特别是企业所得税、土地增值税这些税种，其缴纳不仅与此次不动产转让相关，且具体征收与否、税率高低、是否享受优惠等税法效果都取决于出卖人一方的情况，买受人很难自己收集到正确信息。故由于信息不公开、标的物拖欠费用不明或者一些税种计算特点等原因，一般的竞买意向人很难对出卖方应缴纳的税费进行精确的核算（莫国萍，2019）。

---

① 潢川县人民法院（2013）潢民初字第1114号民事判决书。

一般情况下，不动产涉及的税费金额巨大，这就导致竞买人的风险很大，很多有意向参与拍卖的人可能会望而却步，积极性受到打击，甚至可能引发流拍、悔拍现象。比如北京新地标建筑之一的盘古大观低价拍卖，多次流拍与其背后的税收风险就有很大关系。

由此可见，该税费条款约定的负担明显不合理，再加上税费信息不透明的影响，会降低网络司法拍卖的增值率与竞价率（卜文，2018）。有时买受人在竞得拍卖财产后，才发现实际应负担税费远超预期，房屋无法过户，出现纠缠法院、悔拍等后续情况，加重司法拍卖工作的负担。

（2）买受人负担较重。买受人代缴税费能否税前扣除会大大影响其成本，买受人税费承担条款在实践中使得买受人在税前扣除和会计处理时面临困境：买受人承担了应由出卖方缴纳的税款，拿到的却是税务机关开给法定纳税义务人的纳税凭证和发票等。相反，没有缴纳税款的被拍卖方却能够税前扣除（但往往出卖方已经破产或列为非正常户不能扣除）。

从形式上看，可在税前扣除的税费需以税务机关开具的税务税收缴款书或其他完税凭证作为扣税凭证，而扣税凭证上的纳税人仍是被拍卖人。因此，该凭证不能作为购买者的扣税合法凭证。虽然《企业所得税税前扣除凭证管理办法》第十四条规定，凭借相关资料证明支出真实性后，其支出允许税前扣除。但我国企业应纳税所得额是在会计利润基础上进行调整的，而在会计处理上，将买受人代为承担的相关税费视为捐赠或是赞助，均不符合企业所得税上的扣除政策。

另外，《企业所得税法》第十条规定，与取得收入无关的其他支出，在计算应纳税所得额时不得扣除。买受人承担的超过其法定义务的税费，系双方约定并非正常的业务规定，是否属于"取得收入"事项需慎重考量。若属于与"取得收入"无关的其他支出则不得税前扣除，会加重买受企业的负担。若属于与"取得收入"相关的支出，那买受人的支出是否构成被拍卖人的收入，理论上这部分又需要买受人承担相关税费，造成此条款无限循环的窘境（郭昌盛，2020）。一般认为在此拍卖中代为承担的相关税费不能作为"取得收入"事项进行税前扣除，但若不能规范司法拍卖双方纳税义务，则国家应该出台相关政策，使该部分成本在税前列支变得合法合规，减轻买受人成本。

此外，司法拍卖的税费承担还涉及流转税的承担问题。营改增后应征增值税，但被拍卖方往往已经破产或异常走逃，处于非正常状态，可能无法为买受方开具增值税专用发票。而现有法律下税务机关又不能代开专票，因此，买受人即使作为一般纳税人，也存在不能取得增值税专用发票的可能性，从而导致大笔进项税额无法抵扣，加重其成本负担。

2. 困境解决措施。

(1) 规范司法拍卖中交易双方的纳税义务。以上困境产生的根本原因在于买受人承担型的税费承担条款与税收法律法规相悖，税费承担与法定纳税义务分离。最好的解决方法为在较高层级的税收法律中规定司法拍卖中的双方按法定纳税义务承担税费。

其实早在2016年最高人民法院出台的《网络司法拍卖规定》第三十条[①]就试图将司法拍卖中关于税费的承担问题拉回到依法分担方式上，以避免现实中产生的冲突。但实际中不同地区、不同法院对拍卖中的税费承担情况有所不同，也有如浙江[②]、江苏[③]等地区禁止"一刀切"。网拍公告法律层级不够高，并不是法律或行政法规，只是法院作出的一种应然引导条款。中国政法大学诉讼法教授谭秋桂认为税费由谁实际承担属于法院的自由裁量权，法院有权决定税费该由谁来实际承担等事项。对于该条款，国家税务机关也认为应该回到依法承担的轨道上来。2020年，国家税务总局办公厅在《对十三届全国人大三次会议第8471号建议的答复》中明确："要求各级法院严格落实司法解释关于税费依法由相应主体承担的规定，严格禁止在拍卖公告中要求买受人概括承担全部税费。"故本案例分析中认为税收立法机关作出禁止性规定，进一步规范司法拍卖交易双方的纳税义务，不但能解决税费承担不合理的问题，而且买受人税前抵扣的问题也迎刃而解了。

在规范双方纳税义务的基础上，税务机关要和执行法院紧密配合，积极建立联动机制，优先从拍卖所得价款当中扣缴被拍卖人需承担的税费，剩余款项再用于清偿被拍卖人的债务。具体来说，在拍卖标的成功交易后，财产所有权转移之前，法院或者司法拍卖辅助机构要及时将拍卖交易相关信息发送给税务机关，税

[①] 《网络司法拍卖规定》第三十条：司法拍卖中的税费应当依照相关法律、行政法规的规定由相应主体承担；没有规定或者规定不明的，人民法院可以根据法律原则和案件实际情况确定税费负担的相关主体、数额。

[②] 《浙江出台22条意见，加快处置"僵尸企业"》中规定：买受人缴纳契税和印花税，出卖人缴纳增值税、城市维护建设税、教育费附加、地方教育附加、土地增值税、印花税等，在拍卖款中预留或扣除出卖人需要承担的相关税费。

[③] 江苏省高级人民法院出台了《关于正确适用〈最高人民法院关于人民法院网络司法拍卖若干问题的规定〉若干问题的通知》，其中规定"在法律、行政法规对税费负担主体有明确规定的情况下，人民法院不得在拍卖公告中规定一律由买受人承担"。

务机关在收到相关信息后计算相应税费,法院应当协助税务机关及时从拍卖所得价款中依法进行扣缴,并将扣缴结果通知买受人和被拍卖人。比如,2019年,宁波市税务系统与法院系统建立民事执行与税费征缴、被执行人房地产询价等多项协作机制。

(2) 完善拍卖标的相关信息公开机制。为了避免司法拍卖中因信息不透明影响拍卖成交率和增加纠纷等情况出现,法院应该尽可能地在拍卖前详细调查并公示与拍卖标的相关的信息,特别是涉及的前欠税费等,从而能够让竞买人准确预估参与拍卖的成本,避免无限税收风险让其望而却步现象的发生。

对于公示的内容,网拍公告中其实已经作出了相关规定①,但应进一步对不同类型标的物的公示信息予以规范和统一,比如房地产类的标的物,除了拍品名称、权证现状、权利限制情况、提供的文件等项目,应当将税费、水电费等其他可能的费用及是否限购标出。这些都会影响买受人到手的成本,对其拍卖决策尤为重要。

简言之,在司法拍卖环节法院应该充分提供涉税信息,履行信息提供义务。要以显著提示方式明确税费的种类、税率和金额等情况,而不是让处于信息弱势的买受人承受风险。

(3) 设立专门的登记企业。为了解决上文所述被拍卖方非正常状态无法开具增值税专用发票等问题,使负担税款如期扣除且符合法定程序,目前学界比较认可的一种方法是让税务机关单独设立专门的司法拍卖登记企业。把该虚拟企业作为扣缴增值税税款的主体,并在缴款书中将买受人和拍卖方的信息予以备注(于淼,2019)。此时,买受人就可以根据缴款书和备注的相关拍卖记录材料进行进项抵扣,从而使买受人能够顺利办理不动产过户并进行成本列支。

(二) 加强民法与税法的衔接

本案争议的实质就在于民法上有效的包税条款在税法上是否被承认,以及如何评价的问题。从广义上探讨合意民事行为是否能够得到税法的认可、民法与税法的关系究竟如何、两者如何衔接的问题是十分必要的。

1. 民法与税法的关系。合意民事行为是否有效是民法评价的结果,而其在

---

① 《网络司法拍卖规定》第六条规定:"实施司法拍卖的,人民法院应当履行下列职责:(一) 制作、发布拍卖公告;(二) 查明拍卖财产现状、权利负担等内容,并予以说明;(三) 确定拍卖保留价、保证金的数额、税费负担等……"

税法上能否被承认则是税法评价的结果。本案前述分析中已经基本明确包税条款在民法上是有效的，但并不能得到税法的承认，即税法的评价与民法截然不同。

民法与税法两者对同一行为评价的差异主要源自其各自的法律属性不同。民法是具有私法基本法的地位，而税法则属于公法范畴。公法与私法的划分是大陆法系特有的分类方式，其划分仍未形成统一的标准。但比较主流的观点为私法主要是调节私人之间利益关系的法律，法律双方是平等的关系，一般能通过双方合意随意变更。公法是调节国家与个人之间关系的法律，双方是权力者和服从者间的不对等关系，不能通过任意方式随意变更。但两者也有共通之处，并不能将两者完全区分开来。

民法与税法之间既相互区别又关系紧密，民法是调节平等主体间人身与财产关系的法律，税法的独立只是相对独立，其依赖于作为私法的民法。税法的课税对象、征税的事实基础都是由民法规定的，如所得税里的法人、非法人等概念。从这个意义上来说，民法是税法的先行法。没有民法的指导，税法如同无源之水、无根之木、无水之鱼，难以单独据其完成国家税收征管工作。但是，税法并非完全依附于民法，而是有自身独立的视角和立场。不同于民法，税法注重国家、社会和个人的利益平衡本位。在税法平衡视野中，私法权利与自由必须要接受税法的应税评价。

2. 税收私法化趋势下的税收法定主义。20世纪后，公私法界限被打破，公私法由明确划分走向了相互渗透。国家在经济社会中扮演的角色愈加重要，公法私法化和私法公法化的倾向也随之出现，税法作为传统意义上的公法也不例外。税法私法化不是要把税法变为私法，而是在保证税法公法性质的基础上借鉴私法的理论和制度。税法仍然限制法律主体的自由意志和平等协商，其公法的属性依然不会改变。

税法私法化的优势主要有以下方面。从理论发展角度，税收债务关系说的理论兴起有利于探究税收的本质，有力地推动了税收理论的发展；从纳税人权益保护角度，可以借鉴民法中平等的观念，给予个人和国家同等的重视，让纳税人的权益充分得到保护；从税法完善角度，税法借用私法的一些规定可以修补税法的漏洞，不断扩展税法的体系。但税法还有很多不完善之处，在不与税法明文规定相冲突的前提下借用民法中与债权相关的一些概念和做法，能够为维护国家税收债权提供更多的路径、减少法律的重复规定。

税法私法化的弊端也不容忽视。过分强调税法的私法化会产生适得其反的效果，一方面，会因为私法精神的冲击而弱化税法的公法效力，大大削弱税法的权威性；另一方面，过度引入民法中债权的概念与规定，让拥有专业征收机构和多种征收手段的税务机关再运用民法手段进行征收，会让纳税人感到无所适从，违背税收法定的基本原则。

税收法定主义能够制约税收征税权的行使，保护纳税人的权益。但从某种程度上说，也不可避免地与契约自由、意思自治等民法上的基本原则相冲突。所以，在极其有限的范围内，利用私法的规则可以使税法制度更加高效运作。但在其他法律明确规定的部分只能遵从法律的要求，这是税收法定主义的要求，也是税法作为公法的性质使然。

3. 民法与税法评价不一致。民法是税法的基础，民事关系的定性和处理往往会影响税法的理解和适用，但税法有其自身的法律体系和评判规则，即使是有效的合意民事行为也要接受税法的应税评价。税法的应税评价注重实质课税的方法，不能照搬民法上的概念和方法。而是要根据交易的内容和结果独立判断是否应该征税、如何征税，这是为了防止市场主体滥用私法自治、契约自由，从而损害社会和国家的利益。换言之，纳税义务人不能滥用民法的形式和自由的原则达到避税的目的。如有此情况，税务机关应依其经济上的行为与事实予以征收，遵循实质重于形式的原则，在特定情况下作出与民法不同的解释和评价。

以民法上的合同为例，如果合同被确认无效，即指合同当事人的意思表示不被法律承认，但这并不意味不产生税法后果。从税法角度来看，在民法上认定无效的合同是否需要纳税，要取决于其带来的税法上的经济和法律效果。如果课税的基础是事实行为，那么民法上该合同有效与否并不影响税款的征收。最为典型的就是印花税，只要合同成立，就已满足印花税纳税义务的条件。即使民事法律行为被确认无效，书立合同的事实基础仍然存在，印花税原则上不会退回。如果课税基础是法律行为或其效果，则要依据经济效果和法律效果，区分不同的情形进行处理。

从民法角度而言，契约自由包括缔约自由和结束自由，即当事人享有民事合同订立和解除的自由。合同责任一般遵循民法评价优先，只有经民法评价后，方可进入税法评价层面（叶金育，2013）。但换一个角度，如果当事人任意解除合同而无须受到税法上的限制，那么，一旦纳税人任意解除合同，便可以随时要求税务机关返还所纳税款，则势必会破坏征管秩序，增加税务机关的执法成本，降低征管效率。对于解除合同税法上并不一定会予以退税，退税一定在税法上要有对应的政策依据。

而本案所涉及的通过合同约定将本应由纳税义务人 A 公司承担的税费通过民事合同约定的方式转移给 C 公司。经过上述分析，该条款有效，但不能对抗税法，即纳税义务人并没有因此变更，且不发生税法上的效力。故税法与民法评价不同。

当私法自由与税收法定冲突时，应当全面考虑两者所涉及的相关法律规定及其立法意图，唯有明晰规则，双方形成合理的预期，提前进行规划，才能避免造成难以弥补的损失（熊伟，2017）。

4. 加强税法与民法的衔接。2021 年 1 月 1 日《中华人民共和国民法典》（以下简称《民法典》）开始施行，《民法典》汇总了民事关系的各个方面，对民事行为作出了体系化的规定，在继承原相关法律的基础上，对民法概念、体系和逻辑都有不同程度的变动和进步。

税收在征税的事实认定上依赖民法，许多概念和术语也都来自民法。为了税法与民法的协调，税法也应该适应这些新的民法制度和规定，以实现两者价值体系上的和谐。

以披露信息限制为例，《民法典》中多条强调个人信息的保护，但往往在税收征管中税务机关希望获取更多的信息以更好地进行征管。新《个人所得税法》中强调信息共享，加强自然人税收征管。《特别纳税调查调整及相互协商程序管理办法》第二十四条也提到税务机关在进行可比性分析时优先使用公开信息，非公开信息也可使用。加上区块链的发展，未来在"区块链+税收"的征管模式下如何保护个人的信息安全，与《民法典》衔接，保障纳税人的权利，是《税收征管法》修订时需要考虑的一个重要问题。

另外，《民法典》是民商法的基本法，其颁布标志着我国民法完善迈出了坚实一步。与之对应，我国税法时至今日也没有出台《税法总则》，缺少具有统领性和体系性的基本法。因此，我国应该尽快出台一部与《民法典》相衔接、内容完整、体系一致的具有纲举目张作用的税收基本法，改变如今零散、立法等级低的税收立法现状。

在税法私法化的浪潮和《民法典》已经施行的背景下，应妥善处理好民法基础性和税法独立性的关系，加强两者之间的衔接。既重视承接民法中的概念，积极推动税收基本法的建设以及《税收征管法》的修订，又要保持税法独立于民法的视角和立场。

(罗昌财、冀馨语、徐超婷)

参考文献

[1] 包关云,包卓群. 破产企业财产拍卖涉税研究——基于财务与法学视角 [J]. 中国注册会计师, 2019 (11): 118-121.

[2] 包关云. 不动产网络司法拍卖税费承担探究 [J]. 财务与会计, 2019 (8): 62-64, 67.

[3] 卜文. 基于司法拍卖改革背景下的网络司法拍卖模式研究 [D]. 重庆: 重庆大学, 2018.

[4] 程信和,杨小强. 论税法上的他人责任 [J]. 法商研究(中南政法学院学报), 2000 (2): 72-79.

[5] 高军,白林. 税收法定原则与我国税收法治 [J]. 理论与改革, 2010 (5).

[6] 郭昌盛. 包税条款的法律效力分析——基于司法实践的观察和反思 [J]. 财经法学, 2020 (2): 110-123.

[7] 刘翠. 我国网络司法拍卖实施现状研究 [D]. 长沙: 湖南大学, 2018.

[8] 刘树艺. 论税法中的第三人代缴责任 [J]. 特区经济, 2010 (7): 258-260.

[9] 莫国萍. 司法拍卖条款中"一切税费均由买受人承担"合理吗 [J]. 注册税务师, 2019 (7): 48-49.

[10] 施正文,汪永福.《民法典》的立法精神与税收治理法治化 [J]. 中国税务, 2020 (10): 29-32.

[11] 肖太寿. 包税合同条款的法律效力与涉税分析 [J]. 财会学习, 2012 (1): 44-46.

[12] 熊伟. 从《民法总则》谈税法与私法的衔接 [J]. 湘江法律评论, 2017, 15 (1): 71-84.

[13] 叶金育. 合同责任的税法规制——以规制主体和方式为中心 [J]. 海峡法学, 2013, 15 (1): 96-103, 120.

[14] 于淼. 司法网拍中的涉税问题 [J]. 中国拍卖, 2019 (11): 15-17.

案例二　法拍中不动产税费承担条款有效性争议案

——蔡某与 A 公司商品房销售合同纠纷案分析

在司法拍卖案件中，税负承担条款的效力问题争议较多。在合同相对人或第三人对税负承担作出约定的情形下，因税法对于实际由谁缴纳税款，并没有作出强制性或禁止性规定，故买受人承担税费条款的约定效力并不明确。本案中，法院对拍卖公告中涉税承担条款的性质解释，引发对约定纳税义务效力的讨论。

一、案情简介

上诉人蔡某从司法拍卖网络平台竞得 A 房地产开发有限公司（以下简称"A 公司"）名下某房产。双方因拍卖合同就 A 公司应依法承担税费缴纳问题产生争议，A 公司将蔡某诉至人民法院。一审法院支持 A 公司诉求，认为税费承担条款合法有效，蔡某不履行该条款的行为已构成实质违约。蔡某不服一审人民法院的民事判决，向 H 省中级人民法院提起上诉。蔡某诉称拍卖公告第六条关于一切税费由买受人承担的规定为格式条款，且被上诉人 A 公司在未缴纳税款的情况下无权提起诉讼。二审法院认为，A 公司虽然请求判令蔡某支付相应税款，但该公司并没有实际缴纳税款，且出具的地方税务局向其发出的《税务事项通知书》上也没有具体的税款数额。故 A 公司的起诉没有事实理由，不符合法定的民事案件立案条件，原审法院予以受理并作出实体判决不当，依法应予纠正。

在本案中，A 公司主张蔡某应该按照拍卖公告中的税费承担条款[①]规定，缴

[①] 本案《拍卖公告》中规定，标的物转让登记手续由买受人自行办理，所涉及的一切税、费及其可能存在的物业费、水、电等欠费均由买受人承担（或其他约定方式）。

纳标的物转让所涉及的一切税费。但蔡某认为该条款系格式条款，其存在加重自身责任情形。按合同法规定该条款无效，并认为双方对该条款理解上存在歧义，应作出对提供格式条款方不利的解释，按法定方式各自承担税费。

一审法院裁定主要集中在税款效力的分析上，其认为税费承担条款的内容虽看似与税法规定和相关法规相悖，但税费承担条款约定的实际税款支付人与税法规定的法定纳税义务人并不冲突。既不会导致税款流失，也不违反合同法中关于合同效力的规定。因此，税费的承担可以由民事主体进行约定，该条款合法有效。另外，按照正常语法和逻辑理解，一审法院认为该条款内容明确，不存在歧义，蔡某在合同有效且无歧义的基础上仅履行部分税款缴纳义务的行为，已构成对"拍卖公告第六条"的实质违约。

二审法院与一审法院判决角度不同，其并未对拍卖公告第六款的税负承担款的效力进行分析，而是从原告起诉资格的角度，否定A公司的民事立案资格。由于A公司并未实际向税务机关缴纳税款，且《税务事项通知书》中也无具体的税款数额，缺少民事立案条件中的具体事实和理由，故二审法院最终裁定撤销一审判决，驳回一审上诉人的起诉。

二、争议焦点

1. 关于拍卖条款第六条税费承担条款是否有效？
2. 原告是否有资格起诉？

三、法理评析

（一）司法拍卖税负承担条款

1. 司法拍卖的性质分析。本案发生的背景比较特殊，是在强制执行中的司法拍卖环节，司法拍卖既存在商业拍卖外观，又是公法执行行为，容易发生公法与私法适用原理上的混淆（查立，2017）。因此，在探讨拍卖公告中税费承担的效力时，需要先明晰司法拍卖的性质。关于司法拍卖的性质，主要有三种，分别为公法说、私法说和折衷说。

公法说的主要依据为司法拍卖是一种公法处置行为。法院对被执行财产进行拍卖并不需要被执行人授权或许可，是一种国家处分行为，其处分权是《民事诉讼法》等程序法所规定的。从其定义也能看出，司法拍卖又称强制拍卖，指人民法院在查封、扣押涉诉资产后，将其通过公开拍卖的方式处分，以实现有关债权人财产利益的强制执行措施（查立，2017）。其处分过程与被拍卖人主观意愿无关，具有较强的公法处分论的色彩。

私法说认为法院自身或依托平台（如淘宝、京东等）、第三方机构发出拍卖公告就相当于发出要约邀请，而竞买方在阅读拍卖公告后进行出价的行为属于要约，拍卖成功达成就是民法意义上的买卖合同成立。另外，在司法实践中与司法拍卖相关的纠纷中也确实经常援引私法领域的适用规则。

折衷说就是公法论与私法论的一种中和，认为处于公法与私法交叉领域的司法拍卖兼具公法和私法的特征。公法的特征主要是从司法拍卖的程序上来看的，具有强制性。而私法的特征是从司法拍卖的效果和纠纷援引依据的角度来体现的。

本案例分析比较认同折衷说的观点，司法拍卖的实际效果和一般民事买卖合同实质上并无不同，都是买受人通过支付合理对价取得标的物所有权，出卖人收取款项让渡标的物所有权，合同效果都是不动产等标的物从一方转移到另一方。但如果采用私法说的观点，就忽视了司法拍卖中公权力的强制性。故折衷说很好地兼顾了程序和实体两方面内容。一审判决中法院"正是基于人民法院的司法拍卖行为，使原告与被告之间产生特殊意义上的商品房销售合同法律关系"也是司法拍卖性质折衷论的一个体现。

在认为司法拍卖具有折衷性的基础上，作为公法与私法交叉领域的司法拍卖中的纠纷就可以援引民事层面的私法进行分析和探讨。而司法拍卖中产生纠纷较多的就是本案所涉及的税费承担条款的承担问题。

2. 司法拍卖中的税费承担条款性质分析。本案中蔡某主张拍卖合同无效的主要原因就是其认为拍卖公告中的税费承担条款属于格式条款，且从格式条款角度来看该条款存在加重对方情形和有重大误解的情况，故合同应属无效。但在一审判决中法院并没有就该税费承担条款是否为格式条款进行论述，仅对税费承担条款能否将法定税负转移给第三人进行阐述。但格式条款与普通协商合同有着截然不同的规制路径，本案例分析认为在讨论税费承担条款的有效性之前，有必要先厘清司法拍卖中税费承担条款的性质，才能判断其是否应纳入格式条款的规制范畴中。

根据《民法典》第四百九十六条的规定，格式条款是当事人为了重复使用而预先拟定,并在订立合同是并未与对方协商的条款。从格式条款的定义来看,其具有以下几个特点:其一,预先定制性。这是格式条款最为直观且明确的外在属性和特征,反映出格式条款制定程序和缔约过程的分离。其二,重复使用性。该条款并不是为某一个合同量身定做,而是适用于某一类型的合同。这是基于大多数实践的概括描述,并不要求该条款在实际中需要必须重复使用,而是使用者从一开始就将合同条款设定为多次使用,即使其在现实中仅被使用一次,也并不妨碍认定该条款具有格式条款多次重复性的特征。其三,非协商性。格式条款往往事实上没有协商程序,其内容一般是条款提供方单方提出,在订立不会与对方协商,主观上也没有协商意愿。现实中尽管对方具有协商意愿也无权更改,要订立合同就必须接受条款,格式条款的非协商性剥夺了其进行磋商的可能。

在明确格式条款定义和特点的前提下来考察本案中涉及的司法拍卖中的税费承担条款是否属于格式条款。笔者认为司法中的税费承担条款是格式条款,主要理由如下。

(1) 税费承担条款是由法院预先订立的。司法拍卖是法院强制执行工作的一个重要部分,拍卖公告是法院在拍卖开始前就已经向社会公众公布的、召集竞拍人前来购买的法律文件。而税费承担条款是在拍卖公告中规定拍卖标的物税负承担方式的条款,自然满足格式条款预先定制性的要求。

(2) 税费承担条款的使用具有重复性。在实务中,司法拍卖对于拍卖财产税费的承担约定方式往往只有两种:一种是法定承担型,即买卖双方各自承担其法定税负;另一种是买受人承担型,约定一切税费均由买受人承担,本案所涉及的是第二种。这两种在司法拍卖实践中都被广泛使用,特别是在不动产拍卖中由买受人承担一切税费的约定更是普遍,在同一个地区法院往往会选择同一种税费承担模式。故本案所涉及的税费承担条款满足格式条款重复使用的特点。

(3) 税费承担条款具有不可协商性。从条款订立过程看,主导方是法院,因为司法拍卖中多数被执行人已经资不抵债,为了保障税款和提高执行效率,法院会在拍卖公告中自行决定"一切税费由买受人承担"的税费承担条款。司法拍卖是强制执行的一种,并不是双方意思自治的产物,竞买人在参与拍卖时不能对此条款提出异议,而只能选择同意或拒绝该条款,但拒绝该条款就意味着其退出此次拍卖。换言之,要想参加拍卖必须同意该条款,双方缺乏对条款具体内容协商的过程,相对人在合同中处于附从地位,即该条款具有不可协商性。

综上,司法拍卖中的税费承担条款是为了反复使用由法院预先制定的、不能与对方协商的条款，完全符合格式条款的定义和特征。司法拍卖中的税费承担条款应当被认定为格式条款，故除了《民法典》第一编第六章第三节规定的合同无效的一般法定情形考虑之外，法院还应考虑《民法典》中对格式条款的特别规定，将税费承担条款纳入格式条款规则来判定其有效性。

(二) 税费承担条款的有效性分析

1. 条款不改变法定纳税义务人，不违反强制性规定。一审法院对于该条款约定内容进行了详细论述，指出"法定纳税主体"和"实际税款支付人"两个概念具有明显区别。应明确的是，该买受人承担型税费承担条款并未改变相关税费的法定纳税义务人，只是对税费的缴纳主体或最终承担主体进行了变更。将其从原来的纳税义务人处转移给第三人，只是一个资金流向的路径变化问题，出卖方A公司与税务机关之间的税收法律关系依然存在，买受人蔡某与税务机关之间也没有建立起税收法律关系。

对于税款给付义务能否转移给第三人这个问题以前确实存在较多争议，否定方主要是站在税收法定主义的立场上，认为我国现行税收法律法规并无关于税款给付义务转移的规定，公法领域奉行法无明文规定则禁止的准则，不能在民事合同中对此进行规定。支持方则是从民法上的无禁止皆可为的原则出发，认为该约定并不违反法律法规，基于意思自治原则，该合同合法有效。

如今在司法实践中已经基本达成了共识，承认这种合意的合法有效性。最高人民法院通过判例[1]的形式也已经确定，对于税款的缴纳，税法所规定的纳税义务人是形式上的纳税义务人，当事人可以另行约定实际缴纳税款的人。尽管我国不是判例法国家，但由于该判决是最高人民法院作出的，且该判决后被载入最高人民法院公报[2]，所以该观点的确立对后续司法审判实践产生了广泛和重大的影响，几乎得到各级法院的一致遵循，产生了普遍适用的效力。

税收作为一种公法之债，其性质与私法之债确实存在差异，但税收之债和私法之债的目的类似。私法债权在债权人的债权得以清偿时消灭，不论是债务人或第三人代为清偿并不重要。就国家债权的保障而言，税款是由纳税义务人清偿还是买受人代为清偿并无差别。而且在司法拍卖这个特殊环节，纳税义务人显然已经丧失清偿能力甚至已经失联，税务机关难以获偿或追偿困难，由第三人代为清

---

[1] 最高人民法院（2007）民一终字第62号民事判决书。
[2] 参见《最高人民法院》2008年第3期公报。

偿反而使税收债权的入库更有保障。若一味否定该税费承担条款的效力,则会限制经济交易形式的发展,并影响税收的足额入库。日本《国税通则法》第四十一条第一款也明文规定税收债务可由第三人清偿(程信和等,2000)。

本案例分析认同最高人民法院的裁判观点,税费承担条款只是对税款的实际缴纳者进行了约定,不违反法律法规,是合法有效的。税收法律法规规定的是纳税义务主体,这是法定的概念,自然不能约定转移。税款缴纳义务一般是由纳税义务人负责缴纳的,那能否在不改变纳税义务人的情况下将这种税款缴纳义务转移给第三人呢?自然是可以的,因为税款给付义务是一种金钱之债,不具有人身依附性,在民商法"法无禁止皆可为"的法理逻辑下可以通过税费承担条款将税费转移给第三人。至于否定方所持的税收法律并无税费转移的约定,认为此时买受人代替出卖方缴纳相关税费的行为与雇主为其雇员承担个人所得税税款有异曲同工之处,即都非纳税义务人,都与税务机关无税收法律关系,但却能替纳税义务人缴纳税款。对于后者,国家曾经出台税收规范性文件①间接承认了此类行为的合法性。故与之性质相同的拍卖标的物的税费转移应该也是合法的,加上这种情形对国家的税收利益并无损害,又无合同无效的法定情形,该条款合法有效。

2. 格式条款角度有效性分析。在上文中已经明确了司法拍卖中的税费承担条款属于格式条款,其在订立过程中使条款天然地具有其正反社会效应。其格式化通过预先制定、排除协商实现,不免存在使经济地位上处于弱势的相对方丧失缔约自由之虞(王保璇,2019)。从维护公平、保护弱者出发,《民法典》对格式条款中合同当事人的提示说明义务、格式条款无效的情形、对格式条款理解争议的处理都进行了规定。

对格式条款公平性的审查,其包括程序上的公平性和内容上的公平性。笔者认为本案中如果要对格式条款的有效性进行审查,重点应该在该条款是否加重买受人方的责任,对其内容上的公平性进行审查。《民法典》第四百九十七条规定,格式条款具有本法第一编第六章第三节和本法第五百零六条②规定的无效情形,或者提供格式条款一方免除其责任、加重对方责任、排除对方主要权利的,

---

① 参见《国家税务总局关于雇主为其雇员负担个人所得税税款计征问题的通知》《国家税务总局关于明确单位或个人为纳税义务人的劳动报酬所得代付税款计算公式的通知》等文件。

② 《民法典》第五百零六条规定:"合同中的下列免责条款无效:(一)造成对方人身损害的;(二)因故意或者重大过失造成对方财产损失的。"

该条款无效。

虽然本案中蔡某主张出卖方A公司怠于履行提示说明义务,但本案发生在特殊的司法拍卖背景下。A公司是被执行人,财产是被强制拍卖的,处于被动状态,让其履行提请对方注意的义务未免强人所难。更重要的一点是,该条款的制定者是执行法院,并非A公司,程序上的公平应指格式条款制定者要对合同当事人进行提示说明义务。而在本案中法院是否尽到了该义务,在判决书中并无体现,其不是审查重点。

分析本案中该条款是否加重买受方蔡某的责任。从该条款内容上分析,其约定拍卖产生的一切税费由买受人承担,也就是买受人不仅要承担法定承担的契税、印花税,还要承担本应由出卖人承担的税费,甚至还有与此次拍卖无关的水电、物业费等,这无疑是加重了买受人的负担。但法院判决不可能如此简单,而是需要有相关的证据支持。因为还存在这样一种可能,由于拍卖公告中该条款的存在,A公司名下这处房产是否起拍价已经有所降低?最终拍卖成交价格是否较同类房产交易价格偏低?认可《拍卖公告》的效力并承诺遵守和履行公告规定的权利义务是竞买人参与司法拍卖的前提,故承担一切税费可能是决定买受人能以较低价格获得不动产所有权的一个因素,是一种竞买方购买的条件。当然这些仅是对本案例的分析思考,在法院提交证据时蔡某方并未提交相关方面的证据。根据《最高人民法院关于民事诉讼证据的若干规定》,依据谁主张、谁举证的一般诉讼规则,没有证据或者证据不足以证明当事人事实主张的,由负有举证责任的当事人承担不利后果。除此之外,由于加重对方责任导致格式合同无效的规定属于显失公平的法律规定。从订立原因看,该条款订立的初衷是便利双方、保障税款,并不是依据法院处置财产的权力谋取不正当的暴利。从实施结果看,固然由买受人承担一切税费有可能损害公平原则,但是否达到明显的程度,还有待商榷。综上,依据现有的证据,本案的条款尚不存在使得格式条款无效的情形。

至于格式条款的解释问题,蔡某认为作为格式条款且作为税费承担的根据,对条款含义的理解不一致时应该采用《民法典》第四百九十八条关于格式条款分歧的处理规则,作出不利于条款提供方,即有利于竞买方的解释,依法承担各自税费。双方分歧主要在对圆括号的解释上,蔡某认为该圆括号不应是可有可无的,加入圆括号对其的恶意误导,使其认为按实际情况缴纳税费。理由是《最高人民法院民事诉讼文书样式:制作规范与法律依据》中对圆括号有五种解释,故有理由认为圆括号是订正或补加之意。对此,一审法院认为不动产司法拍卖税费承担一般就只有两种惯例,本案明显属于买受人承担型,圆括号的意思是指如有另行约定则另行约定,如无另行约定,则按照本条前述约定,而非如无另行约定就按照法定承担税费。本案例分析也认为这种解释是符合一般语法和正常逻辑的,促使法院作出此种判断更重要的原因是其认为在拍卖前双方已约定由买受人承担税费,若最终按照法定承担方式,买受人将获得拍卖约定之外的利益。因为"不利于提供者"解释规则是被世界各国普遍采用的规制不公平合同条款的重要规则,是为了保护弱势群体,防止其因在合同过程中双方地位的不对等而受到损害。而如果该条款是其低价获得拍卖房产的重要原因,该条款就不属于不公平条款,如果采纳蔡某观点认为其有歧义会使其不当得利。

因此,无论是从格式条款无效的法定情形,还是从格式条款解释规则的角度分析,该税费承担条款是合法有效且明确无歧义的。

(三) A公司的起诉资格分析

本案的情况比较特殊,虽然拍卖公告中有一切税费由买受人承担的条款,但因双方对其存在争议,结果导致双方均未向税务机关缴纳A公司法定相关税费,直到A公司作为原告对蔡某进行起诉时,涉案相应税款仍未缴纳到位。期间税务局已对A公司传达税务事项通知书,因其15日内未履行纳税义务申报缴纳税款,税务机关已经限制原告办理相关涉税业务。

一审法院受理该案件即认为A公司具有诉讼主体资格,因其认为买受人未及时主动地替出卖人缴纳税款,致使A公司相关涉税业务受到影响,合法权益受到损害,完全符合起诉条件中的"原告是与本案有利害关系的法人"。

一审法院对于"利害关系"条件的判断并无不当,但诉讼主体需满足的条件还需具有具体的诉讼请求和事实理由。而二审法院认为A公司的起诉缺少具体事实理由,不构成法定民事起诉要件。依据是A公司提供的证据只有税务局向其发出的《税务事项通知书》,并没有实际缴纳税款获得缴税凭证。且一审法院对其出具的说明,也只明确了税种和税率,应缴税额并未具体说明。故认为A公司的起诉没有具体的事实理由,不具备民事诉讼主体的资格,一审法院就不应受理其起诉,故其予以受理并作出判决的行为不当,应予纠正,应撤销一审判决,驳回A公司的上诉。

本案例分析中认同二审法院的判决,即A公司没有民事主体诉讼资格。上文已经明确,买受人承担型税费承担条款不会改变法定的纳税义务人,该税费承担条款的效力不得对抗税务机关。税务机关执法的依据只有税收法律和行政法规，在纳税期限内未收到相关税费，其追偿对象只会是纳税义务人A公司。在收到税务事项通知书十五日内仍未缴纳的，限制其相关涉税业务的办理并无不当。税费承担条款经过上述讨论也认为是合法有效的，把不动产出卖方应承担税费转移给了第三方，这是民事上的合意性约定。实际上应该是A公司履行其法定义务缴纳税款之后，再依据合同约定，由不动产买受方将缴纳的税款支付给A公司。虽然在实践中很多不动产买受人直接以出卖人名义向税务机关缴纳相关税费，但不动产买受方与税务机关并无税收征收关系，款项应该支付给与其有民事合约关系的出卖方。在本案中，不动产出卖方并未向税务机关实际缴纳税款，即使双方对税款承担条款有分歧，不动产出卖方也应该在缴清全部税款后，持纳税凭证向买受方追缴，由法院依法裁决。在不动产出卖方履行纳税义务之前，其已缴税款的事实不存在，税款具体数额不明，不能对不动产买受方进行追偿。

四、案例启示

本案是典型的由司法拍卖中的税费承担条款引起的争议案件，不动产买受人承担型税费承担条款起初是法院为了减少不动产登记过户中的司法纠纷、提高执行效率采取的"一刀切"方式。事实上，因为这种不动产买受人承担型税费条款的存在，不动产买卖双方都有潜在的风险，反而影响了司法拍卖的成交率，增加了税费承担的纠纷。

（一）该条款下不动产买卖双方主要风险点

由于不动产买受人承担型税费承担条款的存在，不动产出卖方在拍卖成功后一般不会主动向税务机关申报缴纳税款，而如果不动产买受人心存侥幸，不积极履行替出卖方负担税款的义务，不动产出卖方就会收到税务机关的税务事项通知书，即如本案所面临的情形。在这种情况下，如果不动产出卖方选择不缴纳，则相关涉税业务会被限制，无法对不动产买受方进行起诉，要求其代为支付税款。而且因其未按时履行纳税义务将被追责，需补缴税款和滞纳金，甚至可能负担刑事责任。这样看来，只有及时缴纳税款，才不会有被税务机关追责的风险和后果。虽然出卖方也可对买受方进行其支付款项的追偿，但民事诉讼耗时长、时间和金钱耗费较大，会加重企业负担。对进入执行阶段的本就状况不佳的公司来说更是雪上加霜,可能胜诉时,公司已经倒闭。所以,对于不动产出卖人来说,买受人承担型承担条款会带来较大风险。由于出卖方与税务机关存在税收法律关系,其固有的税收法律责任不能通过民事合同约定的方式转移给买受人,在不动产买受方不履行民事约定的情况下,需承担税收法律责任后才能向不动产买受方通过民事诉讼的方式追偿。

对于不动产买受人或潜在竞买人来说,这个条款的存在也给其带来很大的不确定性。在条款约定承担的税费当中,有些税费是与此次拍卖密切相关,易于计算的,如印花税。但很多税种双方掌握信息严重不对称,买受方无法或很难掌握其税前扣除和开发费用等信息,无法估量其承担的税费。就拿土地增值税来说,其采用四级超率累进税率计算,增值率是一个比较的过程,税前扣除明细成本除卖方外无从得知,所以无法明确出卖方适用的税率。此外,土地增值税税率最高达到60%。这使得其报价具有不确定性,若扣除不足达到最高税率,则买受方承受的额外成本十分巨大。再如所得税,由于其税前扣除的存在和资产规模等情况的不同,其征税与否、适用税率、征税多少都存在较大的差别,这都会给买受人拍卖标的价款以外造成较大的不确定性,理性的竞拍人在面对此种情景都会止步不前,进而影响拍卖成交率。

在司法实践中,不动产买受方遇见这种情况往往会主张重大误解导致合同不生效,因为这是客观的困难,并非是不动产出卖人不积极主动配合的缘故。一般的房地产合同由双方直接签订,卖方可能还会主动配合买方,提供相关信息。但在司法拍卖的特殊情景之下,不动产卖方往往是被动和不情愿的状态,要求卖方能够获知信息核算相关成本核算税额实在是强人所难。但如果买受方打着先拍再以条款不生效为由拒绝缴纳税款的念头,则必须要做好败诉的心理准备,因为司法实践中几乎已经认可了这种税费条款的合法有效性。

除此之外,尽管买受人积极主动地履行缴纳约定,其还面临着财务入账上的困难。虽然是买受方缴纳的税款,但税务机关的纳税凭证是向出卖方开具的,只有出卖方才能进行税前扣除。买受方处境尴尬,既要承担不动产出卖人应承担的税款,又不能在所得税核算时税前扣除,负担加大。除所得税外,流转税的承担上也存在问题。司法拍卖若处于非正常状态,将无法开具正常发票,使得买受人无法在缴纳增值税时予以抵扣进项税,买受人的负担进一步加重。

在未缴清税款情况下,不动产买受人过户也存在困难。在司法拍卖环节,不动产出卖人大多是破产或异常状态的企业或个人,我国不动产过户的制度是先税后证,在办理不动产权属转移前必须缴清税款。买受人承担型税费承担条款的制定,在一定程度上是法院为了减少不动产过户纠纷制定的"一刀切"条款。但该条款中规定的一切税费中有些与本次交易无关且买受人掌握其信息存在困难,买受人认为负担过大,不能或不愿缴纳这部分税款的情况下,可能导致其不动产过户困难,交易受阻。

(二) 缓解实施困境的措施探讨

1. 规范不动产买卖双方税费承担义务。要消除不动产买卖双方风险的根本途径还是要把税费承担拉回到依法承担的轨道上来。《最高人民法院关于人民法院网络司法拍卖若干问题的规定》(简称《网拍规定》)第三十条[①]已经体现了这一倾向,但并未能够很好地落实。重要原因就是《网拍规定》并不是法律或行政法规,尽管违法此规定,也不满足合同法定无效情形条件。现实中很多地方,如浙江、温州也都进行了类似规定,但要真正落实该政策,需在较高法律层级的文件中对双方按各自纳税义务承担税费进行规定。

2. 完善法院与税务机关协作机制。在拍卖正式开始前,法院应该承担拍卖标的信息披露义务,税务机关应该积极协助执行法院查明执行标的涉税情况,提高拍卖标的相关信息的透明程度。在拍卖过程中双方需不定期地开展信息交换,特别是在法院拍卖不动产等大额交易时,税务机关要及时获取拍卖进度,成交后将应缴纳税费情况及时传递给执行法院。法院直接在拍卖款中预留或扣除出卖人需要承担的相关税费,既能保障税款及时入库,又能减少司法纠纷。

除信息交换和信息披露外,还可规定不得以历史欠费限制过户。这点已经有地方出台了相关政策,如福建省在《福建省高级人民法院 福建国家税务局 福建省地方税务局关于建立法院与税务机关执法协作机制工作方案》中,对于执行程序中处置被执行人财产产生相关税费问题的处理部分规定"税务机关在收到交易税款后,应当积极协助法院办理过户手续,不得以被执行人欠缴非本次交易环节的税费为由,拒绝办理过户手续。"因为历史欠费确实与本次拍卖无关,且追缴税款的责任在税务机关,不能将属于税务机关的追缴责任转嫁给不动产买受人,买受人情感上也不愿接受这种方式。同时,明确了税务机关对于历史欠税的

---

① 《最高人民法院关于人民法院网络司法拍卖若干问题的规定》第三十条规定:"因网络司法拍卖本身形成的税费,应当依照相关法律、行政法规的规定,由相应主体承担;没有规定或者规定不明的,人民法院可以根据法律原则和案件实际情况确定税费承担的相关主体、数额。"

追缴责任，认为历史欠费不属于拍卖税费，买受人无须承担。

3. 扩大税务机关代开票权限。为解决不动产买受人缴纳税款无法抵扣的问题，可考虑扩大税务部门待开票权限。税务部门可以不局限于将纳税人作为代开票申请人，而是根据法院的判决书或裁决书，以税务机关的名义代开增值税专用发票，同时，将相关买受人及被拍卖方的信息在缴款书中作备注。这样就可切实解决买受人办理过户、申报进项税款抵扣及成本列支的问题。如福建省就规定"被执行人财产依法拍卖成交后，如需税务机关代开发票的，税务机关应依照执行法院作出的《拍卖成交裁定书》《拍卖成功确认书》，及时依法审核计算、答复该交易环节应缴纳税费，并在收到税费款后三个工作日开具发票、完税凭证等相关资料"。

（三）税法上的债务加入制度探讨

本案所涉及的不动产买受人承担型税费承担条款的有效性在民法上毋庸置疑，但在税法上并没有直接规定证明其有效性。前文只是依据个人所得税中关于雇主承担税费的文件认为税法上间接承认第三方代缴税款的有效性。类似于本案例涉及的不动产司法拍卖中买受人承担条款，税费的他人承担和第三人履行的情形屡见不鲜，民法上已经以法律形式进行了确认和规范，司法实践也基本得出了有效的一致结论，但税法上并没有明确的相应规定予以认可。

分析认为应该在税收上主动建立一种制度规范，为第三人替纳税义务人代缴税费的行为提供直接依据，从而更符合法治国家的建设要求。我国税法已经多次借鉴私法制度，做了税收优先权、代位权、撤销权等诸多有益尝试，实现了对征税权的依法扩张和对纳税人权益的合法保护。在税收私法化不断深入的背景下，在税法中引入民法的债务加入制度不失为一种可行的选择。

根据原债务人是否脱离原债权债务关系，私法上债务的承担可分为免责的债务承担和并存的债务承担（肖俊，2020）。在免责的债务承担中，第三人承担债务人所转移的债务，债务人脱离债务关系，这种债务承担也叫作债务转移。并存的债务承担中的原债务人并不脱离原债权债务关系，故也称为债务加入。

《民法典》首次将债务加入制度作为一种民事法律制度加以确认①，从而构建起较为完整的债务承担制度体系（张娜，2020）。债务加入本质上就是增加一

---

① 《民法典》第五百五十二条规定："第三人与债务人约定加入债务并通知债权人，或者第三人向债权人表示愿意加入债务，债权人未在合理期限内明确拒绝的，债权人可以请求第三人在其愿意承担的债务范围内和债务人承担连带债务。"

个债务人来保障债权人债权的实现，有利于债权人，故无须债权人同意。而债务转移导致债务人主体变更会给债权人带来很大风险，故以债权人同意为要件。《民法典》第五百五十二条虽未明确指明为债务加入制度，但从其"加入"的表述，以及不需债权人同意即可生效的构成要件上来说，其性质显然属于债务加入制度。《民法典》规定的债务加入制度类型主要有第三人与债务人约定（第三人约定加入）和第三人单方承担（第三人向债权人表示愿意加入、债权人未在合理期限拒绝）两类。另外，债务加入的前提是债务关系合法有效且具有可转移性，不是专属债权。

日本税法学者金子宏认为："税的法律关系的最基本、最中心的关系在于债务关系。"根据税收债务关系说，税法是一种公法之债，税收法律关系的内容是国家向纳税人请求税收给付，不具有人身依附性，其与民法之债具有很多相似之处。在法律没有明确规定之处，税法可以借用民法上的理论和制度。就像金子宏（1989）所言，"除法令有明文规定或者虽无明文规定却能构成需要另行解释的合理理由外，纳税义务准用私法中有关金钱债务的有关规定。"

如果把税收看作一种债权，税费承担条款实质上是债务承担的一种表现。根据税收法定原则，纳税人不可转移，税收债务人的税收法律责任不能消除或免除，第三人代缴并不变更法定的税收债务关系。所以，免责的债务承担显然是税法所不允许的，税法上的税费承担指的是并存的债务承担，即债务加入制度。

但在借鉴民事债务加入制度的同时，要考虑税法自身的公法性质和税制的特点，探索出适用于税法的债务加入制度规则。既要让民法意思自治在税法中得以体现，又不能改变税收中的法定要素，与其公法属性相冲突。比如，在司法实践中，已经有把民事债务加入者作为被告而非第三人的审判主张，但这会动摇纳税义务人及税收法律责任主体，显然并不适用于税法领域。

在司法拍卖中，第三人与原债务人协议加入税收债务较为普遍。但在税法中借鉴债务加入制度，并没有赋予该协议公法性质，即债务加入协议是私法意义上的。在税法领域，债务人或加入第三人不能以此协议为依据对抗税收债权人。债务加入并不会改变原有债权人即纳税义务人的法定地位，纳税义务不能转移，税收法律责任也不会因此消灭。不同于民法中的债务加入制度中债务加入人的连带责任，税收债务的加入者并不会破坏原有的税收法律关系，不会使加入者负有税收法律责任。但依据该债务加入协议，税务机关可以依据民法上的规则向债务加入人追偿，其向加入者的追偿是私法意义上的请求权。

综上，本案例分析认为在《税收征管法》的修订过程中借鉴民法中的债务加入理论和制度，形成税法中的债务加入制度安排有一定的可行性。其能在意思自治和公法债权中选取较好的平衡点，在尊重当事人契约自由的同时又能起到强化国家债权的作用。

（罗昌财、冀馨语）

参考文献

[1] 包关云. 不动产网络司法拍卖税费承担探究 [J]. 财务与会计, 2019 (8): 62-64, 67.

[2] 查立. 我国司法拍卖制度研究 [D]. 济南: 山东大学, 2017.

[3] 程信和, 杨小强. 论税法上的他人责任 [J]. 法商研究（中南政法学院学报）, 2000 (2): 72-79.

[4] 郭昌盛. 包税条款的法律效力分析——基于司法实践的观察和反思 [J]. 财经法学, 2020 (2): 110-123.

[5] 河北省沧州市中级人民法院民事裁定书 (2018) 冀09民终4865号.

[6] 江春妍. 浅析我国《合同法》格式条款及其法律规制 [J]. 法制博览（中旬刊）, 2014 (2): 280.

[7] 金子宏. 日本税法原理 [M]. 刘多田, 等译. 北京: 中国财政经济出版社, 1989: 90.

[8] 刘树艺. 论税法中的第三人代缴责任 [J]. 特区经济, 2010 (7): 258-260.

[9] 王保璇. 格式条款规制研究 [D]. 济南: 山东大学, 2019.

[10] 王利明. 对《合同法》格式条款规定的评析 [J]. 政法论坛, 1999 (6): 3-5.

[11] 肖俊. 债务加入的类型与结构: 以民法典第552条为出发点 [J/OL]. 东方法学: 1-9 [2020-11-28]. https://doi.org/10.19404/j.cnki.dffx.20201106.003.

[12] 张良. 不公平合同条款的法律规制 [D]. 武汉: 武汉大学, 2011.

[13] 张娜. 浅述《民法典》之债务加入制度 [J]. 法制博览, 2020 (30): 144-145.

第四编
税务职务犯罪问题

案例一　税务行政人员玩忽职守罪认定争议案

——逯某玩忽职守致纳税人逃税案分析

依法行政的推进对行政执法的影响,一方面表现为行政人员执法更加规范,另一方面也意味着必须严格执法,应对广大人民的监督。也正因如此,执法主体在工作过程中面临的刑事风险不断上升。在当前税收领域,税收执法者的刑事犯罪主要集中在渎职罪,其中又以玩忽职守罪居多。但由于玩忽职守罪的构成要件表现为主观上过失、客观上不作为,进而使司法机关易对其履职范围认定模糊、不履职行为造成后果难以客观评估。本案涉及税收执法者的玩忽职守罪,通过认真核实审查证据,论证玩忽职守罪的构成要件,使无罪的人免于刑事追究。对积极作为的税务人员有保护作用,对认定税收执法者是否履责或者正确履责有指引作用。

一、案情简介

(一) 事实经过

逯某系A市某区地方税务局某税务所税收管理员,因涉嫌玩忽职守罪于2015年9月7日被A市某区人民检察院下达询问通知,被告人逯某于当天到案并接受询问,后被取保候审。该区法院公开开庭审理后,于2016年7月13日作出刑事判决。判决后,被告人逯某不服,提起上诉。原法院撤销原判,发回重审,于2018年5月7日作出一审判决,认定被告人逯某犯玩忽职守罪,判处有期徒刑四年。而后,原审被告人逯某不服,再次提起上诉。二审由S省A市中级人民法院审理,最终认定上诉人逯某涉案经过缺失构成玩忽职守罪法定的两个要件，故撤销一审判决。

（二）审判经过

一审原判认为，依照《税收管理员制度（试行）》等规定，逯某作为税收管理员，需要履行对所分管纳税人申报缴纳税款行为及相关事宜直接监管和服务的职责。而根据公诉机关提供的到案经过、书证、证人证言、被告人逯某的供述，以及辩护人提供的相关事实证据表明：2014 年 1~8 月，逯某在对甲公司申报缴纳税款行为及其相关事项进行监管期间，严重不负责，未认真调查核实甲公司纳税申报和其他核定事项，未对该公司开展纳税评估，也未对该公司不配合税务检查、不提供会计账簿等违法违章行为提出管理或处理建议，致使该公司逃税人民币 570 余万元。逯某行为造成的后果情节特别严重，其行为已经符合玩忽职守罪的定罪标准。

此外，关于被告人及辩护人提出的辩解意见，逯某在工作中认真履行了职责，且税款已被冻结，未造成实际税收损失。经查，正是由于逯某在工作期间的不作为，致使纳税人甲公司大量逃漏税款，且涉案税款仍未追回，给国家造成巨大经济损失，故被告人及辩护人的辩护意见不予采纳。依照《中华人民共和国刑法》第三百九十七条[①]第一款、第六十一条[②]的规定，以被告人逯某犯玩忽职守罪，判处有期徒刑四年。

一审宣判后，原审被告人逯某不服，以一审判决认定事实错误和审判程序违法为由，上诉至 S 省 A 市中级人民法院。具体理由包括：在履行职责方面，逯某认真尽了税收管理员职责范围内的全部义务，对甲公司涉税问题及时汇报并下达税务事项通知书进行追缴，下达税务检查通知书进行约谈。同时，一审法院存在认定事实不清的错误，混淆了"调查核实纳税申报事项的真实性"和"纳税评估"，扩大了税收管理员的职责边界。在损失方面，一审判决认定税款流失 570 余万元，是将"欠税"错误地认为"损失"，属于事实认定错误。甲公司系欠税，并多次表示愿意补缴所欠税款，且公安机关已经查获并冻结该公司高达 4 000 余万元的资金，按照优先偿还税款的规定，所欠税款完全可以悉数补缴，

[①] 《中华人民共和国刑法》第三百九十七条规定："国家机关工作人员滥用职权或者玩忽职守，致使公共财产、国家和人民利益遭受重大损失的，处三年以下有期徒刑或者拘役；情节特别严重的，处三年以上七年以下有期徒刑。本法另有规定的，依照规定。"

[②] 《中华人民共和国刑法》第六十一条规定："对于犯罪分子决定刑罚的时候，应当根据犯罪的事实、犯罪的性质、情节和对于社会的危害程度，依照本法的有关规定判处。"

不存在损失一说。此外，2018年3月21日，S省A市中级人民法院对甲公司2013年1月至12月逃税323余万元作出判决，其中并没有指控该公司2014年1月至8月的逃税事实。同时，2018年5月14日，S省A市人民法院对税务局稽查局先前作出的《税务行政处罚决定书》给予撤销，也取消了指控甲公司2014年的逃税行为。

经查，二审法院认为，逯某已做到了一名税务干部在现有征管条件下所能做的一切工作，其行为不符合玩忽职守的两个构成要件，故玩忽职守罪名不成立。最终根据相关法律判定，撤销一审判决，改为被告人逯某无罪。

二、争议焦点

1. 司法机关对本案所认定法律事实的辨析。
2. 对税务工作人员证人证言的认识。

三、法理评析

（一）司法机关对本案所认定法律事实的辨析

1. 玩忽职守罪的犯罪构成。玩忽职守罪属于过失犯罪，也是一种职务犯罪。通常来说，玩忽职守是指拥有国家公共权利的行使职能公职人员未认真负责履行自身岗位职责，进而使国家公共财政遭受不必要损失的行为。依照刑法相关规定，再根据我国传统犯罪构成四要件说[1]进行剖析，玩忽职守罪名成立必须符合以下条件（郭勇平，2008）：第一，玩忽职守罪的犯罪主体通常为拥有公共权力，在国家公共机构任职的公职人员，如税务机关、监察机关、军事机关等机构。第二，玩忽职守罪在主观方面强调必须是主体的过失。也就是说，作为公职人员本应该认真负责，严肃对待手中的权力，谨慎执法，但由于自身的麻痹大意或过于自信致使公共财产受损，或是当事人对本该预见却没能预见同样造成损失。第三，玩忽职守罪在犯罪的客观方面表现为不作为。换句话说，就是行为人仅由于自己的疏忽，未履行或者不履行自己的职责，进而造成客观上的损失。第四，玩

---

[1] 四要件说是一种传统的犯罪构成理论模式，是从苏联学习过来的，在德日大陆法系和英美法系中都无此概念，属于典型的社会主义法系产物。它包括犯罪的主观方面、犯罪的客观方面、犯罪主体和犯罪客体四部分。

忽职守罪的犯罪客体为国家各个公职机构发生的日常管理活动和工作内容。综上，可以看出，玩忽职守罪的认定较为复杂，当前刑法并未对税收执法人员"职责"进行明确规定，也没有对未履行责任造成损失的客观标准及损失进行界定。因此，在最终界定税收执法人员是否渎职抑或是玩忽职守时，司法机关容易受一定程度的主观因素影响。

2. 逯某是否履行其职责。依据案情可以得知，本案当中的甲公司系自然人控股的有限责任公司，于2010年10月成立，成立之后在当地税务机关办理了一系列相关手续，接受税务机关的管理。在2005年实行税收管理员制度之后，逯某于2009年4月开始担任某区地方税务局某税务所税收管理员，而后在2014年的1月甲公司被划入逯某管理范围。国家税务总局颁布的《税收管理员制度（试行）》第三条①规定，税收管理员应对其管辖范围内纳税人、扣缴义务人的报税纳税行为负有责任，依法进行监管和服务。因此，逯某在职期间需要对甲公司一系列的申报纳税等事项进行监督，并对其负责。

在本案中，一审提到在逯某对纳税人甲公司进行税收管理期间，未认真调查核实甲公司纳税申报事项的真实性，未对该公司开展纳税评估，在发现甲公司可能存在申报不实嫌疑后，未向所在税源管理部门提出管理建议，其行为不符合税收管理制度规定。对于逯某是否履行职责的问题，可以围绕这三方面进一步分析。第一，逯某在发现甲公司涉税问题后，多次下达税务事项通知书②和税务检查通知书，督促甲公司如实申报缴纳税款。对于一审判决强调的核实纳税申报真实性，这主要依靠纳税人自己使用专用软件系统独立完成，税务机关只能在纳税人未依法申报或申报不当的情况下履行法定职责。逯某能做的只是多次反复进行核查并要求甲公司如实进行申报和纳税，对于该公司故意隐瞒营收情况并将真实营收凭证予以隐匿的行为，上诉人单位没有稽查权。故一审判决属于认定事实错误，将"调查核实纳税申报事项的真实性"错误解读成"对纳税申报事项的真实性负责"。第二，纳税评估是指对发现有问题或疑点的纳税人，将被作为纳税

---

① 《税收管理员制度（试行）》第三条规定："具有管户责任的税收管理员，依法对分管的纳税人、扣缴义务人申报缴纳税款的行为及其相关事项实施直接监管和服务。"

② 税务事项通知书是税务局的处罚催缴费用凭单。《中华人民共和国税收征收管理法实施细则》第一百零七条规定："税务文书的格式由国家税务总局制定。本细则所称税务文书，包括：（一）税务事项通知书；（二）责令限期改正通知书；（三）税收保全措施决定书；（四）税收强制执行决定书；（五）税务检查通知书；（六）税务处理决定书；（七）税务行政处罚决定书；（八）行政复议决定书；（九）其他税务文书。"

评估对象并采取进一步征管措施的行为。在逯某分管甲公司期间,该公司并未被筛选为纳税评估对象,但对该公司存在的纳税问题,上诉人已对其采取上述评估措施,不存在未进行纳税评估的情形。公诉机关错误地认为:"纳税评估"就是出具评估报告,导致理解错误。同时,近年来,国家税务总局推行税收风险管理模式,把纳税评估作为风险应对的一种手段。它是整个税收风险管理中进行风险应对的一种综合评价,其内涵已经不限于《税收管理员制度》中规定的内容。第三,根据案情可知,逯某作为税收管理员,在及时发现甲公司可能存在税款申报不实后,立刻向所在部门领导进行汇报并提出了管理建议。这表明一审判决所认定的事实存在错误。综上,逯某已经做到了一名税务干部在现有征管条件下所能做的一切工作,多次下达税务事项通知书,多次实地调查核实,严格遵守各项工作制度,认真履行岗位职责,较好地完成了各项工作任务。

3. 逯某对国家利益造成损失的认定。一方面,从实际损失结果来看,对甲公司在经营中未申报或未按规定申报缴纳税款,A市地方税务局稽查局作出了追缴该公司少缴纳税款的处理决定,认定其行为属于欠税,并作出《税务行政处罚决定书》。此外,司法机关也已冻结该公司4 300余万元的资金。如果少缴纳税款的事实存在,依照优先偿还税款的规定,该税款应当依法被追缴。但甲公司对A市地方税务局稽查局作出《税务行政处罚决定书》的行政行为提起了行政诉讼,该行政行为被一审法院依法撤销。其中涉及的少缴纳税款的数额也是由该A市地方税务局稽查局检查后所认定,而认定该数额的行政行为正在进行行政诉讼。另一方面,A市人民检察院对甲公司所起诉的2013年1月至12月的逃税犯罪事实中,也没有涉及2014年1月至8月逃税行为,故不在逯某的监管期间。并且,所指控的逃税事实已被A市中级人民法院于2018年作出了因证据不充分而不能追究该单位刑事责任的判决。逯某是否直接致使国家利益遭受重大损失的结果尚无充分证据证实。因此,少缴纳税款在未经税务机关下达追缴通知、是否补缴应纳税款不确定状态下,尚不能从法律上认定已致使国家利益遭受重大损失。

综上,逯某作为一名税收管理员,任职期间认真履责,缺失玩忽职守罪的两个法定构成要件,即主观上未履行职责和客观上未造成国家利益损失,故不构成玩忽职守罪。

(二) 对税务工作人员证人证言的认识

本案中,一审法院为了证明逯某在税收执法过程中是否正确、恰当的履职,采用了多位当地税管所工作人员的证人证言。而实际上,审判过程之中的证人证言是否符合法律的要求,还值得进一步探讨。

通常来说,探讨证人证言的要求是否符合法律要求,主要分为两个方面:一是对证人资格的探讨;二是对证言的合规性进行验证。首先,根据我国当前诉讼法规定,证人资格是否符合也包括两个决定条件:一个是证人必须是清楚了解案件过程的单位或者个人;另一个是证人必须能够正确表达意思,辨别是非(何家弘等,2004)。也就是说,符合证人的资格才有可能发表有效的证人证言。正如部分学者强调所说,证言是指待证的直接感知或是体验人在诉讼过程中对待证事实所作出的陈诉。因此,一个对案件基本事实没有了解,对案情没有感知、体验的人是不能成为证人的。此外,对于在生理上、精神上有缺陷,但可以辨别是非的自然人,必要时可以进行审定或者鉴定,也符合作为证人的资格。其次,对证言内容的要求,有学者强调证言只是证人对案件有关情况的客观阐述,其中不应该包括证人对案件具体事实的推测内容或评论意见(陈浩然,2002)。根据《最高人民法院关于民事诉讼证据的若干规定》第五十七条[①]和最高人民法院《关于行政诉讼法证据若干问题的规定》第四十六条[②]的规定,证人不应当在诉讼过程中使用模糊、猜疑等不确定的描述性词语,必须客观、明了地阐述自己所感受的事实过程。这是案件初步的意见规则,也是推进案件进一步发展调查的重要依据和手段。

通过上述对证人证言的分析可推断,在本案一审过程中司法机关所采用的证人证言存在诸多不合常规之处。一方面,当中的部分证人不符合资格要求,他们当中部分人不属于案件的亲身经历者,没有对案件的第一视角,无法得出与事实最为接近的证言。例如,在处理本案逯某玩忽职守罪时,一审法院所认定的合规证人王某。王某系该地方税务局的副局长,关于甲公司存在不如实进行纳税申报及不配合检查的问题,相关人员没有向其汇报,是否在局务会上汇报过也已经记不清了,每次开局务会都有会议记录。但事实上,作为副局长的王某只分管征管科、计会科,主要职责是协助局长做好分管工作,向市局传达工作安排和工作精神。职责范围并未涉及具体税收管理员对公司的管理,所有工作都由所长统一安

[①] 《最高人民法院关于民事诉讼证据的若干规定》第五十七条规定:"出庭作证的证人应当客观陈述其亲身感知的事实。证人为聋哑人的,可以其他表达方式作证。证人作证时,不得使用猜测、推断或者评论性的语言。"

[②] 《最高人民法院关于行政诉讼法证据若干问题的规定》第四十六条规定:"证人应当陈述其亲历的具体事实。证人根据其经历所作的判断、推测或者评论,不能作为定案的依据。"

排。显然，作为副局长的王某不具有证人的资格，因为其没有任何真实直接的相关经历，对于逯某玩忽职守案件的具体经过、案发时间等要素的部分或全部都不够了解。而一审法院却把该言辞当成证言，用来证明逯某在任职期间并未认真履职。另一方面，根据证人证言内容的要求，一审法院也存在证据引用错误的问题。例如，一审法院认定，证人韦某（东社税务所税收管理员）的证言证实，2012年5月至2013年12月分管甲公司期间，通过多次下户检查，"怀疑该公司存在收入和纳税申报不符，未如实申报纳税"，这句话属于典型的猜测，故不符合证人证言的内容要求。

四、案例启示

（一）司法机关对税收法律制度及其税务工作人员岗位职责的了解问题

税收工作人员玩忽职守罪属于渎职罪，在司法实践的过程之中必然会涉及诸多的税法专业知识。同样，在案件审判过程中，司法机关还需处理税务机关工作人员的岗位职责规定问题。如果司法机关对相关的税收法律法规不了解，就会大大降低处理税收渎职犯罪案件的效率，损害司法的威严性（袁森庚，2011）。

1. 关于司法机关对税收法律制度的了解。依据《刑法》的相关规定，玩忽职守罪的结果主要是根据其损失的情节严重程度来认定，判处的刑罚在三年到七年之间。另外，根据相关司法解释，玩忽职守罪所造成损失在30万元以上的认定为"重大损失"，当经济损失达到150万元时，可视为"情节特别严重"。对于本案例当中的逯某，作为税务局的税收管理员，被认定因玩忽职守罪致使国家损失570余万元，属于"情节特别严重"，故被处以四年的有期徒刑。但在具体的司法实践过程中，并非简单地套用法条，还需要司法机关在检察官和辩护人之间作认真核查。在具体案件当中，玩忽职守罪与一般玩忽职守行为之间的差距可能就是一次被告人不服上诉，司法机关重新审理的机会。

据前述分析可推断，本案中司法机关在初始阶段缺乏对税收法律制度的充分了解。在一审过程中，只是简单的套用法条，并未就逯某造成的损失进行客观、具体评估，给被告人带来刑事责任的困扰。此外，就我国当前司法现状来看，涉税案件数量日益增长，复杂程度也不断上升，对税务案件的司法处理要求也逐步提高。但由于税收法律制度的不健全，司法机关的专业性不足，使得司法机关处理复杂案件时无奈向税务部门求助。这就导致税收法规的司法权和立法权都落在税务部门的尴尬局面，有悖于我国立法的初衷，使得权利无法制衡。因此，若要从根源上跳出司法机关处理涉税案件不专业的困境，需要将其规范化、专门化，如考虑设立税务法庭①（马蔡琛等，2018）。美国、德国、英国和日本等国家的实践证明，设置专门审理税务案件的税务司法机构，既可提升税收案件的处理效率，维护纳税人的权益，也可以约束税务行政机关的行为，尽可能地避免给税务工作人员带来不必要的执法风险。

2. 关于司法机关对税务工作人员岗位职责的了解。据前述分析，判定行为人是否构成逃税罪时，核心在于认定其是否履职。首先，司法机关要明确哪些职责在其范围之内。根据国家税务总局2005年发布的《全国国、地税税收执法责任制岗位职责和工作规程范本（试行）》，可以清楚了解到税务局各部门的职责划分，具体描述了不同岗位需要遵守的各项要求，包括权限、工作流程、税收政策的掌握和相关文书的使用。总体上来看，这份文件内容繁杂庞大，既包括了税务部门不同岗位的实体性规定，又对不同执法部门在各岗位上的程序性作出了一定要求。另外，在横向上，不同地区的政策要求也存在一定的差异性；在纵向上，各个税务机关根据不同时期和不同需求，也会不断地下发新的关于职责岗位的具体性文件。这类文件倒逼税务机关规范执法，应对司法机关和人民群众的监督，能够更好地防范职务犯罪的风险。但是，该文件也暴露出一个缺陷，即使得身处税务局基层工作岗位的工作人员所需处理的工作过于烦琐，税收任务过重。司法机关在处理相关案例时需特别注意，应考虑到基层税收执法人员的自身情况。本案中，一审法院对逯某作为税收管理员的职责认定就存在偏差，导致发回重审最终撤销原判。

（二）明确玩忽职守罪结果的认定标准

根据我国当前刑法规定，采用数额标准认定玩忽职守罪，处有期徒刑在三年到七年之间，对国家利益造成经济损失在30万元以上的，定性为"重大损失"；造成经济损失在150万元以上的，认定为"情节特别严重"。因此，玩忽职守行为最终是否导致"重大损失"是区分罪与非罪的重要标准。但是，在司法实践

---

① 税务法庭指专门审理裁判税务案件的特别行政法庭，司法裁判不仅要具备法律专业素养，还需要熟知经济学、财税学、国际贸易和商事制度等知识。美国、德国、英国和日本等国家的实践证明，设置专门审理税务案件的税务司法机构，对于切实贯彻执行税法，提升税收司法的公信力，维护国家和纳税人的合法权益等都具有积极作用。

过程中，对于损失范围划分和损失认定时间点仍存在一定的争议。

1. "损失"范围的划分。在具体的税收司法实践案例当中，所造成的损失范围难以划分。一般来说，以危害的结果为评判标准，可以对损失进行不同分类，包括物质性损失和非物质性损失。若从所造成损失的原因来看，则可以概括为直接损失和间接损失（李忠诚，2013）。仅就玩忽职守罪而言，笔者认为以直接和间接的方式能够更客观准确地认定损失的数额情况。对于直接损失来说，主要指与行为有直接因果关系而导致的财产损毁、减少的实际价值。但在实践当中存在一定的争论，主要包括三类说法（崔雪松，2010）：第一，有学者认为只要公共财产的控制人失去了对公共财产的控制权就应认定为损失；第二，部分学者认为损失不应该包括经过多方努力之后可以挽回的部分损失；第三，还有部分学者提出损失应该扣除公共财产所有人努力和外部力量挽回部分，只计算真正意义上的损失部分。笔者认同第三种观点，根据直接损失的内涵，这种损失一定是指即使通过一定措施也无法挽回的部分。而间接损失是指由直接损失导致或引发的其他损失，一般包括原本可以获得的利益和为了重新恢复正常所需要付出的各类开支、费用等。本案当中，一审认定的逯某未履行职责直接造成甲公司待缴570余万元税款流失，这显然是不合理的。因为税务稽查局已经将甲公司4 700余万元资金冻结，该公司也多次表示愿意及时偿还所欠税款。综上，真正的损失只是税款的入库时间推后，失去了一定程度的货币时间价值。

2. 玩忽职守罪中损失的认定时间节点。由于玩忽职守罪涉及的损失大都为经济损失，不如造成他人死亡、重伤、轻伤等人身伤害直观，因此，其认定时间节点在具体的司法实践中存在诸多争议（王杨，2011）。考虑到损失的大小直接影响量刑，且刑事诉讼又有一个前后相继的过程，从立案、侦查、起诉、审理直至审理终结期间都可能会出现损失扩大或者减少的情况，那么玩忽职守罪的损失认定时间节点应该如何确定呢？目前主要存在以下五种观点：第一种观点认为，应当以立案侦查时为损失的最后确定时间，即在人民检察院立案侦查时行为人的损失数额达到立案标准，就可以定罪；第二种观点认为，应当以公诉机关起诉为时间界限；第三种观点认为，行为人在法院审理时，弥补回的损失不应计入立案损失；第四种观点认为，应当以一审宣判时间为最后的节点，此时无法弥补的损失才计入立案数额；第五种观点认为，"定罪损失数额"同"量刑损失数额"应当区别开来，认定犯罪的损失构成以立案侦查时间为节点，量刑以法院一审判决时间为准。

笔者更加赞成第一种观点,即税收执法者涉及玩忽职守罪的损失认定时间应当以立案侦查为界限。首先,以立案侦查时间为节点来确定损失数额与刑事诉讼法的有关规定相契合。《刑事诉讼法》第八十三条①规定,犯罪事实的存在和司法机关需依法追究责任是立案侦查的两个先决条件。就玩忽职守罪而言,税务机关工作人员只有损失数额符合立案标准时才可以立案侦查。其次,这种做法也符合我国颁布《立案标准》的规定。《立案标准》附则第四项②规定,损失的认定时间就是指"立案时"。再次,与"宽严相济"的刑法设置初衷相一致。据前述讨论,玩忽职守罪的犯罪主体为国家机构的公职人员,背后代表的是国家对社会层面的管理,应对其严格要求。第二、第三和第四种说法就与"宽严相济"的标准不符,不利于打击税收渎职等情况。最后,一旦立案侦查的案件在侦查或审判过程之中最后不构成犯罪,可能使税收执法者承担不利的后果,无形中增加税收执法的制度风险。

(三) 税收执法刑事风险的防范

税收执法刑事风险是指税务部门工作人员在执法过程中,由于各类税务规范性文件和税收程序本身存在的问题或缺陷,通过作为或者不作为的表现方式,过失或故意地严重侵犯某些法益,当事人需要承担的刑事责任和所有风险的总和。受我国经济形势不断多元化、信息化等的影响,税收执法面临的风险和挑战也成倍增加。此外,执法风险的复杂性也使执法责任的准确认定变得越发困难。仅以责任形式来划分税收执法风险,相对具有一定的实践性,只有通过厘清具体责任风险,才能形成系统的研究并做好防范措施。

1. 税收执法刑事风险成因分析。

一方面,对于税收执法人员的"职责"范围划分不够明确。当前,我国税收执法职责范围认定主要是依据2005年制定的《全国国、地税税收执法责任制岗位职责和工作规程范本(试行)》,该文件对各税收岗位的工作职责进行了规定,同时,也提出了一些具体的程序要求。尽管内容覆盖面广且庞大,但仍存在诸多不足与缺陷。第一,受时效性和局势的限制,不同的岗位之间职责差异性较

---

① 《刑事诉讼法》第八十三条规定:"公安机关或者人民检察院发现犯罪事实或者犯罪嫌疑人,应当按照管辖范围,立案侦查。"

② 《立案标准》附则第四项规定:"直接经济损失和间接经济损失,是指立案时已造成的经济损失。移送审查起诉前犯罪嫌疑人及其亲友自行挽回的损失,以及由司法机关或者犯罪嫌疑人所在单位及其上级主管部门挽回的经济损失,不予扣减,但是可以作为犯罪嫌疑人从轻处理的情节予以考虑。"

为明显。第二，该文件的规定当中存在大量的概括性描述及笼统的话语。第三，诸多岗位之间的工作内容存在交叉重复，在税收和司法实践过程之中难以追溯责任，也容易导致不公平的平摊责任现象。第四，基层税收岗位工作人员空缺较大，通常分担的税收执法任务繁重，增加了执法刑事风险的可能性。在我国经济高速发展的背景下，国家征税的任务会越来越复杂且艰巨，面临的问题也会更加严峻。

另一方面，税收执法当中玩忽职守罪的入刑标准相对模糊。我国有部分学者推崇德、日刑法当中的构成三要件理论，即"构成要件的符合性、违法性和有责性"。从犯罪的构造分析来讲，三要件理论的确比我国传统的犯罪构成四要件理论具有明显优势。但从我国当前税收法制的建设来看，依旧存在着入罪标准高度不清晰的状态（史强，2017）。第一，税收执法的刑事构成符合性不明确。尽管刑法的每个规定都尽可能地避免使用笼统、概括性的描述性语言，防止产生歧义，造成不必要的司法争议。但在司法实践中，仅以刑法三百九十七条的规定，难以判断玩忽职守罪与一般的工作失误或是玩忽职守行为之间的区别。第二，税收执法过程中玩忽职守罪的刑事违法性本质立场不够明确。在执法的过程中，导致执法人玩忽职守罪名的究竟是行为本身，还是行为人产生的后果。也就是说，玩忽职守罪的认定究竟是行为无价值，还是结果无价值。两者之间的取舍，会对整个案件的走向以至于最终的定罪产生不同效果。第三，税收执法当中玩忽职守罪的有责性实践判定较为困难。在具体司法实践中，由于案件的复杂性和技术性等原因，容易催生出司法裁判的主观性评断。如案件中存在主观过失的税收执法人和故意偷逃税的纳税人之间的责任认定。这类案件就需要司法机关准确把握职务过失中的"谨慎性义务"，在追求税收执法刑事责任的过程中尽可能地做到主客观相统一。

2. 税收执法刑事风险防范措施。风险无可避免，唯有尽可能降低风险发生的概率。只有做到提前防范和规避执法过程当中的刑事风险，才能打消工作人员的顾虑，并保护纳税人的权益。

一方面，应该从税收规范出发，为执法人员提供一个健全的制度，从静态上遏制税收执法刑事风险的发生。随着国际社会等外部环境的复杂多变，及国内经济环境受宏观调控的影响，涉及税收的一系列法律法规变得复杂多样。为适应政策变迁需要，各税务机关的执法能力和水平也需要不断提升，唯有如此，才能有效避免刑事风险。但仅依靠执法主体本身的行为规范还不够，缺失的更是税务机关及时对外部文件的汇编与内部文件的归档。第一，及时对外部文件进行汇编。各税务机关应该专门设置人力、物力对出现的税收规范性文件和相关法律法规进行整理、汇编。方便税务工作人员进行查询，避免由于信息更新不及时带来的错误执法。此外，还应利用大数据对纳税人进行归类，筛选出重点管理对象，防止企业偷税、漏税。第二，对内部文件进行归档。尤其是在遇见疑难、争议焦点较多的执法对象时，税务部门内部需要做好记录，并及时更新执法工作进展。一旦发生纳税人偷逃税并涉及税务执法人员职务犯罪等情况，可方便将内部文档作为有效证据，避免产生不必要的刑事风险。

另一方面，要在机制当中寻求突破，健全监督和内控机制，从动态上抑制一般的税收执法不规范行为发展成为刑事犯罪。第一，不能轻视执法之外的力量。可以考虑优化与企业的沟通机制，让企业主动积极披露相关信息，税务机关则对其不规范之处进行及时纠正，避免企业堕入犯罪的深渊。税收执法者变成违法犯罪的"守门员"，可以有效地减少企业违法犯罪。第二，需要进一步打通税务机关同其他行政机构的沟通桥梁。不同执法部门之间要做到信息互通有无，提高执法的效率与准确性。例如，当税务机关需要处理纳税人虚开增值税发票犯罪情形时，不仅考验税收执法者的洞察力，还需要同银行、工商等部门协同合作。第三，要肃清税收执法的内部消极因素（洪连埔，2011）。税务机关内部岗位设置最多的就是基层税收工作者，对于基层执法人员来说，执法过程中最大的阻碍就是所管理辖区的各色"人情关系"，这也往往是将他们推向刑事犯罪的最主要原因。因此，要强化税务机关内部的岗位负责和追究过错制度，使其敢于对不良的涉税行为说"不"。第四，机关内部的一些错误观念也需要消除。多数税收执法者存有"多做多错，少做少错"的畸形认识，进而产生工作消极、畏难的情绪。税务机构内部应该定期开展业务教育、同行交流等活动，鼓励税收执法工作者敢闯敢做，切实排除工作当中的顾虑，这样税务执法人员才能积极、自信地履行自己的岗位职责。

（宋生瑛、祝成南）

参考文献

[1] 陈浩然. 证据学原理 [M]. 上海：华东理工大学出版社，2002：265-266.

[2] 崔雪松. 税务人员玩忽职守罪中行为与结果关系的认定 [J]. S省政法管理干部学

院学报, 2010, 23 (2): 47-48, 69.

[3] 郭勇平. 对认定税务工作人员玩忽职守罪的几点思考 [J]. 税务研究, 2008 (11): 60-62.

[4] 何家弘, 刘品新. 证据法学 [M]. 北京: 法律出版社, 2004: 167.

[5] 洪连埔. 浅谈税收风险管理机制的构建 [J]. 涉外税务, 2011 (3): 66-70.

[6] 李忠诚. 渎职罪损害后果认定问题研究 [J]. 中国刑事法杂志, 2013 (1): 54-59.

[7] 马蔡琛, 桂梓椋. 税务法庭建设的国际经验与启示 [J]. 税收经济研究, 2018, 23 (2): 60-66.

[8] 史强. "北大法宝"中的裁判管窥: 税收执法的刑事风险及防范 [J]. 经济研究参考, 2017 (65): 61-64.

[9] 王娅. 渎职犯罪中"重大损失"的计算 [J]. 法制与社会, 2008 (34): 84-85.

[10] 袁森庚. 关于涉税玩忽职守罪案件的几点思考——兼评王某玩忽职守案 [J]. 税收经济研究, 2011, 16 (1): 55-61.

案例二 行政公益诉讼适用范围争议案
——A市人民检察院诉A市税务局不履行法定职责案分析

自2017年,行政公益诉讼加入《中华人民共和国行政诉讼法》(以下简称《行政诉讼法》)以来,由于条例所列举受案范围过于狭窄,具有一定的局限性,无法满足社会复杂案情的需要,故出于保证公共利益和惩戒违法行为的必要,各地检察机关在原有受案范围下进行了有益的探索,由此产生不少特殊的"个案"。这些"个案"的受案范围是否属于公益诉讼的受案范围目前仍存诸多争议,税款征收能否纳入公共利益范围便是争议热点之一。

一、案情简介

2018年3月5日,A市城关区人民检察院(以下称检察院)以国家税务总局A市税务局(以下称税务局)在近十年内怠于追缴B房地产开发有限公司(以下称B公司)所欠营业税1 716 829.28元,从而致使国有资产流失为由,对税务局提起行政公益诉讼。

检察院诉称B公司于1999年开发"B大厦"项目,2001~2007年共计取得销售收入42 421 763.00元,应当上缴营业税2 121 088.15元,并出具金诚信税务公司(具有相应资质的鉴定机构)对B公司该项目作出的鉴证报告,报告显示公司账面已缴纳营业税款404 258.77元,仍余1 716 829.28元待缴。在久未追缴税款入库的情况下,2017年4月7日,检察院向税务局发出检查建议,要求其依据《中华人民共和国税收征管法》(以下简称《税收征管法》)履行追缴税款职责,却得到税务局有关"公司吊销执照,法定代表人因罪入狱,公司无存款,只能对相关动产或不动产采取保全或强制执行措施"的回复,使得国有资产依旧流失在外。因此，检察院认为，税务局在长时间内并未因B公司欠缴税款问题的存在而对该公司的相关资产运营状况进行跟踪及管理，以至于不能按时追缴到欠款，税务局存在怠于行使职责的问题。

税务局辩称，根据《税收征管法》第二十五条、二十六条的规定，纳税人B公司应当在日常经营中自行申报缴纳营业税[①]。征管期间，针对B公司未按时进行纳税申报的行为，税务局于2006年10月、2007年1~3月对B公司分别发出共计四份税务事项通知书，此后，B公司申报缴纳了2007年4、5、7月营业税额。2007年，税务局委托C房地产交易中心（以下简称房产交易中心）代征B公司税款，并要求房产交易中心在B公司完成税款清缴后才可办理产权证书。但房产交易中心在无清税证明的情况下，违规给B公司办理产权证书，与此同时，在涉案房产营业税款未缴清的情况下，B公司法定代表人2008年入狱至2014年刑满释放，2012年工商营业执照被吊销。在此期间，公司原始账簿、销售合同、记账凭证都无法获得，税务局无法据实核定B公司所欠缴的营业税款。因此，导致欠缴税款难以追回的直接原因并非是税务局的不作为，而是B公司无人管理造成的财务混乱，税务局并不构成怠于行使职权的违法行为。

除此之外，根据《税收征管法》第三条第一款、第五条第二款的规定，纳税人补缴营业税额应当以税务机关核定数额为标准[②]。2018年3月9日，公益诉讼提起后，税务局依据《税收征管法》第三十五条、《税收征收管理法实施细则》第四十七条第（四）项的规定对B公司进行依法核定得销售收入为42 466 604.00元，应缴纳营业税款2 123 330.20元，已缴纳税款682 678.51元，应补缴营业税款为1 440 651.69元，而非受托于检察院的税务公司报告所示的

[①] 《税收征管法》第二十五条规定："纳税人必须依照法律、行政法规规定或者税务机关依照法律、行政法规的规定确定的申报期限、申报内容如实办理纳税申报，报送纳税申报表、财务会计报表以及税务机关根据实际需要要求纳税人报送的其他纳税资料。"《税收征管法》第二十六条规定："纳税人、扣缴义务人可以直接到税务机关办理纳税申报或者报送代扣代缴、代收代缴税款报告表，也可以按照规定采取邮寄、数据电文或者其他方式办理上述申报、报送事项。"

[②] 《税收征管法》第三条第一款规定："税收的开征、停征以及减税、免税、退税、补税，依照法律的规定执行；法律授权国务院规定的，依照国务院制定的行政法规的规定执行。"《税收征收管理法》第五条第二款规定："地方各级人民政府应当依法加强对本行政区域内税收征收管理工作的领导或者协调，支持税务机关依法执行职务，依照法定税率计算税额，依法征收税款。"

1 716 829.28 元①。

法院调查认为，根据《中华人民共和国营业税暂行条例》第十二条的规定，纳税人销售不动产纳税义务发生时间为收讫营业收入款项或凭据的当天，因此，B 公司应当于 2006~2007 年间完成营业税款的缴纳。税务局作为税款征纳的国家机关，在 B 公司未按期缴纳税款时，应当根据《税收征管法》第三十二条、第四十条、第六十四条、第六十八条的规定责令其限期缴纳，处以罚金，并加收滞纳金，逾期仍未缴纳时，税务局经上级部门批准后应采取税收保全或税收强制等措施。而在本案中，2006~2007 年，税务局除对 B 公司发放税务通知书外，并未对该公司的账目进行及时检查，处以罚款、加收滞纳金、扣押拍卖财产等惩罚性和强制性措施，未能及时保全税款。直到 2012 年 B 公司经营执照被吊销，账目混乱难以核定导致营业税追缴困难，故税务局该行为属于主观不作为，造成国有资产外流，符合履行职责不完全的定义，公益诉讼人的请求成立。与此同时，根据《税收征管法》第三条第一款、第五条第二款的规定，采纳税务局核定数额 1 440 651.69 元作为 B 公司欠缴营业税款数额，于判决生效后 90 日内由 A 市税务局追缴到位。

二、争议焦点

1. 本案是否属于《行政诉讼法》所创设的行政公益诉讼的范围？
2. 涉案的补缴税款确定标准是什么？

---

① 《税收征管法》第三十五条规定："纳税人有下列情形之一的，税务机关有权核定其应纳税额：（一）依照法律、行政法规的规定可以不设置账簿的；（二）依照法律、行政法规的规定应当设置账簿但未设置的；（三）擅自销毁账簿或者拒不提供纳税资料的；（四）虽设置账簿，但账目混乱或者成本资料、收入凭证、费用凭证残缺不全，难以查账的；（五）发生纳税义务，未按照规定的期限办理纳税申报，经税务机关责令限期申报，逾期仍不申报的；（六）纳税人申报的计税依据明显偏低，又无正当理由的。税务机关核定应纳税额的具体程序和方法由国务院税务主管部门规定。"
《税收征收管理法实施细则》第四十七条规定："纳税人有税收征管法第三十五条或者第三十七条所列情形之一的，税务机关有权采用下列任何一种方法核定其应纳税额：（一）参照当地同类行业或者类似行业中经营规模和收入水平相近的纳税人的税负水平核定；（二）按营业收入或者成本加合理的费用和利润的方法核定；（三）按照耗用的原材料、燃料、动力等推算或者测算核定；（四）按照其他合理方法核定。"

三、法理评析

(一) 行政公益诉讼适用范围的界定

2017年6月27日，人大常委会议通过修改《行政诉讼法》，第二十五条新增关于行政公益诉讼规定除具体的生态资源、食药安全、国有财产保护外，未明确规定税务机关不作为是否属于行政公益诉讼的范围，而是在条例规定末尾用了"等"字[①]。2019年10月，十九届四中全会决定"拓展公益诉讼案件"范围，鼓励检察院从实践和法律的角度对"等"进行"积极、稳健"的探索，因此，将"等"理解为"等外"，将税务机关不作为纳入规定范围更符合实际的要求。

《行政诉讼法》第十二条中的受案范围并未囊括税务机关怠于行使征税权，第四十九条[②]陈述的符合起诉条件的范围，从原告、被告到起诉请求都有明确的具体化要求，所规定的受案情况多为纳税人与税务机关之间的矛盾冲突，往往是税务机关的违法行为直接侵害纳税人的合法权益，与纳税人有直接的利害关系[③]。由于税务机关怠于行使征税权对纳税人并无明确的利害关系，不方便也无

[①] 《中华人民共和国行政诉讼法》第二十五条规定："人民检察院在履行职责中发现生态环境和资源保护、食品药品安全、国有财产保护、国有土地使用权出让等领域负有监督管理职责的行政机关违法行使职权或者不作为，致使国家利益或者社会公共利益受到侵害的，应当向行政机关提出检察建议，督促其依法履行职责。行政机关不依法履行职责的，人民检察院依法向人民法院提起诉讼。"该项条款规定了行政诉讼法使用的范围。

[②] 《中华人民共和国行政诉讼法》第四十九条规定："提起诉讼应当符合下列条件：（一）原告是符合本法第二十五条规定的公民、法人或者其他组织；（二）有明确的被告；（三）有具体的诉讼请求和事实根据；（四）属于人民法院受案范围和受诉人民法院管辖。"

[③] 人民法院受理公民、法人或者其他组织提起的下列诉讼：(1) 对行政拘留、暂扣或者吊销许可证和执照、责令停产停业、没收违法所得、没收非法财物、罚款、警告等行政处罚不服的；(2) 对限制人身自由或者对财产的查封、扣押、冻结等行政强制措施和行政强制执行不服的；(3) 申请行政许可，行政机关拒绝或者在法定期限内不予答复，或者对行政机关作出的有关行政许可的其他决定不服的；(4) 对行政机关作出的关于确认土地、矿藏、水流、森林、山岭、草原、荒地、滩涂、海域等自然资源的所有权或者使用权的决定不服的；(5) 对征收、征用决定及其补偿决定不服的；(6) 申请行政机关履行保护人身权、财产权等合法权益的法定职责，行政机关拒绝履行或者不予答复的；(7) 认为行政机关侵犯其经营自主权或者农村土地承包经营权、农村土地经营权的；(8) 认为行政机关滥用行政权力排除或者限制竞争的；(9) 认为行政机关违法集资、摊派费用或者违法要求履行其他义务的；(10) 认为行政机关没有依法支付抚恤金、最低生活保障待遇或者社会保险待遇的；(11) 认为行政机关不依法履行、未按照约定履行或者违法变更、解除政府特许经营协议、土地房屋征收补偿协议等协议的；(12) 认为行政机关侵犯其他人身权、财产权等合法权益的。除前款规定外，人民法院受理法律、法规规定可以提起诉讼的其他行政案件。

法通过社会组织、公民、法人提起行政诉讼，因此，为了维护国家税收征收，稳定社会经济秩序，在不属于刑事或民事诉讼的情况下，将税务机关怠于行使征税权所导致的国家税款流失理解为行政公益诉讼"等"字所涵括的内容，由人民检察院对税务机关提起行政公益诉讼比较合理。

此外，行政公益诉讼作为完善我国监督体系的重要一环，其设立的目的在于解决人民群众反映强烈、亟待处理的问题，监督行政违法作为或不作为。但由于公共利益具有主体数量不确定性、实体共享性的特征，公民往往无法及时意识并切身体会到公共利益受损，从而难以对政府公权部门进行监督，因此，行政公益诉讼拟将检察机关作为社会公共利益的代表者，对行政机关的行为履行监督职责。公共利益概念本身具有模糊性与变动性，其不确定性的概念在法律层面上会带来规则延伸的效果。一般来说公共利益有两层，一是指社会公共利益，一般包括资源、安全、生活等方面利益；二是指国家公共利益，主要涉及政治要求或主张（博登海默，1999）。国家通过税收筹集政府财政收入，为社会提供公共服务与公共产品、巩固国防、保障社会生活的稳定，即税收"取之于民，用之于民"，依照法律按时申报缴纳税款既是每个公民应尽的义务，也是社会主义市场规则的要求。税务机关怠于行使征税权导致国家资产的长期流失既是违法行为，也是对其他社会公民的不尊重，是对社会经济规则的损坏，有悖于国家政治主张。当税务机关怠于行使征税权所造成的国有资产流失无法由纳税自然人或法人提起诉讼时，应当由检察机关履行监督职责，提起行政公益诉讼。

（二）欠缴税款应纳税额的确定标准

在本案庭审中，检察院提供了具有鉴证资格的税务机构提供的涉税鉴证报告，报告中 B 公司的欠缴税款与税务局核定的欠缴税款两者之间存在差异，最终法院判决以税务局核定欠缴金额作为征收标准是较为合理的。

面对税务机关的专业人员，在涉及税务机关违法行为案件时，纳税人、检察机关与法院相对而言处于劣势方。税务鉴证设立的目的，一是为了保证纳税人的合法权益不受侵害；二是便于有效监督税务机关的行政行为[①]。司法鉴定结论在《行政诉讼法》中属于证据之一，在面对一些复杂的涉税案件时，第三方税务专业机构所提供的税务鉴证报告能够起到有效的参考作用，《国家税务总局关于进

[①] 《国务院关于加强和规范事中事后监管的指导意见》规定："发挥会计、法律、资产评估、认证检验检测、公证、仲裁、税务等专业机构的监督作用，在监管执法中更多参考专业意见。"

一步规范税收执法和税务代理工作的通知》规定:"对税务师事务所按有关规定从事经济鉴证类业务出具的审计或鉴证报告,税务机关应承认其经济鉴证作用。"但税务鉴证结论并无绝对的法律压制效力,另一方当事人可以对司法鉴定结论提出异议或作出对抗,《中华人民共和国海关稽查条例》第二十一条规定:"……被稽查人委托会计、税务等方面的专业机构作出的专业结论,可以发挥海关稽查的参考依据。"即税务鉴证报告更多是发挥监督比对作用,在一些情况下,法院可不予采纳。

2016年,我国实行《司法鉴定程序通则》,在第二章第十四条、第十五条对鉴定材料做出了要求,要求材料必须真实、合法、完整。2019年,中税协发布的《涉税鉴证业务指引(试行)》除对证据的范围与类型作出了规定外,还对依据评估做出了要求。证据应当在满足合法、真实性的同时具有相关性,即获得途径遵循行政复议、法律诉讼的规定,是与企业生产经营相关、证据之间不存在相互矛盾、足以构成完整证据链的证据。针对依据评估,需要关注评估的过程是否根据适应的法律作出,遵循法律适用原则,评估机构应当谨慎处理不同法律和法条之间的竞合关系,具体到"条、款、项、目"与涉税鉴证案件的匹配度。

因此,两者核定的税款是否可以被法院采纳作为最终标准既与第三方税务鉴证报告是否具有法律强制效力无关,也与税务机关行为是否违法无关,而是与核定税款时所获得的证据与适用的依据是否合法合理有关。本案中,虽然税务局怠于行使征税权属于违法行为,但税务局核定B公司欠缴税款依据的是纳税人自行申报的应纳税款与房产销售收入,税务鉴证机构依据的是A市房屋买卖纳税最低限价。根据《税收征管法》第二十五条、第二十六条的规定,日常税款的征收应当以纳税人自行申报为主。B公司受资金困难影响,施工投资方变更,部分房产作为投资方投资收益所得,无权处置,导致B公司可销售面积缩减,因此,申报的营业额缩减是合理的。且该证据同时获得了三方的认可,证明其申报税款并无问题,构成了完美的证据链,在证据环节也无可挑剔,故法院判决无误。

四、案例启示

(一)行政公益诉讼范围的拓展

2015年7月,全国人大常委会授权最高人民检察院在13个省份就生态环境与资源保护、国有资产保护、国有土地使用权出让三个方面开展行政公益诉讼工作，保护公共利益不受侵犯，拉开了我国行政公益诉讼立法的序幕。此后，在社会发展与案件实践中，我国逐步探索扩大行政公益诉讼范围。2016年，为保障企业员工生产安全，研究将安全生产纳入诉讼范围的可能性；2017年，为保障消费者合法权益，维护社会生活稳定和谐，将食药安全列入诉讼受案范围，同年，将行政公益诉讼写入《行政诉讼法》第二十五条，并在受案范围句末加入"等"字；2018年，根据《中华人民共和国英雄烈士保护法》（以下简称《英雄烈士保护法》），将损害烈士姓名、肖像、荣誉权等行为归入诉讼受案范围，推崇爱国风尚，构建尊重英烈的社会氛围。除此之外，2019年，根据最高人民法院发布的《关于为设立科创板并试点注册制改革提供司法保障的若干意见》，探索建立证券民事的行政公益诉讼制度，维护金融市场秩序；2019年10月，党的十九届四中全会决定"拓展公益诉讼案件"范围，鼓励检察院从实践和法律的角度对"等"进行"积极、稳健"的探索；2020年，为保障妇女儿童合法权益，保障男女两性平等的权利与义务，促进社会就业机会平等，根据《关于建立共同推进保护妇女儿童权益工作合作机制的通知》，将国家机关、事业单位招聘过程中存在的性别歧视问题纳入行政公益诉讼范围。综上所述，我国一直在不断地探索行政公益诉讼受案范围的边界，在不违背法理且不与《行政诉讼法》冲突的合理范围内，不断满足解决社会问题所提出的需求，扩充"等"字的内涵。

"等"应当理解为"等外"，《英雄烈士保护法》的设立，相较于2017年《行政诉讼法》第二十五条所规定的行政公益诉讼范围有了不同方向的延伸[1]。法律中所具体规定的生态环境和资源保护、食品药品安全、国有财产保护、国有土地使用权出让这四个领域除涉及公共利益外，更多地侧重于由于公共利益受损导致国家的经济利益损失。而英烈精神作为我国社会主义爱国精神的重要一环，侮辱、非法利用英烈的声名荣誉，不论是从烈士遗属、社会公民还是道德文明的角度，该行为都不可容忍。根据《英雄烈士保护法》，将损害英烈姓名、肖像、荣誉等行为列入行政公益诉讼范围，体现了国家在行政公益诉讼领域由物质层面向精神层面的探索。此外，2018年，中央全面深化改革委员会第三次会议审议通过《关于设立最高人民检察院公益诉讼监察厅的方案》，对检察院相关部门的

---

[1] 《行政诉讼法》第二十五条规定："人民检察院在履行职责中发现生态环境和资源保护、食品药品安全、国有财产保护、国有土地使用权出让等领域负有监督管理职责的行政机关违法行使职权或者不作为，致使国家利益或者社会公共利益受到侵害的，应当向行政机关提出检察建议，督促其依法履行职责。行政机关不依法履行职责的，人民检察院依法向人民法院提起诉讼。"

设立提出要求，各省检察院陆续设立公益诉讼监察机构，为行政公益诉讼案件的处理配备专业的人才，形成相关的组织制度。该独立机构的设立，为行政公益诉讼范围进一步扩大提供了坚实的保障。由此推定，"等外"的释义更贴合行政公益诉讼立法的目的，但"等"的受案范围应当以何种标准进行拓展延伸，目前仍无定论。

首先，"等"字扩充首要明确的范围是其所涉及的领域应当与公共利益相吻合。公共利益由于其内涵的抽象性，其利益内容往往具有流动性，会随着社会的变化而不断发生改变。为应对时代的发展，公益诉讼的受案范围不应被机械化固定，应当不断地审视条例的合理性，革旧推新。对旧有条例范围，当条例仍符合社会需求的情况下应当延续适用，当与社会相背离时应当摒弃；而对新范围的探索，应当结合公共利益"普遍性"的特征，确定公共利益的方法之一就是"寻找普遍而又连续不断为人们共同分享的利益"（詹姆斯·E. 安德鲁森，1990）[①]。因此，公共利益范围的拓展应当将重点放在大多数社会群众所关心的社会问题、所提出的诉求、所期待的改变上。因为其中部分期待与诉求产生的背后情形可能是社会群众缺乏救济途径的困境，检察机关以公权部门身份介入后，该情形可能会有所改善。关注社会需求的同时，还应当平衡"法定主义"与检察机关自主判断行为两者的关系。由于"等外"的理解拓展，为了避免行政公益诉讼范围的过分宽化，应当坚持行政公益诉讼范围的"法定"，但并不抹杀检察机关对"等外"含义的有益探索。对于部分案件，在不违反法理及相关法规的前提下，宽容检察机关为保障公共利益不受损而提起的"个案"诉讼，鼓励检察机关提出案件审理的诉求并对其进行考量，以检察执法的角度，分析公益诉讼范围扩容的可行性。

其次，"等"字受案范围的拓展不得混同个人利益，更不应牺牲个人利益。公共利益与私人利益在一定程度上并无法完全的分离，两者互相联结却在一些情况下又彼此矛盾，为了避免两者之间不必要的冲突，法律上应当予以明确的辨析。对于能以《行政诉讼法》中一般行政诉讼解决的问题，不得拓展至行政公益诉讼的范围。一般行政公益诉讼通常是"个人"与行政单位之间直接的矛盾与争议，行政违法行为侵犯的是行为相对人的私人利益，在利益损害上具有"私人性"，而行政公益诉讼所涉及的更多是社会群众的"公共"利益。由于一般行

[①] 詹姆斯·E. 安德鲁森著. 公共决策 [M]. 唐亮译. 北京：华夏出版社，1990.

政诉讼与行政公益诉讼法律规定的差异,公共利益与私人利益在行政诉讼上的混同可能造成罪不匹罚,不仅无法保证社会公共利益不受侵害,反而可能带来个人利益的牺牲。

最后,"等"字所规定的受案范围应当做到不同地区间同一与差异的协调。即《行政诉讼法》所列举的公益诉讼受案范围应当作为统一的标准,在全国各地检察机关之间达成一致适用,但同时允许各地方依据本地发展情况与社会需求,通过上报省级及以上检察机构审批及备案的流程,拓展制定适应该地区的特殊受案领域,做到"求大同,存小异",降低"同案不同审"及"案件适用规定不清"情况发生的概率,规范化地拓展公益诉讼受案范围,有效减少司法资源的浪费。

根据上述"等"字受案范围拓展的标准,在司法实践上的落实可从立法、受案范围等角度出发,完善公益诉讼机制。

1. 立法角度。立法应当清晰,不断拓展完善能够明确列举的受案范围。列举能够有效地减少行政公益诉讼案受案范围的争议,节约司法成本。立法应当关注与不同法律间的衔接,由于"等"字的存在,为了防止受案范围的过度泛化,可考虑将一部分受案范围的认定与其他涉及公共利益的法律结合起来,即行政行为人违反其他涉及公共利益的法律,受害者为社会大众且无法由受害者起诉或缺乏诉讼救济途径时,可由该法律决定是否由检察机关提起行政公益诉讼。

2. 受案范围角度。从行为标准、行为结果、受案的必要性核准受案范围。根据《行政诉讼法》第二十五条的规定,行政机关的违法行使职权与不作为是确定受案范围的行为标准,需要注意的是该处的行为标准除保证程序上的形式合法外,还应当兼顾行为的实质合法,对行政行为进行"合目的性"审查。另外,受案范围除关注客观物质、精神上的公共利益损害结果,还可以考虑潜在的、预期的公共利益损失。如近年来大数据发展所带来的信息洪流,使得私人信息在这混乱的数据市场中难以保护,不法分子通过信息的买卖获利颇多,其造成的私人信息泄露困扰了许多群众的生活。而行政机关作为国家公权部门,其掌握的公民个人信息更是详尽,再加之近年来数据申报、数据办公、各部门信息互通平台的构建推行,如何更好地保障公民私人信息的安全一直是社会争议的热点。法律的作用除惩治违法犯罪行为外,还应当起到高压警戒线的作用,预防潜在的违法或犯罪行为,若将信息安全考虑到公益诉讼的范围,可在一定程度上对行政部门的行为起到监督作用。必要性标准的审核也应当作为受案范围的考察角度,行政公益诉讼所受理的案件应当是无法对应于其他法律或《行政诉讼法》中相关规定的案件，缺乏救济途径，但有提起诉讼必要的案件。必要性标准的适用，应置于法院的立案登记阶段之后，行政公益诉讼案件被初步受理之后再审查其救济的必要性（黄学贤、李凌云，2020）。

（二）行政机关不作为的认定标准

《行政诉讼法》第二十五条，在行政公益诉讼规定的受案范围中，行政机关的违法行使职权与不作为作为诉前程序的两个要点，对案件的起诉起着至关重要的作用。行政机关违法行使职权显然是对现有法律的背行，强调的是行政机关的违法侵权行为，其超越法律的界限以求达到行为目的，该行为在司法实践中主要体现为"玩忽职守""滥用职权"等。然而，不作为行为在法律中却无明确的规定。根据法定构成三要件对不作为行为进行分析，行政不作为行为的认定首先是行政机关本身应当具有履行职责的义务，其次是行政机关的主观故意不为之，最后是客观导致不履行职责的结果。除此之外，对行政"不作为行为"的认定还需要注意的是与"不履行职权"的区别。"不履行职权"这一定义更多地被运用于《中华人民共和国环境保护法》《中华人民共和国野生动物保护法》等专项保护法律中。在《行政诉讼法》第十二条中，其规定的"拒绝履行""不予答复"，更倾向于"拒绝"履行应尽义务，有明确的意思表示；而不作为行为并无明显"拒绝意思"的表示，更倾向于是消极行使职责的态度，即怠于行使。

但在法院实际判决时，如何评定税务机关是否行使了自己的职责、是否满足不作为的要件，在不同的审查模式下，仍需要针对案情和现实的可能性做出综合的考虑。行政审判实践模式通常情况下分为两种，一种是秩序性审查，另一种是合目的性审查。秩序性审查强调的是对法律、法规、规章的恪守，在无不可抗力情况下，只要税务机关的行政行为无主观差错地完整履行了明文规定所要求的程序，则判定其履行了法定职责。合目的性审查则强调履行的过程、履行结果与立法目的之间的关系，除判定履行程序符合法律规定外，还要求履行的过程与履行的结果要满足立法的目的，在《行政诉讼法》中即不得损害行政相对人的合法权益，否则即便符合程序合法的要求，也不认定税务机关履行其法定职责。目前，我国的行政审判更多采用的是秩序性审查法，因为该方法对是否履行法定职责这一行为具有清晰的标准划分，在实际中易于操作，但考虑到对行政相对人的保护，合目的性审查也逐步地被法院与法官所认可。本案中，税务机关的行为在程序上并未违反相关的法律法规，也未有明确拒绝履行职责的意思表示，但履行职责不完全,其在结果上违背了《税收征管法》立法总则第一条"加强税收征管与保障国家税收收入",给国家带来了利益损失。因此,本案法院根据合目的性模式进行审查,判定税务机关怠于履行职责构成税务机关不作为是合理的。

  由于现实情况复杂多变,两种不同审查模式在短时间内难以达成统一,应区别适用于不同情况下的案件。因此,依靠法律明文规定能更好更快地调和两者之间的关系。在实体法层面上,应当坚持扩大法定职责的解释立场,将除法律、法规、规章外更多涉及行政执法方面的政府性规范文件、上级单位的书面命令、行政合同所订立的职责要求等与行政行为密切相关的依据考虑在内,从而进一步细化判定行政机关是否履行法定职责的标准,对行政机关起到更好的监督作用。

(宋生瑛、卢柯宇)

参考文献

[1] 博登海默著. 法律哲学与法律方法 [M]. 邓正来译. 北京:中国政法大学出版社,1999.

[2] 曹明德. 检察院提起公益诉讼面临的困境和推进方向 [J]. 法学评论,2020 (1):124.

[3] 巩宸宇. 公益诉讼的"中国经验"[N]. 检察日报,2019.12.17 (2).

[4] 黄学贤,李凌云. 论行政公益诉讼受案范围的拓展 [J]. 江苏社会科学,2020 (5):1-12.

[5] 卡尔·拉伦茨著. 法学方法论 [M]. 陈爱娥译. 北京:商务印书馆,2004.

[6] 李雄,刘俊. 中国公益诉讼:概念、理念与发展展望 [J]. 河南财经政法大学学报,2012 (3).

[7] 梁上上. 公共利益与利益衡量 [J]. 政法论坛,2016 (12).

[8] 龙莎. 司法会计鉴定采信制度理论探究 [D]. 南昌:江西财经大学,2020.

[9] 鲁夫. 例示规定与列举规定 [J]. 工商行政管理,1997 (23):36.

[10] 倪超群,倪珥. 浅议涉税案件中应纳增值税额与司法认定税额的差异——开展税务司法鉴定的作法与经验交流 [J]. 中国司法鉴定,2008 (2):86-88.

[11] 齐钦. 检察机关提起公益诉讼若干重要问题解析 [J]. 中国检察官,2018 (9).

[12] 孙岑鉴,司法会计鉴定问题研究 [D]. 北京:中国人民公安大学,2020.

[13] 王春业,王娟. 行政公益诉讼范围的"等外"解读 [J]. 浙江学刊,2019 (6):100,102-103.

第五编

税务代理纠纷：代缴税款引发的纠纷问题

案例一 委托合同效力争议案
——刘某等诉 A 公司再审案分析

委托合同的签订既是建立在双方真实意思表示的基础上,也是基于委托人与受托人之间的信赖关系。本案的争议焦点在于《非正常户认定登记表》的性质认定,是否可以当作免税凭证?同时,值得注意的是,在税务代理纠纷过程中,双方当事人是否存有不合法避税目的?在委托合同的外在表现形式下,以合法形式掩盖非法目的,即为避税而做出的虚假意思表示,其签订的合同效力又是否会受到影响?受托人虽然主观上具有履行全部合同义务的意思表示,但是其实际的给付行为却未达到合同债务本旨的要求。从而导致委托人与受托人之间的信任危机,委托人基于当事人意思自治的原则,能否在委托合同中行使任意解除权,更好地维护自身的利益?此外,不动产变更登记过程中"先税后证"原则是否具有合理性?

一、案情简介

A 公司于 2010 年 9 月 9 日通过司法拍卖取得 B 公司名下的房产及土地使用权,之后在乔某担保下,与刘某签订合同,委托办理好相关的房产过户以及税费等事宜。按照委托合同约定,A 公司于 2012 年 11 月 2 日前向刘某指定账户汇款 550 万元,系作为其支付有关部门的税费。而剩余费用分三次支付,税费办理结束(税票开出之后),A 公司再应约支付第二笔 150 万元费用。然而刘某接受委托之后,并未实际向有关机关缴纳任何税费,而是办理了《非正常户认定登记表》交于 A 公司后,要求支付第二笔款项 150 万元。最终双方因支付第二笔费用产生分歧,委托工作遭受停滞。由此,A 公司与刘某就合同纠纷向人民法院提起民事诉讼。

A公司诉称,《委托合同》第三条明确约定本公司支付的550万元作为支付的税费,并非刘某、乔某的代理费,而且还必须提供真实合法的税票和发票。但是在此之前,刘某提供不出任何缴费发票凭证,就应将550万元全额退回,并按照合同第五条违约赔偿条款约定承担本公司的损失。《非正常户认定登记表》从时间上早于双方签订的《委托合同》,即使可以据此享受税费减免,也是本公司依法依规应享受的政策,与刘某应尽的代理委托方缴纳税费及提供真实合法税票和发票义务没有关联。而刘某辩称,《非正常户认定登记表》相当于免税凭证,使A公司达到了免交税费的目的,即合同目的已经实现。而契税等工作应在办理完房产过户手续时才缴纳,只是扫尾的程序工作,可以看出,A公司拒付150万元违反了《委托合同》约定。尽管委托合同可以任意解除,但就解除前已经实际履行的部分应当有效,因此,A公司应当鉴于其恶意违约行为赔偿其损失。

一审法院认为,A公司与刘某、乔某签订的委托合同系当事人的真实意思表示,不违反法律、行政法规的强制性规定,为有效合同。由此可见,合同当事人均应按合同约定履行义务,即A公司分期向刘某支付费用,刘某按期向A公司交付办理好的房产证、土地证。此外,刘某办理的《非正常户认定登记表》相当于免税凭证,亦相当于税票。正是由于有了《非正常户认定登记表》,本案房屋过户登记时A公司才免于缴纳营业税。综上,刘某办理《非正常户认定登记表》并不违反合同约定,并不能认定刘某违约不能办理房产过户手续,故而A公司已支付给刘某的费用可不予退还。

二审法院持相反的观点,认为按照《委托合同》的约定,A公司支付刘某的550万元是用于缴纳相关税费所用,然而刘某接受委托之后,并未实际向有关机关缴纳任何税费。首先,本案《委托合同》对于A公司已付550万元的用途约定明确,即支付税费所用,且需提供税票,这也是对于受托方使用该550万元款项的一个约束。鉴于刘某并未以该款实际缴纳任何税费,则刘某应向A公司返还该550万元款项。其次,从事实上来看,A公司最终需要缴纳相关税费后才能办理房产过户手续,则证明刘某办理的《非正常户认定登记表》并非免于缴纳相关税费的有效凭证。最后,对于刘某违约情况来说,由于双方就《委托合同》约定的第二笔150万元费用支付条件是否具备产生分歧,A公司自行办理了房产过户手续,解除了委托合同。刘某对此并不构成违约,不应承担赔偿责任。反之,本案委托合同已解除,但对于刘某已经完成的部分工作,按照《民法典》

第九百二十八条①的规定，A 公司应支付相应报酬，并且本院酌定为 15 万元。

再审法院主张：在本案中，A 公司在委托合同中明确规定首批支付给刘某的 550 万元是作为 A 公司支付给有关部门的税费，并且剩余款项的支付也是以税费办理完成（税票开出后）为条件。但是刘某收到该 550 万元后，并未向有关机关缴纳税费，其主张与双方《委托合同》的约定明显不符，且变更 550 万元款项用途亦未经 A 公司同意，因此，刘某主张按《委托合同》的约定履行了义务证据不足。另外，根据《关于完善房地产税收一体化管理的意见》第三条的规定，非正常户的证明仅能用于办理房产、土地等过户手续，而并不能凭此办理其他涉税事宜。故而，刘某主张《非正常户认定登记表》系免税凭证没有相关法律依据。

二、争议焦点

1. 《非正常户认定登记表》能否视为免税凭证？《委托合同》的效力如何？
2. A 公司对《委托合同》是否具有任意解除权？
3. 如何理解不动产变更登记过程中"先税后证"原则？

三、法理评析

（一）《非正常户认定登记表》能否视为免税凭证？《委托合同》的效力如何？

1. 《非正常户认定登记表》的性质认定问题。在本案中，关于《非正常户认定登记表》是否相当于免税凭证，一、二审法院给出了不一致的判决意见。具体意见如下：一审法院认为，按照《中华人民共和国营业税暂行条例》的规定，本案房屋过户登记需缴纳营业税，而正是由于有了《非正常户认定登记表》，根据《关于完善房地产税收一体化管理的意见》第三条的规定②，从而免于营业税

---

① 《民法典》第九百二十八条规定："受托人完成委托事务的，委托人应当向其支付报酬。因不可归责于受托人的事由，委托合同解除或者委托事务不能完成的，委托人应当向受托人支付相应的报酬。当事人另有约定的，按照其约定。"

② 郑州市地税局、郑州新区地税局、郑州市房管局、郑州市国土资源局联合下发的《关于完善房地产税收一体化管理的意见》第三条规定："对于转让方已转入非正常、失效的，由县、市、区级主管税务机关出具纳税人已转入非正常、失效证明，房管、土地管理部门依据房屋、土地管理的法律、法规规定办理房产、土地过户手续。该证明只用于办理所涉及的房产、土地过户手续，不能凭此办理其它涉税事宜。"

的征缴。所以，刘某办理的《非正常户认定登记表》相当于免税凭证，也可以说是税票，可以给 A 公司带来免于缴纳营业税的好处。然而，二审法院却持相反意见，认为刘某所提供的《非正常户认定登记表》可使得 A 公司免予缴纳相关税费无充分依据。因为从时间的角度上来看，《非正常户认定登记表》申办时间远早于委托合同签订时间，故对其诉讼请求并不予以认可。

首先，从《税务登记管理办法》的规定上来看，非正常用户是税务机关对逾期未申报纳税，且责令限期改正而未改正，核查而无此下落的纳税人身份的一种认定。但也并不是说拥有非正常户身份，税务机关就放弃了对其应纳税款的征缴，而是非正常户的证明仅能用于办理房产、土地等过户手续，而并不能凭此办理其他涉税事宜。由此可见，不管 A 公司是否符合非正常户资格的认证，刘某办理的《非正常户认定登记表》都不能当作免税凭证。其次，从税法规定的角度上来讲，税收等各种事宜，如开征、停征、减税以及退税等，都需要按照法律规定执行。换言之，税收征缴应该按照国家税法进行缴纳，而通过办理《非正常户认定登记表》等手段而达到免交税费的目的是违法行为，会妨碍国家税收及房产登记过户制度的正常运行，出现腐败现象。最后，从实际情况来看，A 公司确实依据相关法律规定缴纳税费才能取得房产证。由此可见，刘某在合同约定期限内未缴纳一分钱税费，且《非正常户认定登记表》既非税票也非完税凭证。

2.《委托合同》的效力认定问题。目前，我国涉及合同效力的法律规定主要体现在《民法典》上，解决了过去在《民法通则》第五十八条[1]、《合同法》第五十二条[2]规定中判定合同效力标准不一致，存在较多的不确定性以及较大的弹性空间，且未有具体的司法解释和配套的案例指导的问题，例如国家和社会公共利益。虽损害同一法益，但却由于当事人签订合同所采取的手段差异而出现不同合同效力的不同。

根据传统民法理论，合同是否具有效力通常从主体、意思表示、内容合法性

---

[1] 《民法通则》第五十八条规定："下列民事行为无效：（一）无民事行为能力人实施的；（二）限制民事行为能力人依法不能独立实施的；（三）一方以欺诈、胁迫的手段或者乘人之危，使对方在违背真实意思的情况下所为的；（四）恶意串通，损害国家、集体或者第三人利益的；（五）违反法律或者社会公共利益的；（六）经济合同违反国家指令性计划的；（七）以合法形式掩盖非法目的的。"

[2] 《合同法》第五十二条规定："有下列情形之一的，合同无效：（1）一方以欺诈、胁迫的手段订立合同，损害国家利益；（2）恶意串通，损害国家、集体或者第三人利益；（3）以合法形式掩盖非法目的；（4）损害社会公共利益；（5）违反法律、行政法规的强制性规定。"

三个层面进行科学的评判。首先，如果合同签订时一方当事人具有无民事行为能力，则合同不具有效力。其次，当主体适格时，其精神智力状况良好，意思表达健全，则合同效力的判断应当根据如下标准：如恶意串通损害第三人利益的合同则认为无效；如双方当事人存在虚伪意思表示以及谋合，则合同效力应被认定为无效，但却不能据此无效行为抵抗善意第三人；如表面行为隐藏他项法律行为者，则该隐藏行为适用相应规定。最后，当行为人意思表达健全时，合同内容的合法性直接关系到合同的效力，如合同内容是否违反国家利益、社会公共利益以及强制性规定等。

从本案所涉《委托合同》上来看，无论是双方当事人主观意思表示还是合同内容的合法性，合同在签订时，主体意思表示真实，合同所约定的税务代理服务内容也未违反相关的法律规定，但是刘某对于前期550万元的性质解释，"其包含委托费、活动费，其办理的《非正常用户登记》相当于免税票，当时有把握不用缴纳其他费用，所以就没有代A公司交付其他费用。"然而，值得注意的是服务费实质存在违反税法规定的嫌疑。虽然一、二审法院没有直接否定《委托合同》的效力，但是由于A公司拍卖取得的B公司依据税法规定需要办理房产登记和土地过户，而刘某在这方面具有一定的能力和办法，能够使得A公司在缴纳税款过程中少纳税，因此，才被A公司选中。很显然，双方签订《委托合同》表面上约定了A公司给付的款项用来支付有关部门的税费，但其真实意图是A公司支付1050万元让刘某解决所有过户所需缴纳的税费。

综上，通过穿透委托合同的表象，税务代理的行为实质上是通过合法形式掩盖非法目的。其中"合法形式"指的是在外观上具备合同有效要素的合同，如委托管理合同、房屋买卖合同等；"非法目的"指的是当事人通过签订合同等形式，隐匿其真实意图，从而达到规避法律、行政法规的强制性目的，以此使自身获得某种利益。换言之，即双方外在表现的合同行为之下掩藏另一个重要目的，而此目的却是双方当事人真正想要实施的目的。但是这一目的不受到法律认可，所以双方当事人通过签订合同的形式赋予自身合法的权利，使得自身的违法行为披上了合法外衣，具有合法外观的形式。而行为人签订此合同的主观目的是为了规避强制性的法律和法规。然而，主观目的可以影响合同的效力，但是其动机未升华为主观目的，故合同效力并不能由此判定无效。而合法形式掩盖非法目的的合同之所以被认定为无效，主要是因为其动机不单单停留于意念之中，而是升华成为主观目的。故而根据《民法典》第一百四十六条①的规定，通谋虚伪行为无效，换言之，以合法形式掩盖非法目的的合同，为避税而作出的虚假意思表示，应为无效，所以以合同目的为着眼点、以合同旨在追求或实现的"非法目的"，具有"合法形式"外观的合同的效力应该持否定态度。从举证责任角度来看，在实践中很难证明双方真实的意图，审查双方隐藏的真实意思是否违法。

(二) A 公司在《委托合同》中任意解除权的行使问题

委托合同是指委托人将需要办理的事情托付给受托人处理，而受托人依照委托人的旨意为其处理事务。委托事务的范围较为广泛，只要不违反强制性法律法规、与社会公序良俗发生冲突以及不具有强烈人身性质的，通常情况下都可以委托代理。既可以是民事行为和商事行为，也可以是事实行为。与此同时也强调受托人要按照委托人的要求办事，但是委托合同不完全类似于雇佣合同和劳动合同，强烈要求受雇人或者职工完全听命于雇主或者老板，受托人在委托过程中拥有较大的自主裁量权，其人格在法律上是完全独立的。而委托合同与其他合同最大的区别在于其赋予了合同双方任意解除权，也意味着合同当事人具有随时对合同履行职责说"不"的权利。我国《民法典》第九百三十三条②明确规定了委托合同的任意解除权，也即双方当事人可以在任何时间、场合，不受约束地解除合同。

行使任意解除权，是按照一方当事人的主观意思表示，当发出解除合同通知且送达时，则合同自动宣告解除，对方当事人不能继续要求另一方履行合同义务。而在委托合同之中出现如此特殊的解除权，在于以下三个方面：基于委托人与受托人之间的信赖关系；基于当事人意思自治的原则；合同交易中的效率考虑。

信任是构成委托合同成立和存在的重要基础，在委托合同中占据着重要地位。委托合同有别于其他合同的关键特征在于诚信，这意味着委托合同是"最大诚信合同"，信任无比重要。当然，也并非说其他合同中不需要双方的相互信任，而只是在委托合同中，信任不单单是双方合同成立的前提条件，也是全程贯穿在

---

① 《民法典》第一百四十六条规定："行为人与相对人以虚假的意思表示实施的民事法律行为无效。以虚假的意思表示隐藏的民事法律行为的效力，依照有关法律规定处理。"

② 《民法典》第九百三十三条规定："委托人或者受托人可以随时解除委托合同。因解除合同造成对方损失的，除不可归责于该当事人的事由外，无偿委托合同的解除方应当赔偿因解除时间不当造成的直接损失，有偿委托合同的解除方应当赔偿对方的直接损失和合同履行后可以获得的利益。"

合同履行之中的生命线。只有信任委托人,如其办事能力、财政实力或者诚信商誉,才会把自己的事情交由其办理。如果双方当事人之间不存在信任,则委托关系将难以持续。故而将合同中的任意解除权赋予双方当事人,当主观信任不存在时,任意一方可以随时"喊停"。

从本案刘某办理的《非正常用户认定登记表》情况来看,其履行的委托任务已遭受委托人 A 公司质疑,双方之间的矛盾不断加深,以致难以期待合同继续履行。A 公司基于信任,将关系到其切身利益的事务交由刘某办理,一方面是基于对刘某人格的信赖,认为其能够认真地完成好委托事务;另一方面是基于对刘某办事能力的信赖,相信其具备一定的能力,可以较快地妥善处理好委托事务。同理,刘某也是基于信赖,才愿意为委托人办理其交代的事务。而这种纯粹地由信任构建起来的桥梁,一旦信任崩塌,则由信任搭建起来的"委托合同"的桥梁也将无法通行,即若双方当事人存有矛盾冲突,则委托合同的存在并无意义。如果继续维持委托合同内在的权利关系,对于任意一方的当事人来说都是不公平的,只有摆脱这种权利制约关系,才能使得双方从这种名存实亡的合同关系中解脱,才能更好地维护自身的利益,减少社会不必要的损失。此外,从委托合同的角度来看,作为"最大诚信合同",本身就格外注重当事人本身的主观意志以及双方之间的合意。也说明在 A 公司无法举证说明《非正常用户认定登记表》并非税票的情况下,其可以出于当事人意思自治的原则,行使委托合同的任意解除权。而至于违约责任的问题,A 公司无论是基于委托人与受托人之间的信赖关系破裂,还是基于当事人意思自治的原则,与刘某解除合同关系,其行为都不会损害第三人、社会和国家的利益,同样也不会造成刘某可得利益的损失,因此,A 公司不应该承担违约责任,而是应该肯定 A 公司行使任意解除权的法律效力。

(三) 不动产变更登记过程中"先税后证"原则分析

"先税后证"是我国房地产征税制度的重要一环,它并非一个法律术语,顾名思义即"先缴税后办证",自 1993 年起开始实施的"先税后证"原则在税款征收中发挥着重大的作用,但在实践中也产生诸多的问题。如"先税后证"的纳税时间、纳税主体以及纳税范围等,尤其是在不动产案件中,由于执行"先税后证"原则,而执行人却缺乏纳税能力,因此,出现了买受人无法办理过户手续的情形。这实质上是将缴清税款作为办理过户的前置条件。

尽管"先税后证"的理论依据源于税收优先权，但是鉴于税收优先权的规定相对简单以及优先程序缺乏正确的指引，因此，在实践活动中通常表现出"全面优先、第一优先"等特性，如税务机关时常要求法院优先扣除纳税人所欠税款和执行"先税后证"制度等优先权。虽然我国法律给予的税收优先权，主要是基于税收的无偿性和公共性，目的在于防止国家税收过度流失，但多年来的司法实践表明我国税收优先权制度仍需要在社会发展中不断更新和完善。

此外，在买受人、被执行人以及税务机关三者之间会存在信息不对称的情况。在司法拍卖执行阶段时，被执行人无疑处于破产或者难以偿还债务的窘境，因而其争议焦点集中到财产分配或者分配程序的顺序上。而税务机关正是基于其自身的政治权利而制定"先税后证"制度来有效地避免由信息不对称而引起的税款流失。

然而，在实践过程中，法院会依据相关的法律规章，如《拍卖物权属、费用负担及手续办理情况告知书》《拍卖管理办法》等，来决定拍卖标的权属转移以及买卖双方应纳税款的承担者。之后，税务机关通过"先税后证"原则要求买受人缴清税款后才可办理权属变更登记，这意味着税务机关变相要求买受人承担纳税义务。本案例分析认为该实务操作按照"先税后证"原则不符合税收法定主义，税收法定主义不仅强调保护纳税人的财产安全，更侧重于税收征缴的合理性。如果税款征缴缺乏合理性，则纳税人容易产生抵触心理，容易产生偷税和漏税行为，甚至是出现国家混乱的局面。税收法定主义的内容包含了两大原则，即要素法定和要素明确，即课税主体应当是法定且明确的。因此，不动产执行案件中涉及的税收应当由交易双方共同承担，而不能完全转嫁于其中一方。国家进行税款征收的环节也是被执行人和买受人进行不动产的权属变更环节，这一环节与普通的不动产买卖环节并无差异，因此，理应对其司法拍卖的不动产进行征税。同时，如果交易双方处于相同地位，则法院进行判决时可以遵循民法意思自治原则，但如果是按照法院内部规定或者拍卖行的规定，则买方的自由意志将未能完全体现。

四、本案启示

（一）积极促进合理的制度创新

司法应重视"以合法形式掩盖非法目的"的法律行为，在促进制度创新的基础上，使以合法形式掩盖非法目的的适用范畴归属于解释论的内容。法院在进行司法判决的过程中，应严格依照现行法律，明确法律所规避的司法判决规则。因为我国法律的不健全和滞后性，所以在现实生活中总会出现法律无法满足实际需求的窘境。特别是在我国经济社会快速发展的情形下，更是出现现行的法律难以满足人民群众诉讼请求的现象。致使人们采取各式各样的措施规避法律，从而形成生活中所谓的非正式规则。面对此种情况，国家应该弥补我国司法解释的漏洞，法院应重视"以合法形式掩盖非法目的"的法律行为，采取禁止解释等方法，积极促进合理的制度创新。

但与此同时，法官在进行合同效力审判时，其使用的自主裁量权应当要从以下三个维度进行审查，如必要性、适合性以及均衡性，需要对公权力介入私权领域的正当性进行论证。合同效力判定的过程，本质上是对国家公权力的约束，故需保证公权力与私权力维持一定的限度。

具体言之，法官应当注重从以下三个方面进行审查。首先，从必要性审查的角度上来讲，必要性审查原则又被称为"最小伤害原则"。国家制定强制性法律法规的目的在于维护社会和谐稳定，在规范人们的行为中发挥着重要作用，同时，其法益也远大于当事人的合同自由。授权法官在进行强制性禁止法规审查时，主要关注以下方面：第一，审查当事人签订的合同是否存在违反国家制定的强制性禁止法规；第二，审查该强制性禁止法规是否存在直接或间接影响合同效力的可能。而此处更是对法官行使自由裁量权进行考察的着重点，法官应当考察该强制性禁止法规的制定宗旨和目的，注重权衡该强制性禁止法规与合同自由原则之间的法益轻重，从而在最大限度上保障合同当事人的合法权益；第三，在判定当事人签订的合同因违反国家强制性禁止法规而无效时，应当对合同效力作出法律效果的评价。

其次，从适合性审查的角度上讲，适合性审查原则又被称为"合同目的性原则"，该原则不仅关注在目的取向上的价值，还强调采取的措施手段是否有利于实现合同目的。具体而言，对任何没有促使合同目的达成的手段，都不应被采取。而此种审查要求合同目的与采取措施间存在正当、合理的联结关系，有助于达成合同目的。但本质上，合同签订所采取的措施和手段也仅仅是部分地促进合同目的得以达成，这在一定程度上满足了"适当性审查"的要求。

最后，从均衡性审查的角度上讲，该原则旨在采取措施或手段与合同目的两者之间保持均衡。具体而言，国家强制性禁止法规所想要保护法益的重要程度与采用的措施应当维持均衡，合同目的的实现不应该造成人民沉重的负担。也意味着该原则在衡量否定合同效力的付出成本与获益程度之间的比例时，既不可小题大做，也不可大题小做，而应当从本质上出发，衡量公民权利的损害与社会公共利益损失之间的比例是否达成均衡。

（二）肯定任意解除权的法律效力

首先，任意解除权属于一种授权性规则，仅涉及委托人和受托人两者间的利益，不包括国家利益、社会公共利益以及第三方利益，双方当事人享有自主行使任意解除权的自由，而当事人是否行使该权力则由两者间的利益较量决定。既然当事人对任意解除权的行使只涉及委托人和受托人的利益，那么意思自治的效力自然高于该授权性规范的效力，双方当事人可以通过意思自治表示处置该权利。其次，任意解除权是一种权力性规定。即委托合同中任何一方都可以随时解除合同。其中"可以"既是一种授权性表示，也是一种可选择权利的表示。换言之，既可以选择行使解除权，也可以选择不行使解除权，甚至是放弃该权利的使用权。当出现某种情况时，当事人基于自身利益的考量，可以选择行使或者不使用该权利任意解除合同。同理，如果把这个选择权的行使提前到合同签订之时，那么两者在本质上并无差别。在既定的情形下，当事人可以自由行使任意解除权，那么在合同签订时，当事人同样也保留任意解除权的自由。最后，出于尊重当事人意思自治的原则。作为"最大诚信"的委托合同，其本身格外注重当事人的主观意志以及双方之间的合意。此外，鉴于民商法开放包容的立法理念，法律并无涉及和明文规定的事宜，一直秉承"法无禁止即允许"的原则，故在无法律明文规定的情况下，只要不违背公序良俗和法律强制性规定，则当事人出于自身利益而所作出的权利选择，只要不关乎第三人、社会和国家的利益，都应当依照当事人的意思表示，故而应肯定其法律效力。

（三）完善司法拍卖的不动产过户手续

不动产司法拍卖是我国强制执行活动的重要组成部分，既是申请执行人最后实现其权益的希望，也是实现法律公平、正义的重要措施。不动产司法拍卖不仅会引起物权的变动登记，还直接影响到买受人对不动产的再行处分权、广大群众对不动产司法拍卖的直观态度以及法院拍卖任务执行的情况。由于我国强制执行立法制度的不健全，在涉及不动产司法拍卖物权变更登记的法律法规上，存在些许的空白地带和模糊空间，使得各方参与人在履行自身权利义务时难以实现有法可依。与此同时，不动产司法拍卖物权变更登记的规则也不尽完善，例如，在变更登记过程中出现程序不明、权责不清以及规则不详等问题，既间接影响了不动产变更登记工作的顺利进行，也影响了买受人对该不动产的再行处分权。因此，建议尽快推进司法拍卖相关立法工作，完善司法拍卖不动产物权变更登记程序，明确和规范在不动产变更登记过程中所参与人员的职权范围，规范不动产拍卖公告内容，致使公布内容标准化，完善拍卖程序和工作，加强对竞买人的资格审查，从而提高司法拍卖效益，节约司法资源。同时，结合相关社会实践，建议引入社会专业力量以弥补法院执行工作的缺陷，以实现买受人对不动产标的物的信息全面掌握；建议将商业保险运用到司法拍卖不动产的过程中，从而保障买受人过户安全，提高广大群众对司法拍卖的积极性，提升拍卖成交率和溢价率，真正实现被执行财产的快速变现，从而更好地维护胜诉当事人的合法权益，促使法院执行工作高效地进行，维护社会的和谐与稳定。

（宋生瑛、郑梓茵）

参考文献

[1] 崔建远，龙俊．委托合同的任意解除权及其限制——"上海盘起诉盘起工业案"判决的评释 [J]．法学研究，2008，30（6）：73-86．

[2] 丁杏文．论委托合同的任意解除权 [D]．上海：华东政法大学，2016．

[3] 董佳羽．论委托合同的任意解除权 [D]．上海：华东政法大学，2019．

[4] 高慧杰．不动产执行案件"先税后证"制度法律冲突研究 [D]．上海：上海交通大学，2017．

[5] 韩世远．虚假表示与恶意串通问题研究 [J]．法律适用，2017（17）：41-46．

[6] 金丹．涉犯罪合同效力判定问题研究 [D]．长春：吉林大学，2019．

[7] 梅夏英，邹启钊．法律规避行为：以合法形式掩盖非法目的——解释与评析 [J]．中国社会科学院研究生院学报，2013（4）：63-67．

[8] 冉克平．"恶意串通"与"合法形式掩盖非法目的"在民法典总则中的构造——兼评《民法总则》之规定 [J]．现代法学，2017（4）：67-80．

[9] 任晓婷．无效合同判定标准之探析 [D]．北京：北京外国语大学，2015．

[10] 宿娜．通谋虚伪表示研究 [D]．长春：吉林大学，2020．

[11] 王文利. 违法合同的效力问题研究 [D]. 武汉：中南财经政法大学，2018.

[12] 王永亮. 论不动产登记中的私权利保护 [D]. 上海：华东政法大学，2014.

[13] 许静. 委托合同的任意解除权及其适用限制 [D]. 上海：华东政法大学，2019.

[14] 杨代雄. 恶意串通行为的立法取舍——以恶意串通、脱法行为与通谋虚伪表示的关系为视角 [J]. 比较法研究，2014（4）：106-121.

[15] 周筱瞳. 司法拍卖不动产物权变更登记问题研究 [D]. 北京：中央民族大学，2020.

[16] 朱广新. 论"以合法形式掩盖非法目的"的法律行为 [J]. 比较法研究，2016（4）：162-178.

案例二 公司注销后的税款追缴争议案
——丁某与 A 市国家税务局稽查局行政处罚再审案分析

在税收实践中，纳税人通过公司注销手段逃税的现象屡见不鲜，公司在存续期间偷税漏税导致的欠缴税款，在因公司注销导致的纳税主体灭失的情况下产生了一系列税收问题。税务机关能否就这笔欠缴税款进行追缴、向谁追缴、如何追缴以及追缴过程中如何保障被追缴人的合法权益，在本案中，这些问题都得到了充分的体现。本案主要涉及原告主体资格问题，企业注销后，原企业股东（而且是唯一的股东）对税务机关作出的涉及企业权益的行政行为不服，该股东属于与行政行为有利害关系、可以依法行使起诉权的主体。本案对于纳税主体消灭时如何判断和处理其遗留的涉税问题具有重要指导意义。

一、案情简介

B 公司为自然人独资有限责任公司，由法定代表人丁某于 2007 年 11 月 9 日出资设立，于 2012 年 5 月 16 日注销。经查，公司 2009 年 1 月 1 日至 2011 年 12 月 31 日期间存在发票领购方与开具方不符的情形，2015 年 11 月 27 日，B 公司收到 A 市国家税务稽查局《税务行政处罚决定书》，因不合格发票罚款 50 万元，因少缴企业所得税行为处一倍罚款 180 多万元。2015 年 12 月 1 日，丁某通过其个人账户缴纳税款 180 多万元。2015 年 12 月 2 日，丁某又转账 50 万元，业务分类注明纸质缴税。丁某在《税务文书送达回证》上说明，其是 B 公司的原法人，他是以个人名义签署和给付钱款，并进行复议和诉讼的，表明丁某是《处罚决定书》中罚款的实际缴纳人和实际签收人。

2015 年 12 月 2 日，A 市国家税务局提交收到丁某的《税务行政复议申请书》。提出："1. 确认A市国家税务局稽查局将本案移交公安机关之行政行为不合法。2. 撤销A市国家税务局稽查局作出的《处罚决定书》的请求。"之后，A市国税局回应，丁某应明确复议申请是以本人名义还是以企业名义提出的。丁某通过提交《税务行政复议申请书补正书》，明确复议申请是以个人名义提出的。2015年12月28日，A市国税局提出对针对《税务处理决定书》的复议申请不予受理的决定，相关决定记录在《不予受理行政复议申请通知书》中。丁某不服行政复议结果，决定提起诉讼。2016年7月4日，一审法院A市人民法院作出行政裁定：在法律上，该行政行为与丁某没有利害关系，其起诉予以驳回。丁某提出上诉，不服一审裁定，请求撤销一审裁定、指令一审法院继续审理本案。二审法院A市第二中级人民法院认为丁某与行政处罚之间的利害关系未能被证明，丁某提交的证据不足以说明，因此，丁某不是行政处罚的相对人。因此，法院终审裁定：驳回上诉，维持一审裁定，该裁定依照《中华人民共和国行政诉讼法》第八十九条第一款第（一）项的规定。

丁某向A市高级人民法院申请再审，表示不服二审法院裁定。2017年11月24日，A市高级人民法院裁定二审法院再审该案。在再审诉申请中，丁某称：（1）A市国税局作出的《税务行政处罚决定书》行政行为是无效的，因其是对已不存在的B公司作出。（2）丁某有权提起本案诉讼，因为其与本案行政行为存在利害关系。A市国税局稽查局回应：（1）丁某本人不是与本案行政行为有利害关系的公民，也不是行政行为的相对人，其以自己个人名义提起的行政诉讼主体不合格，因为其不具有行政诉讼法规定的原告主体资格。丁某是B公司逃税罪的犯罪嫌疑人，他为满足"免于追究刑事责任"的条件（刑法修正案（七）），以B公司的名义缴纳罚款，其行为具有明确动机。（2）企业不能由于办理了注销手续而免除纳税义务，纳税人若没有办理税务登记，产生纳税义务时，其税款仍可被税务机关征收。在该案件中，B公司取得应税收入，应当依法申报纳税，但其采取在账簿上不列、少列收入，进行虚假纳税申报的手段，不缴、少缴税款已经构成偷税，税务机关有权追缴其不缴、少缴的税款，对其作出行政处罚，并依法向公安机关移送。之后，经二审法院再审，认为B公司注销后，已失去作为责任承担主体的法律地位，丁某是本案行政行为的利害关系人，是已注销的B公司的唯一股东，有权对《处罚决定书》提起诉讼（《中华人民共和国行政诉讼法》第二十五条规定，行政行为的相对人以及其他与行政行为有利害关系的公民、法人或者其他组织，有权提起诉讼。）。二审法院于2018年8月2日裁定如下：撤销本院行政裁定及 A 市一审法院行政裁定；指令 A 市一审法院对本案进行审理（依照最高人民法院关于适用《中华人民共和国行政诉讼法》的解释第一百一十九条、第一百二十三条第（三）项）。

二、争议焦点

1. 公司注销后，丁某是否具有提起行政诉讼的权利？
2. 纳税主体已经不存在时，对其处罚是否有效。A 市国税局稽查局的裁定是否合理？
3. 公司注销后，纳税义务如何处理？
4. 如果丁某当初不缴纳罚款，会承受什么后果？

三、法理评析

（一）行政诉讼的原告主体人资格判定

本案中，对于丁某作为 B 公司原唯一股东，是否有权对《税务行政处罚决定书》提起行政诉讼，丁某和 A 市税务局稽查局存在争议。在中国行政诉讼法的发展进程中，行政诉讼的原告主体人资格判定标准经历了三个阶段。《中华人民共和国行政诉讼法》第二条规定："公民、法人或其他组织认为行政机关和行政机关工作人员的具体行政行为侵犯其合法权益的，有权依照本法向人民法院提起诉讼。"根据该法规，公民是否具有原告资格，取决于他是否认为具体行政行为侵犯了自己的合法权益。这是一个模糊的标准，客观性不足，很难界定是否具有原告资格。在行政诉讼法中，使用了词语"利害关系人"来界定第三人，因此，为了更清晰地区分原告主体资格，在最高人民法院《关于执行〈中华人民共和国行政诉讼法〉若干问题的解释》第十二条中，借用了"利害关系人"来规定："与具体行政行为有法律上的利害关系的公民、法人或者其他组织对该具体行政行为不服的，可以依法提起行政诉讼"。原告资格的判断标准结构被该规定修改，原来在行政相对人标准中是两面关系，即"行政机关—行政相对人"，现在扩展到三面关系，增加了与具体行政行为存在利害关系的组织、法人、或公民[①]。行政诉

---

① 章剑生. 行政诉讼原告资格中"利害关系"的判断结构 [J]. 中国法学，2019（4）：244–264.

讼中的原告资格判断标准,相对于"行政相对人","法律上利害关系"要更加客观和具体。之后,行政诉讼原告主体资格标准进一步进行了调整。由于不同人的理解偏差会很大,故在客观上,对于"法律上的利害关系"的理解不同会限制公民起诉的权利,但如果将标准定义为"直接利害关系",则有可能会被不同的人错误地理解为只有行政相对人才具有行政诉讼的原告资格。因此,《中华人民共和国行政诉讼法》第二十五条规定:"行政行为的相对人以及其他与行政行为有利害关系的公民、法人或者其他组织,有权提起诉讼。"这一规定将标准变为"利害关系",而不是原来的"法律上的利害关系",使得标准更加明确具体,减少了误解的可能性。因此,至此"利害关系"在原告资格这一问题上的中心地位才得以确立,"利害关系"标准也得以明确,即与行政行为具有利害关系的主体才拥有行政诉讼权。另外,属于《中华人民共和国行政诉讼法》第二十五条规定的"与行政行为有利害关系"的具体情形,在最高人民法院关于适用《中华人民共和国行政诉讼法》的解释第十二条中也有相关规定。

从法律的意义上讨论,权利与责任应该相对应。2012 年,B 公司就已经注销了,因而失去了责任承担主体,也不存在法律地位。原公司唯一的股东是丁某,如果丁某不纳税会被追究逃税罪的责任,那么其也应该有相应的权利,被认定为是利害关系人。A 市国税局稽查局作出的《税务行政处罚决定书》是以 B 公司作为行政行为相对人的,但当《税务行政处罚决定书》送达时,B 公司主体已经灭失。在《税务文书送达回证》上,丁某说明他以个人名义给付钱款,其是 B 公司原法人,并以个人名义进行复议和诉讼,表明丁某是该《税务行政处罚决定书》规定罚款的实际缴纳人和实际签收人。并且丁某于 2015 年 12 月 2 日前缴清了罚款、税款,因此,罚款的实际缴纳人也是丁某,这足以说明他的合法权益受到了影响。故与具体行政行为有利害关系的组织、法人、公民、行政行为相对人是有权提起诉讼的。行政行为相对人是指在行政管理法律关系中与行政主体相对应的另一方当事人,即其权益受行政主体行政行为影响的个人、组织。在本案中,B 公司就是行政行为相对人。而"利害关系"应理解为具体行政行为对其权利义务产生了直接的实质影响[1]。在本案中,由于丁某缴纳了罚款,对他的合法权益已经产生了影响,所以根据《中华人民共和国行政诉讼法》第二十五条的规定,丁某是因本案具体行政行为受到影响的公民,有利害关系的主体是有权提

---

[1] 闫尔宝. 新《行政诉讼法》中的第三人确定标准论析 [J]. 行政法学研究,2017 (3):52 – 62.

起诉讼的。故其提起诉讼的行为符合《中华人民共和国行政诉讼法》第四十九条中的规定。

（二）A 市国税局稽查局作出的行政处罚决定有效性分析

B 公司 2009 年 1 月 1 日至 2011 年 12 月 31 日期间存在发票领购方与开具方不符的情形，2015 年 11 月 27 日，B 公司受到 A 市国家税务局稽查局作出的《税务行政处罚决定书》，但 B 公司已于 2012 年 5 月 16 日注销，公司主体已经灭失。根据我国宪法规定，依法纳税是所有单位和个人的法定义务。《税收征管法》第五十二条第三款规定："对偷税、抗税、骗税的行为，税务机关追征其未缴或者少缴的税款、滞纳金或者所骗取的税款，不受前款规定期限的限制，对偷税造成的未缴、少缴税款无期限追征"。本案中，B 公司取得应税收入，应当依法申报纳税，但其通过采取在账簿上不列、少列收入，来进行虚假纳税申报的方式，其不缴、少缴税款的行为已经构成偷税，税务机关有权追缴其不缴、少缴的税款，对其作出行政处罚，并依法向公安机关移送。A 市国税局稽查局作出的处罚决定是对 B 公司领购方与开具方不符的发票行为和少计收入导致的少缴企业所得税行为进行处罚。然而，传统的公司法理论和现有的立法达成一致，均认同公司注销则意味着公司主体的法人人格和公司生命体在法律上已经彻底消亡，公司注销意味着公司生命体如同自然人生命体在法律上的死亡一样，其不再拥有独立的法人主体资格，不能继续享受相应的权利，也不再承担任何相关的义务与责任[1]。《公司登记管理条例》第四十四条规定，公司终止的标志是其在公司登记机关进行注销办理。在我国，工商局是办理公司登记的机关，所以，企业在法律上消灭拟制人格、终止权利、义务的基本原因是工商注销。一个公司在工商注销后，公司的活动主体在法律上就不存在了，其也不存在责任能力享有刑事、行政、民事活动，与公司有关的活动应当停止（包括刑事、行政、民事活动）。税务机关认定征管对象为纳税人、扣缴义务人等，由此进行行政管理。对于扣缴义务人、纳税义务人是企业法人的法律关系，只能由企业法人作为行政行为的相对人[2]。在办理登记工商注销以及完成清算流程之后，企业法人的资格不再存在。

---

[1] 赵艳杰. 浅议公司的注销与清算责任 [J]. 中小企业管理与科技（上旬刊），2010（7）：48.
[2] 刘天永. 公司税务存在重大违规，可否注销了之? [EB/OL].（2017 - 04 - 05）[2020 - 09 - 11]. http://www.liutianyong.com/post/815.html.

在此案例中，2012年5月16日B公司已经办理登记工商注销以及完成清算流程，B公司在法律上拟制人格、终止权利、义务即已消灭，企业法人资格不再存在，因此，税务机关不可以再把原B公司的企业法人当成行政相对人，对其进行处罚等裁定。但是，2015年B公司却受到税务机关的税务处罚决定和税务处理决定。因此，在三年前B公司已经不存在时，企业法人的资格就已消灭，A市国税局稽查局对其进行处理、处罚等相关具体行政行为不当。税务机关在2015年做出的处罚决定书无效。

（三）公司法人注销后的税务处理

根据我国《民法典》中第五十七条和五十九条的相关规定，"法人是具有民事权利能力和民事行为能力，依法独立享有民事权利和承担民事义务的组织。法人的民事权利和民事行为能力，从法人成立时产生，到法人终止时消灭"。《公司登记管理条例》第三条中明确规定："公司经公司登记机关依法登记，领取《企业法人营业执照》后，方可取得企业法人资格。"第四十四条中明确规定："经公司登记机关办理注销登记，公司即终止"。《税收征管法》第十五条中明确规定："企业自领取营业执照之日起三十日内，需持有关证件，向税务机关申报办理税务登记。"第十六条中明确规定："从事生产、经营的纳税人，税务登记内容发生变化的，自工商行政管理机关办理变更登记之日起，三十日内或者在向工商行政管理机关申请办理注销登记之前，持有关证件向税务机关申报办理变更，或者注销税务登记。"第三十七条中明确规定："对未按照规定办理税务登记的从事生产、经营的纳税人，以及临时从事经营的纳税人，由税务机关核定其应纳税额，责令缴纳。"

根据以上所述可知，税务登记由《税收征管法》规定，工商登记由《公司登记条例》所规定。由以上条文规定可分析出，工商登记是一个公司成立与消亡的标志，是法律上的公司主体资格出现和消失的标志。与工商登记不同的是，税务登记不会对公司的主体资格产生影响，也不会对公司及其纳税人的权利义务产生影响，它是为了规范税务管理、方便相关程序而设置的。是否进行税务登记并不能决定公司是否有纳税责任和义务，同样，是否进行税务注销登记，也不能决定公司是否需承担税务义务，因为在法律上，其主体资格并不由税务登记确定，而是由工商登记确定。因此，如果公司办理了工商注销登记，那么在法律上，其主体资格与权利义务将不再存在。即使没有进行税务注销登记，税务机关也不能对其进行处理、处罚和管理①。

公司注销登记,是指工商登记部门凭借职权或依据当事人的申请,终止公司的法律人格及经营资格的一种行政行为。注销是法人及其他组织依照法律终止经营以及吊销、撤销、撤回许可证件后应办理的行政许可手续。公司注销一般可以分成以下情况:公司通过合法程序办理工商注销登记和税务注销登记;公司已办理工商注销登记,但尚未办理税务注销登记;公司办理了税务注销登记,但工商登记没有注销;企业破产、合并、分立、兼并。这些情形都属于公司在法律上主体的消亡,对其后被发现的以前偷逃税款的行为是否追缴,有些情形在法律规范上是明确的,但有些情形目前在法律上还没有特别明确的规定。我国对企业法人人格消灭或法人权利义务能力终止的确认采取的是登记要件主义。

根据《民法典》第七十三条的规定,法人宣告破产的,依法进行破产清算并完成注销登记时,法人终止。按照法定程序,企业如果已经办理了工商注销登记、税务注销登记,那么不仅要停止其民事权利和义务,还要停止其税务权利和义务,这与税收性质中的债权债务理论有关。从税收实体关系看,税收在公法上实际上是一种债权债务关系,国家享有的税权是"财产权",即"国家债权"。民事债权债务关系与税收法律关系具有相似的性质,所以民事债权的实现也可以适用于税收债权。在实际应用中,《税收征管法》中的优先权、担保、撤销权、代位权等制度被使用较多,虽然这一学说并没有被税收立法承认其重要的规范意义。《公司法》第二十条明确规定:"公司股东滥用公司法人独立地位和股东有限责任制度,逃避债务,严重损害公司债权人利益的,应当对公司债务承担连带责任。"

根据这个制度,如果公司被查出有税务问题,存在偷税、逃税情形,即使该公司已经被注销,仍可被当成逃避税收的滥用行为,公司股东必须对其偷税、逃税的税款承担无限连带责任。《公司法》第六十四条也明确规定:"一人有限责任公司的股东不能证明公司财产独立于股东自己的财产的,应当对公司债务承担连带责任。"

这时,税务机关可依法对原股东追回原公司需缴纳的税款。在公司法人的资产和账务不明的情况下,无法完成清算,可以判断出公司人格被股东滥用,股东有义务对公司少缴纳的税款承担无限连带责任。《税收征管法》第六十三条规

---

① 刘天永. 企业公司注销后不得再进行税务行政处罚案 [EB/OL]. (2019-05-22) [2020-09-11]. http://www.liutianyong.com/post/3170.html.

定:"对纳税人偷税的,由税务机关追缴其不缴或者少缴的税款、滞纳金,并处不缴或者少缴的税款百分之五十以上五倍以下的罚款;构成犯罪的,依法追究刑事责任。"然而,若原公司已完成破产程序,那么公司纳税主体在法律上的身份就会不存在,税务机关就会无法找到具体对象来征收少缴纳的钱款。最高人民法院《关于适用〈中华人民共和国公司法〉若干问题的规定(三)》第十三条规定:"公司债权人请求未履行或者未全面履行出资义务的股东,在未出资本息范围内对公司债务不能清偿的部分承担补充赔偿责任的,人民法院应予支持。"由该法律条文可知,即使公司已经完成工商注销,履行出资义务存在问题的股东仍具有法律责任,不会被减免。所以,在公司少缴纳税款的情况下,履行出资义务存在问题的股东视其出资状况,在未履行或缺少履行的出资义务范围之内,完成公司少缴纳税款的缴纳①。但是,税务机关不能通过行政行为对股东进行处理处罚,只能通过司法手段对行为人所欠税款进行追缴。

与税收行为能力互为补充的是民事行为能力,民法构建了社会秩序基础,在此基础上才设定了税法。除非税法有另外的制度,一般来说,如果主体无民事行为能力,其便不具有税收行为能力;主体具有完全民事行为能力,则其也具有完全税收行为能力。《民法典》第五十九条中有明确规定:"法人的民事权利能力和民事行为能力,从法人成立时产生,到法人终止时消灭",因此,已完成工商注销的公司将不再具备民事行为能力,不能继续从事企业生产等事务,也不再具有税收行为能力。本案中,B公司于2012年就办理了工商登记注销手续,其民事行为能力早已经消灭,故该公司在2012年就不再具备税收行为能力,也无须承担相应的纳税义务。

(四) 已注销企业,其法人注销前偷逃税款的处罚

本案中,B公司股东丁某是否需要承担责任,取决于B公司是否依法解散清算。若是依据相关法律进行清算的,则丁某无须承担责任;若是非法清算,则丁某必须对少缴纳的税款承担责任。未按照法律要求清算或有动机地进行非法注销的行为,会对国家和社会利益造成严重损害,如果B公司的清算行为属于上述范畴,则其清算行为是无效的。

《民法典》第八十三条规定:"营业法人的出资人不得滥用法人独立地位和

---

① 刘天永."生"、"死"探讨:公司注销后仍被税务处罚案[EB/OL].(2017-06-06)[2020-09-11]. http://www.liutianyong.com/post/967.html.

出资人有限责任,逃避债务,严重损害法人的债权人利益的,应当对法人债务承担连带责任。"根据该规定,如果有限责任法人和无限责任法人存在税务违法行为,如虚开发票、偷税骗税等,则即使公司注销,也应该追缴少缴的税款等钱款,且要依照刑法规定,追究相关责任人员的刑事责任。对于不符合《税收征管法》第四十八条的相关条款规定,并已经按照法律规定的程序注销和清算的企业,税务机关在查补税款时,不会追缴其偷税骗税的钱款,这是因为没有具体的法律依据。但根据《最高人民检察院关于涉嫌犯罪单位被撤销、注销、吊销营业执照或者宣告破产的应如何进行追诉问题的批复》规定:"涉嫌犯罪的单位被撤销、注销、吊销营业执照或者宣告破产的,应当根据刑法关于单位犯罪的相关规定,对实施犯罪行为的该单位直接负责的主管人员和其他直接责任人员追究刑事责任。"由上述规定,税务机关对于符合上述情形的企业,即使无法对企业追缴税款,也要继续使用司法手段追究相关责任人的刑事责任。如果企业存在不按法律要求清算或有动机地进行非法注销行为,则会损害国家和社会利益,税务机关可向法院提出该注销无效的申请①。《税收征管法》第五十二条规定了在企业已注销时,纳税主体已不存在,在税务机关追征税款的时候,无法对已经注销的企业追缴税款,也没有权力对原公司的负责人进行追缴钱款。

  本案中,市国税局稽查局查处的纳税人是 B 公司,这一行政行为的相对人是 B 公司,被诉的《税务行政处罚决定书》对该公司设定了缴纳罚款的义务。虽然当处罚决定书送达时,B 公司已经注销了,但 B 公司是自然人独资有限责任公司,丁某作为 B 公司唯一的股东和法定代表人仅承担有限责任。因此,这一缴纳税款及罚款的义务并不溯及丁某,即使 B 公司不履行此项义务,税务机关也不能向丁某追缴。但 B 公司取得的应税收入,应当依法进行申报纳税,其采取在账簿上不列、少列收入,进行虚假纳税申报的手段,不缴、少缴税款的行为已经构成偷税,并且其领购方与开具方不符的发票金额巨大,属于违法行为。丁某以 B 公司的名义缴纳罚款,是因为 B 公司的行为已经涉嫌构成逃税罪,丁某作为 B 公司的法人代表和唯一股东也将面临刑事责任。根据《中华人民共和国刑法修正案(七)》的规定"经税务机关依法下达追缴通知后,补缴应纳税款,缴纳滞纳金,已受行政处罚的,不予追究刑事责任",丁某缴纳罚款的目的其实是为了满足首犯免罚的条件进而免于追究刑事责任。因为如果丁某当初不缴纳罚款,其将很可

---

  ① 江苏省如东县国税局课题组. 对改制企业税款追缴存在的问题及对策研究 [J]. 涉外税务,2004(3):51-56.

能面临刑事责任的处罚。

四、案例启示

本案例主要是解决原告主体资格问题。企业注销后，原企业股东（而且是唯一的股东）对税务机关作出的涉及企业权益的行政行为不服，该股东属于与行政行为有利害关系的主体，可以依法行使起诉权。就公司注销后的税款追缴来看，公司为追求个体利益最大化而逃避纳税义务，是对社会公共利益的公然损害，而法律作为一种社会规范，本身是以社会生产为基础的，自然存在一定的滞后性。在针对丁某案等税收空白领域的案件中，援引民商事法律规范对其进行税款追缴不但合理合法，而且是平衡社会集体利益与个人利益，实现公平正义的应有之义。同时也应当注意，征税权作为一种公权力，权力的天然扩张性极易侵害纳税主体的合法权益，而税务纠纷只能通过行政复议与行政诉讼途径解决，这就对保障纳税主体的诉讼权利提出了更高的要求。如丁某案中关于"利害关系"的界定一样，因税务纠纷提起的行政诉讼还有很多亟待解决的问题，对这些问题的探讨应当有助于税法体系的完善，以期能实现税收公平。

在当代，企业的创立、注销变更较快，企业办理税务注销登记的手续较简单，虽然有明确的法律规定，但在具体执行时，对于注销企业税务相关的约束较少，由此产生了企业注销后的税收问题。目前，除少数国有企业和集体破产企业依法设立清算机构完成了清算外，被注销企业基本不清算。今后，我国经济的主要成分将是股份制企业和私营企业，这类企业创建与注销较为频繁，如果不清算，可能会对国家利益造成严重损害。所以，为了加强管理，应该对企业注销和清算的相关法规和流程进行完善。为此，可从以下方面入手。第一，税务机关要增加对企业解散情况的关注，在执行清算程序时，税务机关可积极申报税收债权，依法经过清算程序让企业完成交税，从源头上减少此类事件的发生，使国家利益不受损害。第二，国家税务总局应完善关于注销公司的追税方法的相关规定。将不同的情形进行分类，针对不同行为作出明确具体的措施，减少征税、执法过程中的争议。第三，需要发布相关的司法解释，既可由最高人民法院独立发布，也可由税务机关和最高人民法院联合发布。据了解，与公司解散、清算相关的司法解释正在制定中，税务机关可与最高人民法院协调，使司法解释更完善和明确。第四，税务机关与法院之间应积极沟通和协调，为维护国家利益，正确运用司法手段。目前,《税收征管法》不够明确和全面,税务机关在执行过程中容易遇到阻碍。所以,税务机关与法院之间应积极沟通和协调,通过起诉等手段间接征税。第五,税务机关应进一步完善对税务注销登记的管理。在企业注销税务登记时,要严格进行审查,对于未尽税收事项的法人,按有关规定采取措施。若税务工作人员在企业存在税收问题的前提下仍为其办理注销,则需追究该税务人员的责任。第六,税务机关应加强与工商部门的协调。为避免纳税人因逃税而注销税务登记,税务机关应与工商部门加强协调,严格把关工商注销,严格审查申请注销的公司的税务缴纳情况,避免存在税款问题的公司完成注销。第七,需修订《税收征管法》,制定《税收基本法》。在两法的修订或制定中,充分考虑追缴税款中的法律缺失问题,对相关情形予以明确,如撤销权的行使、纳税担保、第二次纳税义务、强制措施的执行对象和范围、代位权、时效、税收优先权、连带纳税义务等问题。与此同时,随着税收征管措施的加强,国内众多企业(特别是民营企业)的股东不能心存侥幸,对存在税务问题的公司通过注销来逃避纳税责任。公司虽已注销,但其股东和其他相关责任人还在,这些个人仍可能就已注销的公司以往的税务问题被追查、处罚、甚至承担刑事责任。当然,这些个人也相应具有提起税务行政复议、诉讼等的权利。

税务机关的工作人员受限于自己的专业,存在知识上的局限性,比如很多人员熟悉财务税务知识,却不熟知与财务税务有关的法律知识。另外,由于缺乏成熟的对接方式,工商机关和税务机关之间沟通不充分或滞后,导致税务机关对工商注销后的企业进行税务管理的事件、税务机关对已注销的公司施行行政处理处罚的事件时常发生。为了减少此类事件的发生,一方面,税务机关的工作人员需对法律更加熟悉,加强学习相关知识,拓展自己的视野,以提升应对此类事件的能力。另一方面,应积极和工商机关进行沟通和对接,互通信息,从而更正确、更高效地处理注销公司的责任问题,在维护国家利益的同时,不损害相关责任人的合法权益。

(罗昌财、陈嘉乐、徐超婷)

参考文献

[1] 江苏省如东县国税局课题组. 对改制企业税款追缴存在的问题及对策研究[J]. 涉外税务, 2004 (3): 51-56.

［2］刘剑文，熊伟，翟继光，汤洁茵．财税法成案研究［M］北京：北京大学出版社，2012．

［3］刘天永．"生"、"死"探讨：公司注销后仍被税务处罚案［EB/OL］．（2017-06-06）［2020-09-11］．http：//www.liutianyong.com/post/967.html．

［4］刘天永．公司税务存在重大违规，可否注销了之？［EB/OL］．（2017-04-05）［2020-09-11］．http：//www.liutianyong.com/post/815.html．

［5］刘天永．企业公司注销后不得再进行税务行政处罚案［EB/OL］．（2019-05-22）［2020-09-11］．http：//www.liutianyong.com/post/3170.html．

［6］饶立新．对公司注销后被发现的偷逃税款应如何处理［J］．涉外税务，2008（11）：54-58．

［7］闫尔宝．新《行政诉讼法》中的第三人确定标准论析［J］．行政法学研究，2017（3）：52-62．

［8］章剑生．行政诉讼原告资格中"利害关系"的判断结构［J］．中国法学，2019（4）：244-264．

［9］赵艳杰．浅议公司的注销与清算责任［J］．中小企业管理与科技（上旬刊），2010（7）：48．

案例三 破产清算中的垫缴税款优先受偿性争议案

——A 公司以房抵债案分析

企业破产程序中涉及的债权不仅包括私法债权，还包括公法上的税收债权。缴纳税款作为公法上给付金钱的义务，几乎在所有的破产清算程序中都会涉及。优先受偿性[①]是税收债权区别于其他普通民事债权最主要的特征，然而无论是在学术界还是在司法实践中，对于破产程序中存在的税收优先权问题素来颇有争议。在本案中，第三人代缴税款是否对破产企业构成债权债务关系？如果构成债权债务关系，所构成的债权在企业破产程序中又应按照什么顺序清偿？第三人代为偿还税收债权在法律上如何认定、此种行为在税法上如何理解都需要进一步的研究。本案例的判决为此类问题提供了一种可供参考的方向和观点，因此，本案也入选了"年度影响力十大税务司法审判案例"。

一、案情简介

（一）事件经过

B 市中级人民法院就原告王某与 A 投资有限公司（以下简称 A 公司）借款合同纠纷一案作出民事判决书，判决生效后，B 市中级人民法院于 2017 年 4 月 13 日指定 B 市某区人民法院（以下简称法院）执行该案。法院依据生效判决，通知 A 公司向原告王某清偿本金 3 000 万元，并承担从 2014 年 3 月 11 日起至实际清偿之日止按月息 2% 计算的利息，但 A 公司未能自动清偿

---

① 优先受偿性是指在企业破产清算程序中，当国家征税的权利与其他债权同时存在时，税款的清偿顺序原则上应优先于其他债权。

债务。B市中级人民法院在执行中于2015年12月9日以《执行裁定书》查封了A公司的三处房屋（以下简称涉案房屋）。法院于2017年9月21日至22日就涉案房屋以保留价3 200万元在京东商城进行了司法网络拍卖，但因无人竞买而流拍。

经原告王某申请，法院于2017年11月16日下达《执行裁定书》，裁定以涉案房屋流拍保留价即3 200万元交付原告王某用以抵偿本金3 000万元及利息1 799 634元、诉讼费用200 366元。原告王某于2018年5月办理了涉案房屋的过户手续并缴纳了所有的税款共计6 454 887.24元。缴纳的税款中包括税务机关向原告王某本人出具的发票额共计1 235 077.72元以及向A公司出具的发票税额共计5 219 809.52元。其中，作为买受方，王某应纳税种为契税、印花税和其他费用；作为出卖方，A公司应纳税种包括土地增值税、企业所得税、印花税、城市建设维护税、教育费附加以及地方教育附加。

2018年6月1日，法院根据A公司的申请裁定受理了其破产重整一案并于2018年6月6日指定A公司破产清算组担任A公司破产管理人。原告王某在A公司破产管理人指定期间内申报债权，申报总额包括因产权转移所产生的代缴税款共计30 896 534.5元。2019年2月19日，被告方A公司的破产管理人作出《债权审查结果告知书》，认定原告王某的债权总额为24 976 725元且均为普通债权，对于其在产权转移中垫缴的5 219 809.52元税款未予认定。原告王某于2019年3月1日对破产管理人提出复议申请，要求将办理涉案房屋产权转移所代缴的税款5 219 809.52元认定为债权并享有优先受偿的权利。被告方A公司的破产管理人同日予以回复，认定异议不成立并驳回了王某的异议请求。2019年3月14日，原告王某将A公司的破产管理人诉至法院，请求判如所请。

（二）各方观点

1. 原告方王某。原告方王某认为，基于我国《税法》中对于产权转移的相关规定，A公司应就产权转移所产生的土地增值税、企业所得税、印花税、城市建设维护税、教育费附加以及地方教育附加在内的税额共计5 219 809.52元，最终需要向税收机关一共缴纳5 219 809.52元的税款。如其未缴，则税务机关将依法对A公司享有税款债权。此外，根据我国《破产法》第三十七条的规定，破产财产在优先拨付清算费用后，所欠税款对于普通债权具有优先受偿的权利。因此，王某认为自己为A公司垫缴的税款5 219 809.52元实质上形成了税务机关的债权转让，故自己垫缴的 5 219 809.52 元税款应为 A 公司的税款债权，并根据《破产法》中的规定享有优先受偿的权利。

2. 被告方 A 公司破产管理人。被告方 A 公司破产管理人认为，原告因以物抵债办理过户手续所产生的费用应当由其自行承担，其所缴费用与 A 公司无关，该笔费用不属于王某的破产债权。此外，A 公司与税务机关就本案涉及的 5 219 809.52 元税费并不存在债权债务关系，A 公司也从未委托原告代缴过任何费用，原告主张对该笔费用享有税款债权并具有优先受偿的权利缺乏事实基础和法律依据。因此，被告方请求驳回原告的诉讼请求。

3. 法院。在本案中，原告方王某与被告方 A 公司借款合同纠纷一案进入执行程序后，A 公司未能自行清偿债务，因此，法院启动强制执行程序。在法院强制执行程序中，原告方王某获得 A 公司的《房产抵偿判决书》中所确认的债权，但在将涉案房屋进行拍卖过程中又因无人竞买而流拍。最终，经原告王某申请，法院裁定以涉案房屋流拍保留价交付原告，用以抵偿被告方 A 公司借款的本金、利息及诉讼费用。从拍卖公告的约定以及我国现行税收政策来看，税务机关向 A 公司出具的发票属于 A 公司作为房屋出卖人必须缴纳的税款，其中包括了土地增值税、企业所得税、印花税、城市建设维护税、教育费附加以及地方教育附加在内的税额共计 5 219 809.52 元；向王某个人出具的发票属于王某作为房屋买受人应当承担的税费，包括契税、印花税和其他费用等在内的税费共计 1 235 077.72 元。在没有证据证明原告王某系自愿承担全部税费的情况下，本案所涉税款中的 5 219 809.52 元应认定由 A 公司承担。

此外，原告王某以 A 公司名义缴纳的税费 5 219 809.52 元本应由 A 公司依法缴纳，因 A 公司主观认识和客观不能的原因未缴纳，原告王某的代缴行为不能否认涉案缴税主体是 A 公司的事实。

我国《民法典》第九百八十五条规定："一方当事人没有合法依据且基于损害他人利益而取得的利益称为不当得利。其中取得利益的一方称为受益人，遭受损失的一方称为受害人，受益人与受害人之间因此形成债权债务关系。"在本案中，当原告王某替 A 公司代缴 5 219 809.52 元的税款后，A 公司在事实上构成不当得利，原告王某与 A 公司之间形成不当得利之债。因此，A 公司负有返还债务的义务，在破产清算程序中应当依法认定原告王某对 A 公司所享有的债权。

最后，判断破产债权的受偿顺序关键在于考察债权的取得方式。本案中，原告王某源于替A公司垫缴税款而取得债权。由最高人民法院出台的《关于正确审理企业破产案件为维护市场秩序提供司法保障若干问题的意见》第五条对职工债权的处理方式可知，王某垫缴税款不宜认定为普通债权而应按税款债权受偿，如此认定更符合民事活动中的公平原则。此外，《企业破产法》第一百零九条指出，如果破产人的特定财产上设立了担保物权，那么该担保物权人可以就该财产优先受偿；第一百一十三条指出，破产后的财产如果已经清偿了破产费用与共益债务，那么剩下的财产就应该按照下列顺序来进行赔偿：首先，破产人拖欠职工的工资、医疗、伤残补助、抚恤、应该归入职工个人的基本养老保险费用，以及依据有关的法律规定应该补偿给职工的费用；其次，破产人之前还未缴纳的社会保险以及税款等费用；最后，普通的破产债权。故原告王某享有该税款债权且享有按税款债权顺序依法受偿的权利。因此，法院支持王某要求确认其垫缴的5 219 809.52元系其对A公司享有的税款债权的诉讼请求，但其要求优先受偿权的诉讼请求，法院不予支持，应依法调整为按税款债权顺序受偿；关于A公司破产管理人辩称原告王某垫付的税款应由其自行承担的辩解意见，法院不予采信。最终判决原告王某垫缴的税款5 219 809.52元系其对A公司享有的税款债权，由王某在破产程序中按税款债权的顺序受偿；案件受理费100元由被告A公司破产管理人负担。

二、争议焦点

破产债权的申报与确认是破产清算程序中的重要环节。税收从本质上来说就是国家权力机关利用自己的职权获取国家的财政收入，从而来满足社会公众需求的一种收入。税收债权属于一种公益性的债权，其不但是法定，而且还是公法之债，让其享有优先权也是为了更好地保护社会民众的基本权益。然而，对于税收优先权在不同法律中的规定并不完全一样，而且有些规定并不明确，在司法实践中出现了此类纠纷，法律适用较为困难，故而，对此学术界与实践界进行了诸多讨论。在本案中，原告王某认为基于办理房屋过户手续所代缴的税款应该按照税款债权享有优先受偿的权利，而被告方A公司破产管理人则认为原告因以物抵债办理过户手续产生的费用应当由其自行负担，A公司没有委托原告代缴过任何费用。因此，本案产生如下争议。

1. 原告以被告公司名义缴纳的税款最终应由谁负担？

2. 原告代缴税款后,原告与被告公司之间是否形成债权债务关系?
3. 如果债权关系成立,该债权是按普通债权还是税款债权处理?

三、法理评析

随着社会经济的进一步发展,原来的金钱债务出现了许多代替的方式,其中一种代替方式就是以房屋折抵,这类案件的数量在不断增加。在中国裁判文书网上对"以房抵债"进行全文检索,会发现仅在 2019 年就有 17 162 起相关案件,其中民事案由 15 593 起、刑事案由 211 起;而以"破产债权"进行全文检索发现在 2019 年有 14 413 起相关案件,其中民事案由 13 083 起、刑事案由 1 330 起。由此足以见得全国各级法院审理的破产案件及以房抵债为案由的案例众多、影响广泛。

关于本案,首先需要明确若干个重要时间节点。如图 1 所示:法院是在 2018 年 6 月 1 日正式受理了 A 公司破产重组,而原始借贷纠纷案件的审理、终结及执行都是在此之前。其中,法院于 2015 年 12 月 9 日查封了 A 公司的涉案房屋;2017 年 4 月 13 日案件进入执行程序;2017 年 9 月 21 日至 22 日对房屋进行司法拍卖;但由于房屋流拍加之王某本人申请,2017 年 11 月 16 日法院裁定以涉案房屋流拍保留价即 3 200 万元交付原告王某,用以抵偿本金 3 000 万元及利息 1 799 634 元、诉讼费用 200 366 元。原告王某于 2018 年 5 月办理了涉案房屋的过户手续并缴纳了所有的税款共计 6 454 887.24 元。而本案争议的焦点主要围绕在王某代 A 公司缴纳的税款是否构成债权以及如果构成债权,代缴税款之债在企业破产清偿中是否可以按照税款债权处理。本案例分析:首先,对房屋转让双方的税费负担进行梳理;其次,总结整理关于代缴税费是否构成债权的争议;最后,对企业破产的清偿顺序进行梳理,引发对于代缴税款究竟应该按照什么顺序进行清偿的思考。

图 1 本案重要时间节点

(一) 产权转让的税费负担问题

转让房产所涉及的税收问题呈现出税种繁多、征管繁杂等特点,而且由于每个税种的税率、计算方法、征税对象、扣除项目和纳税期限等都有所不同,因此,给税收征管部门带来很大的征管困难。在本案中,房屋产权转让双方都需要按照规定缴纳税费。本案例分析基于税法和破产法分别从房屋受让方王某和房屋出让方 A 公司两个角度进行税费缴纳详情分析。

1. 房屋出让方需要缴纳的税费种类。纳税人转让不动产可以按照有关规定差额缴纳增值税。房地产开发企业中一般纳税人销售其开发的房地产项目,以取得的全部价款和价外费用按比例扣除受让土地时向政府部门支付的土地价款。本案中,A 公司以房抵债,可将房屋视为销售。因此,A 公司应按照销售不动产缴纳增值税。房屋受让方王某办理房屋产权转移的时间为 2018 年 5 月,按照当时税收征管法中的规定,A 公司应按流拍保留价的 10% 缴纳增值税。此外,A 公司还应缴纳企业所得税、印花税以及基于增值税基础之上缴纳城建税、教育费附加和地方教育费附加等。

2. 房屋受让方需要缴纳的税费种类。契税是指在中华人民共和国境内转移土地、房屋权属所需缴纳的一种税款,纳税人为承受产权的单位和个人。本案中,契税缴纳的计税依据为涉案房屋流拍保留价,纳税人为房屋承受方王某。除此之外,王某还应该缴纳印花税、测绘费、评估费、登记费等。

(二) 代缴税费是否构成债权债务关系问题

1. 债的概念与形成。根据《中华人民共和国民法典》(以下简称《民法典》)第一百一十八条中的相关规定可知,债产生的依据是合同或者是有关法律的规定,其产生在特定的当事人之间,属于一种权利义务关系,通常包括两方主体,即债权人与债务人,前者享有债权,而后者承担债务。其中,债权债务发生的原因主要可分为契约、无因管理、不当得利以及侵权行为。

2. 代缴税款与不当得利。《民法典》第九百八十五条中提出,如果没有相关法律规定的支持得利人就获得了不当利益,其应将该不当利益返还给受损失者,但是如果存在下列情形,那么就不需要返还,这些情形分别是:第一,该给付存在的依据是道德义务;第二,提起偿还没有到期的债务;第三,知晓双方之间没有给付义务仍然进行清偿。第九百八十七条中指出,如果得利人已经知道或应该知道自己取得的利益法律不会予以支持,那么受损失的人对其享有请求权,而且造成损失的,可以要求其赔偿。因此,本案例中,法院认为原告替 A 公司代缴因产权转移所产生的税款共计 5 219 809.52 元,A 公司破产管理人对于以物抵债的税款缴纳在实质上构成不当得利,故原告王某与 A 公司之间形成不当得利之债。《民间借贷司法解释》中第二十四条第二款规定,如果法院作出判决的依据是民间借贷法律关系,而且该判决已经发生了法律效力,借款人并没有按照该判决履行给付义务,那么出借人可以向法院提出申请,请求将合同中的标的物进行拍卖,就拍卖所得的价款来偿还债务。如果该价款仍然不足以偿还所有债务,那么就不足的部分可以要求借款人补偿,反之,可要求出借人返还多余的拍卖款。故而,债务到期后,债务人不积极履行债务,债权人就可以向法院申请拍卖合同标的物,这样做不但有利于充分保障债权人的合法权益,而且也是充分尊重当事人意思的一种表现。本案中由于最终拍卖结果流拍,经债权人申请以保留价接受了拍卖物以抵偿本金、利息及诉讼费用。

《民间借贷司法解释》第二十四条分为三个步骤:第一步,依据民间借贷法律关系对案件进行审理;第二步,如果合同中涉及了标的物,那么就对其拍卖进行强制性的清算;第三步,充分尊重当事人的意愿,以房抵债。具体而言,如果发生了此类纠纷并且当事人选择让法院来处理该类纠纷,那么法院首先就是根据民间借贷法律关系对该案件进行审理,并且让当事人对诉讼请求进行变更,如果当事人不同意,法院就直接裁定驳回起诉,这样做就可以明确法律关系。如果债务人不及时偿还债务,那么就可以对合同中涉及的标的物进行拍卖,用最终所获得的价款来清偿债务。如果有多余的拍卖款,那么债务人可以要求返还,反之,则应该补偿。

(三) 代缴税款(税款债权)在破产企业中清偿顺序的问题

《企业破产法》第十三条规定,法院一旦受理了破产申请,就应该立即指定管理人。如果法院裁定受理了破产申请且是在破产程序终结前,那么此时债务人尚未注销,因而仍负有纳税义务。

国家税务总局对最高人民法院的《关于人民法院强制执行被执行人财产有关税收问题的复函》中主张管理人有义务先将新生税收分配给税务机关。该复函答复:因为强制拍卖、变卖后获得的财产由法院进行保管,因此,对于应该缴纳的税收,法院应该协助税务机关从该收入中优先受偿。

对于破产企业的债权应该按照何种顺序进行清偿，需要遵循下列规律，一方面不应违背一般经济规律；另一方面又要充分认识到破产顺序规则的局限性。基于税收的特殊性质，在企业破产清算程序中，最开始的是劳动债权，随后是税收，最后是普通债权，然而，在确定税收债权与担保物权之间的清偿顺序时，还需要将更多的因素纳入考虑的范围。

1. 税收债权与物保债权。

（1）税收债权的含义。税收债权，是指税收债权人请求税收债务人为其给付债务的权利。宪法和法律赋予政府开征、停征税收及减税、免税、退税、补税和管理税收事务的权利。因此，税收债权即国家请求纳税义务人交纳税款的权利。而由于税收在我国法律中具有无偿性、固定性、强制性的特点，故税收债权在企业破产清算中具有税款优先的特征。具体而言，税收优先权是指在债务人破产还债的情况下，国家作为税收债权的债权人享有就债务人的财产优先于其他普通债权受偿的权利。

（2）物保债权的含义。物保是在学理上与人保相对应的概念。简而言之，物保就是以物为担保，目前我国法律规定的这类担保主要是抵押权、质权和留置权。关于物保债权具体是指债权人以特定的财产作为债权的担保，当债务人不履行债务时，债权人有权依法以该财产折价或者以拍卖、变卖该财产的价款优先受偿的一种债权。

（3）清偿顺序的争议。关于在企业破产清偿时，对于税款债权与物保债权的清偿顺序存在一定争议。《企业破产法》规定破产程序中的债权清偿顺位为：物保债权→破产费用→共益债务→职工债权→税收债权→普通债权。而《税收征管法》中则规定，当税收债权发生时间先于物保债权时，则形成了与《中华人民共和国企业破产法》完全不同的债权清偿顺位，即：税收债权→物保债权→破产费用→共益债务→职工债权→普通债权。

此外，学术界的多位法学专家学者都认为，《企业破产法》第一百零九条（对该条规定中特定财产担保的债权，以下简称物保债权）、第一百一十三条与《税收征管法》第四十五条相互矛盾冲突，基于各种考量，主张税收优先权不宜保留或者大大限制，至少不得对抗物保债权。也有学者基于税法的本质特征以及优先保障国家税收的角度，认为应该保障税收的优先受偿权。

2. 税款债权与普通债权。普通债权是区别于特殊债权而言的，具体是指不能优先受偿的债权，即在公司破产清算时对公司剩余财产的分配顺序上处在最后的债权。从立法趋势的层面上加以分析,早在一百多年前,许多国家都已经出台了破产法,尽管这些法律都将税收债权置于优先受偿的地位,但是随着时代的发展,这一情况已经发生了翻天覆地的变化,其已经掉落到普通债权的地位。经济发展的步伐在进一步加快,各国税率已普遍提高,若优先保障税权则会进一步降低其他普通债权受偿比例;而对于税务机关而言,其税收清偿远远超过其付出的成本。而且破产企业税收清偿占国家税收总比重较低不会对国家税收产生太大影响,但对企业债权而言则影响重大。虽然目前我国税法和企业破产法中都规定了税款债权可以比普通债权优先受偿,但从国际上来看,有关税款债权是否应该优先普通债权受偿的讨论已经越来越多。

综合《企业破产法》和《企业所得税法》的有关规定,可以对债权清偿应该遵循的顺序与依据进行总结,即一是确保债权能够顺利实现所花费的费用,例如对抵押物的拍卖而产生的费用,这是确保其他债权能够得到顺利实现的基础;二是留置物、抵押物上的共益债权或者是其他优先权;三是留置、抵押等各类法定抑或者是约定的担保物权;四是共益债权;五是普通的破产债权;六是后顺位破产债权。

四、本案启示

国家对于经济的管理通常都是通过宏观调控的方式来进行,而税收就属于一种重要的宏观调控手段,而且正是因为有了税收的存在,国家才有了足够多的财政收入,从而才能进一步保障居民的基本生活收入。税收债权属于一种公益性的债权,其不仅是法定,还是公法之债,让其享有优先权也是为了更好地保护社会民众的基本权益。故而,在破产程序中也是毫无疑问的应该保障税收收入,各国为了最大程度上确保税收收入安全,直接通过立法的方式对其予以明确,其中一个最典型的方式就是确定税收优先权的地位。

通常来说,税收优先权就是一个企业已经进入了破产程序,在对其所有的财产进行分配时,应该首先缴纳相应的税收。对于此《税收征管法》第四十五条[①]

---

① 《税收征管法》第四十五条规定:"税务机关征收税款,税收优先于无担保债权,法律另有规定的除外;纳税人欠缴的税款发生在纳税人以其财产设定抵押、质押或者纳税人的财产被留置之前的,税收应当先于抵押权、质权、留置权执行。纳税人欠缴税款,同时又被行政机关决定处以罚款、没收违法所得的,税收优先于罚款、没收违法所得。税务机关应当对纳税人欠缴税款的情况定期予以公告。"

与《企业破产法》存在一定的争议。如果能够弄清楚破产程序中的税收问题，那么破产法的实行就会向前迈进一大步，但是，因为法律观念以及适用规则的差异，该问题至今都没有一个好的解决办法。对于破产法中的税收优先权制度，自从其实施之后一直引起学术界与实践界的广泛讨论。从全球各国破产法的发展情况来看，福利国家的属性更加明显，这一制度已经日薄西山。本案例主要聚焦于代缴税款是否构成债权债务关系以及如果构成债权那么在破产清算中又该按照什么顺序清偿的问题。通过对案件经过进行回顾以及对相关文献和法条进行梳理，对于债权的认定以及税收债权的优先受偿有了更为深刻的认识和明晰的判断。

破产清算程序中税收优先权主要由以下重要部分构成：首先，如果还没有进入破产清算程序，那么税收机关就会采取强制执行程序来征收税收；其次，税收机关向法院针对欠税企业提出破产清算，以此来缴纳税款；再其次，如果已经进入了破产清算程序，税务机关就等同于债权人，但是其可以优先受偿；最后，如果破产程序已告终结，但某些股东没有履行清算义务，则其税务机关可以作为原告提起民事诉讼，要求该股东承担起连带清偿责任。

在破产申请受理之前，根据我国《税收征管法》的规定，如果欠税人的欠税情况与有关法律规定保持一致，那么税收机关就可以对其采取强制措施。如果是《企业破产法》，那么一旦开始破产程序，针对破产企业财产申请的保全措施就会被废止，执行程序也随之停止，这样做也是为了保护好全体债权人的合法权益。然而，是应该将税收保全措施和执行程序完全等同起来，还是应该区别对待？为了能够在破产程序中公平的分配财产，管理人享有一定的权限，其可以决定在某些情况下对一些债权人进行清偿。那么在这些清偿行为中是否应该将税收强制执行纳入其中进行分析呢？这些问题，两大部门法并没有相应的解决办法，这也意味着对于两部法律可能出现的交叉情况，立法者并没有考虑在内。

如果破产清算程序被启动，那么在破产申请受理之前该企业欠缴的税款是否也属于税收债权呢？由有关的破产规则可知，只有职工债权不需要进行申报，而其他所有债权都应该在一定的申报期限内进行申报。税收债务从性质上来说属于公法之债，其只会存在于一定的主体之间，而且其与私法之债在本质上就存在巨大的差异：一方面，税收之债是法定之债，其不论是成立、变更甚至是消灭都应该按照有关法律的规定来进行，这里不存在私人约定的空间，也不能进行谈判商议等。在私法领域中，也有一些债存在的基础是不当得利或者是无因管理等法律明确规定的事由，然而，在民事以及商事领域中，最为重要的债务关系仍然是通过当事人之间的约定来成立的。另一方面,税收之债是公法之债,法律对于这种债的产生、形式、内容等都进行了明确规定,从性质上来说属于公益的,并且救济方式具有行政的属性。

(宋生瑛、夏广瑞)

参考文献

[1] 白林. 关于税务行政处罚主观归责的思考 [J]. 四川行政学院学报, 2015 (5): 48-51.

[2] 陈华龙. 破产清算中的税收优先权制度研究 [D]. 上海: 华东政法大学, 2019.

[3] 陈开梓. 以房抵债协议的类案裁判与类型化探析 [J]. 河北科技大学学报(社会科学版), 2020, 20 (2): 55-61.

[4] 付腾春. 税收债权先于其他债权优先受偿 [N]. 海峡财经导报, 2014-08-27 (016).

[5] 贾紫翔. 企业破产清算程序中的税收优先权研究 [D]. 兰州: 兰州大学, 2020.

[6] 李慈强. 破产清算中税收优先权的类型化分析 [J]. 税务研究, 2016 (3): 85-90.

[7] 史素英. 破产清算程序中税收优先权问题研究 [J]. 海南金融, 2018 (2): 41-47.

[8] 唐媛媛, 王虹. 破产清算程序中的税收债权问题——基于破产法与税法的冲突 [J]. 税务与经济, 2020 (4): 63-70.

[9] 奚晓. 企业破产时以房抵债问题研究 [D]. 上海: 上海交通大学, 2019.

[10] 徐燕飞, 郑宏帜. 破产程序中的税收债权受偿 [J]. 人民司法, 2019 (34): 16-20, 45.

[11] 许德风. 论破产债权的顺序 [J]. 当代法学, 2013, 27 (2): 76-82.

[12] 张松, 王怡. 企业破产程序中的若干税收法律问题 [J]. 税务与经济, 2019 (4): 89-93.

第六编
增值税与企业所得税差异引发的税收执法风险问题

案例　虚开发票能否在企业所得税前扣除争议案

——A集团虚开实际成本准予企业所得税前扣除案分析

虚开发票问题作为税收违法中常见的类型，多数情况下伴随着偷税情形的发生。这导致在部分司法实践中，直接将两者关系画上了等号。但虚开发票行为并不能直接等同于偷税行为，两者之间在适用法律、立法目的等方面都存在着明显的区别，其中对于偷税罪的认定，最大的争议来自主观恶意能否作为评断偷税行为的标准之一。除此之外，虚开发票的抵扣问题也是关注热点之一。本案中，法院对虚开发票在企业所得税税前抵扣的裁决不仅局限于发票程序上的合法性，还将重点放在了对发票实质行为的认定上，为司法实践提供了新的思路。

一、案情简介

2017年5月15日，B市国家税务局稽查局（以下简称稽查局）调查称B市A集团（以下称A集团）在2008~2013年向四家海外劳务派遣公司协商虚假购入劳务派遣服务，支付管理费3 474 276.37元，取得虚开发票，套取资金共计146 977 060.12元。其中，工资性支出145 422 763.12元，税前多列支业务招待费46 320元，未取得合法凭证的招待费274 014元，非本单位员工工资性支出483 673元，共计少缴纳企业所得税37 425 261.63元，应补交企业所得税37 425 261.63元并按日加征滞纳金。A集团对稽查局税务处理不服，行政复议失败后向人民法院提起行政诉讼。

A集团诉称：（1）稽查局法律适用错误。因为国有企业特殊的工资总额管理制度，为了保障员工合理的工资薪金，A集团不得已使用劳务派遣的方式向职工发放工资,本质上未存在主观恶意倾向,也并未从中牟利导致国家税款的流失,相反还支付了相关的管理费用。即A集团存在着"虚开发票"的违法行为,但该形式上的"违法性"应当被排除或阻却,虚开发票不构成集团"偷税"也不应否认虚开发票在企业所得税前的抵扣效力。(2)稽查局片面地使用了集团工资规定的第五条而忽略了集团规定的第六条,存在对于A集团工资制度的误解和事实认定不清。A集团母公司对下属子公司并不实行绝对的工效挂钩工资体制,针对集团冶建行业的特点,母公司特殊制定了第六条规定"实行工效挂钩的单位……按第五条提取工资不足的,或有特殊原因需要增加工资总额的……报经公司批准后可适当增加",即在规定中母公司承认子公司在特殊情况下增发的工资薪金。因此,在本案中,A集团的行为是符合集团工资规定的。(3)稽查局关于工资薪金性支出的事实认定不清、法律适用错误。根据工资总额管理办法,A集团的母公司于每年7、8月份进行工资审核,审核时间点与集团向员工发放工资时间间隔过长,且超过部分不予列支。为了维持集团正常的生产运营和保障员工的劳动报酬权,避免违反母公司核定工资总额的规定,集团通过预算的方式对工资薪金总额进行管理,将工资发放分为两个途径:一是直接向员工支付工资;二是通过劳务派遣的方式发放工资。稽查局片面认定集团该笔工资支出属于不合规工资薪金支出,忽略了工资来源的性质,且无法提出充足的证据证明该工资支出与企业经营无关。因此,应当认定该部分支出属于直接支付给本企业全部员工的劳动报酬,予以企业所得税税前扣除。综上,A集团行为并不构成偷税,其用于工资形式的支出属于合理工资,应当予以企业所得税税前抵扣。

B市稽查局辩称:(1)A集团虚开发票套取资金的行为按照《税收征管法》第六十三条第一款的规定,虚开发票的行为造成少缴企业所得税的事实结果,构成偷税,应当由税务机关予以追缴①。(2)A集团套取资金用于工资形式的支出不属于合理工资,不应当在企业所得税税前扣除。稽查局认定A集团违反税收法律并不排除员工取得工资的合理性。稽查局调查发现A集团有《工资总额管理办法》等相对完善的工薪制度,但集团本身行为跳出了制度的框架。A集团除利用制度内规定发放工薪外,还通过虚开发票套取劳务派遣资金的方式补充发放工薪,前者以"工资薪金"名义,后者以"劳务费"名义分别在企业所得税税前

---

① 《税收征管法》第六十三条第一款判定纳税人"偷税"的主要依据是判定其行为是否符合"伪造、变造、隐匿、擅自销毁账簿、记账凭证,或者在账簿上多列支出或者不列、少列收入,或者经税务机关通知申报而拒不申报或者进行虚假的纳税申报,不缴或者少缴应纳税款"的规定。

扣除，因此，稽查局认为 A 集团存在主观恶意避税倾向，刻意逃避工薪制度监管。并且，A 集团员工赶工、施工补贴、各类津贴等形式的支出，不属于符合规定的合理工薪，不得予以企业所得税税前扣除①。

法院审理结果：（1）根据《税收征管法》，A 集团并不存在偷税行为。根据《税收征管法》第六十三条第一款的规定，本案中，A 集团虽存在虚开发票的违法行为，但并不符合六十三条中任一行为规定，即无伪造、变造、隐匿等刻意偷税行为。且本案中 A 集团并未从虚开发票中谋取相关利润，其主要目的是维护集团正常生产经营和保障员工正常工资的发放，并不存在主观恶意的避税或逃税。（2）企业职工取得必要的、适当的工资收入既合法又合理。稽查局否认 A 集团工资支出的合理性，却又无法给出足够支持其观点的依据，无法证明该笔工资支出与集团经营活动无关或者超出正常商业目的，因此，稽查局应当承担举证不能的法律责任。故 A 集团给职工支付的工资支出并未违反集团的工资制度，应当认定为合理。（3）企业职工工资的合理性与工资资金的来源方式是否合法没有必然联系，原告虚开发票套取本企业资金，其行为违法并不必然导致原告使用套取的资金给职工发放工资的行为违法，因此，本案争议的焦点工薪应当被认定为是 A 集团生产经营过程中合理的支出。《中华人民共和国企业所得税法》（以下简称《企业所得税法》）第八条规定："企业实际发生的与取得收入有关的、合理的支出，包括成本、费用、税金、损失和其他支出，准予在计算应纳税所得额时扣除。"准予在计算应纳税所得额时扣除。稽查局否认该笔工薪支出合理时虽提供了 A 集团的工资总额管理制度规定文件、工薪明细等各项证据，但所提供的证据不足否认 A 集团该笔工资薪金支出与集团经营收入无关，故调增应纳税所得额的理由不能成立，稽查局作出的税务处理决定应当予以撤销。

最终，一审法庭撤销稽查局做出的税务处理决定书，并责令稽查局于 60 日内重新做出税务判决。二审维持一审判决。

二、争议焦点

1. A 集团以虚开发票方式为职工发放工资的行为是否属于偷税行为？

---

① 《国家税务总局关于企业工资薪金及职工福利费扣除问题的通知》《中华人民共和国企业所得税法实施条例》第三十四条所称的"合理工资薪金"是指"企业按照股东大会、董事会、薪酬委员会或相关管理机构制订的工资薪金制度规定实际发放给员工的工资薪金……"

2. A 集团虚开发票套取资金的工资支出是否为合理工资？

3. 虚开发票影响增值税抵扣，但是否能决定企业所得税扣除？

三、法理评析

（一）偷税行为的认定标准

根据《税收征管法》六十三条第一款的规定，纳税人应当认定为偷税行为的三种手段分别是：一是伪造（设立虚假的账簿、记账凭证）、变造（对账簿、记账凭证进行挖补、涂改等）、隐匿和擅自销毁账簿、记账凭证；二是在账簿上多列支出（以冲抵或减少实际收入）或者不列、少列收入；三是不按照规定办理纳税申报，经税务机关通知申报仍然拒不申报。在本案中，A 集团的行为与上述三种手段显然并不匹配。但根据《中华人民共和国发票管理法》（以下简称《发票管理法》）第二十二条的规定，A 集团向他人购买虚假服务并开具相关发票，符合虚开发票的认定。但"虚开发票"并不一定构成"偷税"行为，"虚开发票"强调的是业务与票证本身的不实属性，而"偷税"所认定的结果是纳税人少缴或不缴税款，两者之间的关系在一些情况下存在着交织，现实经济社会中涉及"虚开发票"的案件多数情况下也会涉及税款的偷逃。因此，税务机关的办税人员容易固化思维，造成稽查局未能严格根据法律规定，扩大了偷税的概念，对行为定性不准是导致其败诉的主要原因。而本案法庭认为 A 集团行为不属于偷税行为的另一原因便是集团本身不存在主观恶意的偷税倾向，集团并无从中获利。

就目前《税收征管法》有关偷税的规定细则中，并未明确是否将"主观恶意"作为判定纳税人偷税的标准之一。参考我国其他法律体系，在《中华人民共和国刑法》（以下简称《刑法》）中找到与之相关的描述。2009 年 2 月 28 日第十一届全国人民代表大会常务委员会第七次会议通过的《中华人民共和国刑法修正案（七）》修正了"偷税"概念，第二百零一条规定："纳税人采取欺骗、隐瞒手段进行虚假纳税申报或者不申报，逃避缴纳税款……"将"偷税"罪变更为"逃税"罪。相对于《税收征管法》中的偷税，刑法中"逃税"的定义更为宽泛与严谨，不仅仅局限于《税收征管法》中提及的纳税人逃避税收的几种违法手段，"欺骗、隐瞒手段"的表述也将重点放在了纳税人是否具有主观故意逃税倾向以及是否造成少缴纳税款的结果。"逃税"的核心在于纳税人主动"逃避缴纳税款"这一违法行为，能更好地定性不同纳税行为之间是否存在逃避缴纳税收的动机（钱俊文，2016）。出于方便不同法律之间的相互交流和提高税务行政人员办事效率的考虑，可以在原有的基础上，将"主观偷税故意"设定为偷税的判定标准之一。

除了主观认定的标准外，对客观偷税手段的认知发生偏离也是导致误判"偷税"的主要原因，在司法原则下，纳税人"多列或不列支出，少列或不列收入"指的是纳税人虚假收支问题，而在税收行政执法过程中，对该手段认定以其造成的最终结果为标准，只要达到少缴或不缴税款的结局便符合"偷税"手段的判定标准。因此，在实际生活中，由于财会制度与税收征收制度上的差异性，少列支出或延迟确认收入的行为只要达成了少缴税款的后果，便被认定为"偷税"。若纳税人不服税务机关的判决，向法院提起上诉，由于司法认定以"虚假"收支为标准，则会导致税务机关的败诉，在一定程度上增加了税务机关不必要的征纳成本。因此，应当加强对税务工作人员税务知识的培训，增强税务机关处理涉税案件的敏锐度，使之做出正确的判断，提高办税质量。

（二）工资合理支出的判定标准

A集团套取资金的工资支出是合理的。根据国有企业工资总额管理制度[①]可知，国有企业中母公司对子公司采取工效挂钩的工资审批制度，对子公司在审批范围内的工资支出，属于企业合理的工资支出。但同时也认可子公司在面对一些特殊情况时，为保证企业正常的生产运营对工资总额进行调整所采取的额外的工资支出。根据我国《企业所得税法实施条例》第三十四条第二款结合国税函《关于企业工资薪金及职工福利费扣除问题的通知》第一款，可知对有关合理工资薪金判断的把握："……（二）企业所制订的工资薪金制度符合行业及地区水平；（三）企业在一定时期所发放的工资薪金是相对固定的，工资薪金的调整是有序进行的……（五）有关工资薪金的安排，不以减少或逃避税款为目的。"证明《企业所得税法》中对于合理的"工资薪金"认定范围包括必要的调整与非主观恶意逃避税款[②]。

本案中，A集团有限公司的《工资总额管理办法》第五条规定了集团工资总

---

① 详见附录。
② 详见附录。

额控制指标的计算方法。但同时第六条规定了"实行工效挂钩的单位,如按上述工效挂钩核算提取的工资总额不足,或有特殊原因需要增加工资总额的,须报公司人力资源部审核,经公司批准后可适当增加工资总额。"第六条的规定设定的目的便是为了避免像 A 集团这样的建筑集团因施工地点、要求、日期等因素造成的报酬差异现象。A 集团因核算工资时间设定在每年 8、9 月份,与集团发放员工工资时间间隔过长,故出于保护员工合理劳动报酬权而不得已使用两种方式进行工资支付符合 A 集团有限公司的《工资总额管理办法》第五条、第六条规定,在 A 集团预算范围内,且并无恶意逃避税款的故意,受《企业所得税法实施条例》的认可。

从《企业所得税法》第八条规定所强调的合理性可见,企业所得税法税前扣除讲究相关性原则,即与企业生产经营直接相关,计入当期损益或是资产成本的支出,为企业直接带来经济利益的流入或流出,这一点在《企业所得税法实施条例》二十七条中有详细的描述。相关性在法律定义上是两者之间的联系,强调的是双方,但在《企业所得税法》中,税前扣除的相关性更多强调的是单方,即企业支出。针对企业支出,判断相关性的主要标准是支出的目的与支出的结果,当支出目的与支出结果相一致,均用于企业生产经营时,便符合企业所得税法税前扣除要求。当支出的目的与支出的结果不一致时,则需要结合考虑现实的情况判断该项支出的关联性,不能随意地以支出目的为主导,忽视支出结果,为纳税人偷逃税款提供契机,也不得固定以支出结果作为标准,对纳税人真实、善意的经营目的做出误解,增加纳税人税负,损害纳税人合法权益。在此情况下,可优先考虑纳税人的支出目的,目的应当为企业生产经营收益的获取需求而非节税的需求,要求企业为该项支出的合理性证明准备充足的证据,其次考虑支出结果,谨慎防范逃避税动机。本案中,虚开发票套取资金的目的是用于集团员工的工资支出,员工作为集团生产的劳动力,发放工资维护集团基本的正常运转,满足与企业生产经营相关的条件,从此角度来看,也应当认定其为合理支出。

(三)企业所得税税前扣除认定标准

虚开发票的行为并不一定构成偷税。《发票管理法》第二十二条规定对虚开发票行为做出了具体化的描述,本案中 A 集团由于并未实际获取劳务派遣公司提供的劳务派遣服务而获取了相关发票,这一行为显然符合二十二条第二项"让他人为自己开具与实际经营业务情况不符的发票"构成"虚开发票"罪①。然而纳税人伪造、变造等行为的实施,可能通过虚开发票的方式,也可能通过其他方式,虚开发票并不唯一构成"偷税"行为的充分条件。对于虚开发票并不构成"偷税"行为的纳税人,应当适用《发票管理法》三十七条对纳税人进行处罚,不应将"偷税"处罚与"虚开发票"处罚混同在一起②。

在不构成其他税务罪责(如"偷税")的情况下,纳税人虚开发票取得的合理支出能否进行企业所得税税前扣除的问题,目前税法中尚无明文规定,因此,在实务中,对于这方面问题的处理存在诸多争议。《企业所得税法》与《发票管理法》在扣税方面最显著的区别是:发票征收管理以票据为根本,可准予抵扣的票据一般具有关联性、合法性、完整性及真实性,不合法合规的票据不得予以抵扣;企业所得税法以企业账册为依据,满足"合理成本"规定的企业支出准予企业所得税税前扣除。根据《企业所得税法》第八条及实施条例第二十七条的规定③,企业发生的支出只要与取得收入直接相关且符合生产经营活动常规,准予在计算应纳税所得额时扣除。规定中只强调了成本支出与收入的关联性,并没有强调扣除凭证的合法有效性,有关关联性的强调更进一步体现在《企业所得税税前扣除凭证管理办法》第二条④与第四条⑤中。可见,在《企业所得税法》中,发票只是作为证明与企业有关成本支出实际发生的证据之一,并不作为唯一的税前扣除凭证。因此,在不构成其他税务罪责的情况下,纳税人虚开发票取得的合理支出是否可以在企业所得税税前扣除与其是否属于"虚开"这一违法来源无关,而与该项支出是否符合《企业所得税法》中合理成本的认定有关,符合

---

① 《中华人民共和国发票管理法》第二十二条规定:"开具发票应当按照规定的时限、顺序、栏目、全部联次一次性如实开具,并加盖发票专用章。任何单位和个人不得有下列虚开发票行为:(一)为他人、为自己开具与实际经营业务情况不符的发票;(二)让他人为自己开具与实际经营业务情况不符的发票;(三)介绍他人开具与实际经营业务情况不符的发票。"

② 《发票管理法》三十七条规定:"违反本办法第二十二条第二款的规定虚开发票的,由税务机关没收违法所得;虚开金额在1万元以下的,可以并处5万元以下的罚款;虚开金额超过1万元的,并处5万元以上50万元以下的罚款;构成犯罪的,依法追究刑事责任。非法代开发票的,依照前款规定处罚。"

③ 《企业所得税法实施条例》第二十七条规定:"企业所得税法第八条所称有关的支出,是指与取得收入直接相关的支出。"

④ 《企业所得税税前扣除凭证管理办法》第二条规定:"本办法所称税前扣除凭证,是指企业在计算企业所得税应纳税所得额时,证明与取得收入有关的、合理的支出实际发生,并据以税前扣除的各类凭证。"

⑤ 《企业所得税税前扣除凭证管理办法》第四条规定:"税前扣除凭证在管理中遵循真实性、合法性、关联性原则。真实性是指税前扣除凭证反映的经济业务真实,且支出已经实际发生;合法性是指税前扣除凭证的形式、来源符合国家法律、法规等相关规定;关联性是指税前扣除凭证与其反映的支出相关联且有证明力。"

《企业所得税法》第八条合理成本认定条件的，应当予以税前扣除。

本案中，A集团不属于偷税，法院依据成本的合理真实性，准许集团获得的虚开发票金额可在企业所得税税前扣除，既维护了纳税人的合法利益，也有利于纠正税务机关在执法中过于注重形式（发票）而忽视实质（扣除项目的真实性、合理性和相关性）的观念。但从社会效应及后续影响角度来分析，执行法院的判决结果，有可能引起社会企业的负面效仿，对虚开发票行为盖以合理借口，借此逃避税款的缴纳，助长虚开发票之风，导致企业账册及凭据的混乱，增加税收的征管难度。因此，在后续相关法律制定完善的过程中，可考虑对此类案件做出明确的规定，注意平衡法律规定与社会效应两者之间的关系。

四、案例启示

（一）完善增值税发票管理"三流一致"标准的相关政策

根据《国家税务总局关于加强增值税征收管理若干问题的通知》，"三流一致"作为税务机关认定增值税发票是否可以用于抵扣的关键标准之一，是指企业与经营业务相关的货物流或服务流、发票流和资金流保持一致。虚开增值税发票的行为会导致"三流不一致"并造成发票流的中断，因此，"三流一致"也可作为识别虚开增值税发票的参考标准。但在复杂的司法实践中，存在着一定的特殊行为：一是满足"三流一致"的虚开发票行为，该行为特点导致税务机关难以运用"三流一致"的标准进行识别，从而错过行政处罚的时机，也导致违法行为人从中谋取高额利润。二是不满足"三流一致"的虚开增值税发票行为，但却可进行增值税抵扣的情形。著名的案例是2006年，诺基亚通过总分机构采购货物导致"三流不一致"，但由于其行为不属于《国家税务总局关于加强增值税征收管理若干问题的通知》，故最终裁定虚开增值税发票的进项税额可予以税前抵扣。因此，对虚开发票的认定不能制锢于"三流一致"表面流程的一致，更应当关注企业实际的"三流一致"，可考虑从如下方面对"三流一致"相关政策规定进行补充。

1. 制定明确的与"三流一致"相关的法律条例，法律和条例上的清晰与准确，有利于大幅提高办案效率，减少误判。近年来，国家通过不断的新增政策，为"三流一致"填补漏洞。新增政策尤其关注实质上的"三流一致"，如2002年《国家税务总局关于纳税人以资金结算网络方式收取货款增值税纳税地点问题的通知》，关注网络形式带来三流不一致的抵扣问题，2016年《关于营改增试点若干问题的公告》解决关于"预付卡"导致三流不一致的抵扣问题。这些"政策补丁"虽能在一定程度上解决个案与特例，但长此以往，随着案件的越发复杂，需要对相关规定施以更多的"补丁"才能满足司法实践的需要，而大量的"补丁"规定和对特殊问题的逐个审核可能导致不同特殊规定间的交杂矛盾，引发不必要的争议，除此之外，还可能会带来高额的司法成本。因此，可考虑以法律的形式明确"三流一致"的标准，将"三流一致"纳入《中华人民共和国税法》，而不是仅局限在《国家税务总局关于加强增值税征收管理若干问题的通知》中。以法律形式规定"三流一致"标准，对核心一致的要求作出充分的解释、说明，在面对无特殊政策说明的复杂案情时，有利于引领标准施行的整体方向，对虚开发票行为及虚开增值税能否抵扣做出较为精准的认定。同时，还应当结合时代的步伐，对"政策补丁"重新审视，去旧补新，合法合理地完善"三流一致"标准的适用范围。

2. 构建新型征纳关系，征纳双方共担举证责任。应当均衡征纳双方的举证责任，《税收征管法》规定纳税人具有申辩权和陈述权，但没有规定纳税人有举证责任和义务，这为税务机关稽查带来了不便。由于难以获取纳税人某些交易证据，故一些涉税违法案件的调查和处理难度增大，甚至出现无法认定违法行为的情况。因此，有必要要求纳税人承担举证责任。在税务稽查中，应适用"过错推定"原则，即如果行政相对人不能证明没有过错，则应当推定行为存在过错。对于那些存在"三流不一致"却申辩自己存在真实交易的企业，应提供相关可以证明其交易真实存在的证据来"自证清白"。

3. 运用大数据，构建"信息流"的监管模式。由于电子商务的快速发展，区别于传统物流模式，其物流、发票流、资金流可能呈现分离状态，"三流一致"的标准在其身上无法完全适用。在此情形下，"信息流"的监管模式便显现出优势。"信息流"依附于大数据系统，重点在于对企业业务发展信息的收集与整理，通过建立纳税人数据档案、对智能程式进行数据分析与筛选及分析数据间的勾稽关系，推断纳税行为人的行为是否有悖法律规定，以客观的数据辅助执法人员的主观判断，做到税务源头监管。同时，通过数据的筛查，还可以对纳税人进行有效的风险管控，防患于未然。除此之外，"信息流"还可以构筑税收征管机关和纳税人之间的信息平台，缓解双方征纳信息不对称问题，提高纳税人遵从度。因此，发展税务机关"信息流"的监管模式在新时代的经济环境下具有一定的必然性。

(二)税务机关执法过程应当合理规避税收执法风险

在本案中,由于税务机关在征税的过程中只注重了发票征收的形式而忽视了实质,即企业扣除项目的合理性与真实性,使得执法判断上的失误导致了自身的败诉。税务机关在进行税收征管工作的过程中往往存在许多执法风险,比如税收实体法与程序法规定脱离实际给税务机关执法带来操作难度;税务机关对新旧政策的理解不到位对案件进行误判;税务机关人员素质参差不齐,对税收政策、执法程序、风险防范意识不到位以及地方政府政策干预;纳税人税收遵从度不高所带来的税收法治环境的不完善等。

针对上述常见的税收执法风险的种类,税务机关应当实施相应的防范风险措施。首先要建立规范的法治体系,从立法的角度,明确各项征管的具体内容与要求,增强税务机关的可操作性,进而减轻税务机关执法的随意性。除此之外,应当对税务机关的自由裁量权做出合理的约束,要求其不得违背法律精神及公正原则,损害纳税人合法权益。针对税务机关的内部组织机构,可以借助大数据及区块链的力量,建立相关的税收数据库,建立的主要目的是对税务机关征管数据和纳税人涉税信息进行收集与分析。通过对纳税人涉税信息的收集与分析,可以在一定程度上了解该纳税人的经营状况及纳税信用程度,健全纳税人信用档案,方便税务机关对其采取合适的征管举措;对税务机关内部征管数据的分析则有利于税务机关对自身征管漏洞的查缺。除对外征管手段存在的弊病修正外,税务机关内部也应当形成有效的监管体系,设定合理的考评制度,提高征管效率的同时防范税收征管风险。降低税收征管风险还应当关注税收法治环境的建设,从内部征管工作人员方面,应当不断引进与税收相关的人才,增强机构内科员、干部、领导的培训与学习,严格要求执法程序合法化,打造法治化的税收征管团队。从外部联系方面,第一,应当加强对公民依法纳税的宣传,提升全民的税收意识;第二,应当密切与政府机关各单位之间的联系,形成高效互通的信息网,加强部门间的协作,共同打击税收违法行为,构建良好的社会经济环境;第三,应当更好地发挥外部监督的作用,发挥上级部门、监察机关及社会公众对税务机关执法行为的监督和相关权利救济体系的完善,不但能够降低税收执法风险,而且有助于提高社会公众对税收管理的参与度与理解度,在社会上形成良好的税收治理氛围。

(宋生瑛、卢柯宇)

参考文献

[1] 贾秋敏. 发票管理中存在的问题及政策建议 [J]. 税务研究, 2017 (21): 134-135.

[2] 蓝昕. 企业所得税税前扣除的相关性原则 [D]. 北京: 中国政法大学, 2020.

[3] 钱俊文. 偷税、逃税的概念辨析及相关制度的完善 [J]. 税务研究, 2016 (21): 79-83.

[4] 王利娜. 王丹芳. 关于偷税认定若干问题的思考 [J]. 当代财经, 2006 (1): 46-48.

[5] 王煦赫. 偷税类型分析及"定式检查"的实践启示 [J]. 税务研究, 2012 (3).

[6] 王宗涛. 增值税抵扣权与发票制度: 形式课税原则之改进 [J]. 税务研究, 2019 (7): 51-57.

[7] 翁武耀. 论增值税抵扣权的产生 [J]. 税务研究, 2014 (12).

[8] 晓静. 税务违章行为辨析——论偷税、漏税、欠税、抗税的政策界定 [J]. 当代财经, 2002 (8): 30-31.

[9] 杨默如. 偷税、避税与税务筹划——概念界定的国际借鉴及法律建议 [J]. 经济与法, 2010 (7): 56-58.

[10] 袁森庚. 论偷税故意 [J]. 税务与经济, 2007 (6).

[11] 翟继光. 美国税法典 (精选本) [M]. 北京: 经济管理出版社, 2011.

附录：

与本案相关的国有企业工资总额管理制度规定[①]

第一章第二条规定："本办法所称中央企业是指国务院国有资产监督管理委员会履行出资人职责的企业。"该条规定确定了工资总额管理办法的适用范围是国有企业。

第一章第三条规定："……是指由企业在一个会计年度内直接支付给与本企业建立劳动关系的全部职工的劳动报酬总额……"第四条规定："……企业每年度围绕发展战略，按照国家工资收入分配宏观政策要求，依据生产经营目标、经济效益情况和人力资源管理要求，对工资总额的确定、发放和职工工资水平的调整，作出预算安排……"这两条规定分别阐述了"工资总额"包括的内容以及预算设定的依据与要求。

第二章第十条规定："中央企业工资总额预算一般按照单一会计年度进行管理。对行业周期性特征明显、经济效益年度间波动较大或者存在其他特殊情况的企业，工资总额预算可以探索按周期进行管理，周期最长不超过三年，周期内的工资总额增长应当符合工资与效益联动的要求。"该条规定明确了工资总额预算的年限。

第四章第十五条规定："中央企业以上年度工资总额清算额为基础，根据企业功能定位以及当年经济效益和劳动生产率的预算情况，参考劳动力市场价位，分类确定决定机制，合理编制年度工资总额预算。"该条规定明确了工资总额预算与利润总额等经济效益指标的业绩考核目标值挂钩。

第四章第十七条规定："工资总额预算在按照经济效益决定的基础上，还应当根据劳动生产率、人工成本投入产出效率的对标情况合理调整。……"该条规定注明了允许根据企业与经济社会发展的不同情况对工资总额进行调整。

第六章第三十条规定："严格清理规范工资外收入，企业所有工资性支出应当按照有关财务会计制度规定，全部纳入工资总额核算，不得在工资总额之外列支任何工资性支出。"该条规定限定了国有企业不得在工资外列支任何形式的支出。

[①] 摘自《中央企业工资总额管理办法》。

因此，国有企业的工资总额与绩效挂钩，在绩效审批范围内的工资属于合理工资并应当予以企业所得税税前扣除。与此同时，管理办法也允许企业根据自身的特殊情况进行审批调整，除此部分特殊调整的工资支出外，均不记为合理工资范围。

第七编
税务行政复议问题

案例　税务行政复议的申请期限及纳税前置规定争议案

——A 市国税局与 B 公司行政管理案分析

税务行政复议作为税收工作过程中的重要组成部分，是处理纳税人与税务局之间税务行政纠纷的主要方式，随着对纳税人权益保护的日益重视，如何严格按照法律法规要求做好税务行政复议工作就显得尤为重要。税务行政复议作为行政复议的特殊类型，与其他类型的行政复议相比具有显著的程序区别性。由于《行政复议法》中规定的税务行政复议申请期限与《税收征管法》《税务行政复议规则》中税务行政复议申请期限的规定不一致，且《税收征管法》与《税务行政复议规则》本身又存在表述差异，故导致理论界和实务界对此产生很大争议。这些争议的产生主要源于对法律规则的理解不同以及逻辑推论的偏差。因此，本案例通过对实务中税务行政复议的矛盾纠纷进行分析，以明晰税务行政复议申请期限的起算点和申请前提条件的适用问题，并指出"纳税前置"适用的不合理性。

一、案情简介

A 市国税局稽查局在 2018 年 7 月 3 日针对 B 公司违反税法规定的行为作出《税务处理决定书》，并于次日向 B 公司送达该决定书。该决定书要求：（1）B 公司应当自收到该决定书之日起 15 日内到指定的税务机关缴纳相应的税款及滞纳金；（2）并同时告知 B 公司如果对此决定书的内容有异议，必须先在该决定书规定的期限内缴纳税款及滞纳金或者提供相应的纳税担保，在税款及滞纳金缴纳完成之日，或者所提供的纳税担保被税务机关确认之日起 60 日内方能向 A 市国税局申请行政复议；如果逾期未缴清税款和滞纳金，B 公司将会被强制执行。

2018年7月19日，A市国税局稽查局在没有收到B公司缴纳的税款和滞纳金，或者提供的纳税担保后，继续向B公司作出了《税务事项通知书》（限期缴纳税款通知）。该通知书上告知：B公司应在2018年8月3日前（即15日内）缴纳其所欠2009年1月1日至2016年12月31日的应缴纳税款1.8亿余元，并从税款滞纳之日起至缴纳或解缴之日止，对B公司按日加收滞纳税款万分之五的滞纳金；同时，告知B公司若在纳税上有异议，必须先依照该通知的期限缴纳税款及滞纳金或者提供相应的纳税担保后，方可自上述款项缴清之日或者提供相应担保被税务机关确认之日起60日内依法向A市国税局申请行政复议。

2018年8月6日，A市国税局稽查局在上述两份文书都没有得到B公司回应的情况下继续向其作出了《催告书》（行政强制执行适用），并于2018年8月8日向B公司送达。该催告书要求B公司自收到之日起10日内，缴纳《税务事项通知书》中通知其缴纳的税款及滞纳金。若逾期仍未缴纳，税务机关将依法强制执行。

2018年8月15日，B公司向A市国税局缴清税款及滞纳金。同年的10月8日，B公司对税款征收行为不服，遂向A市国税局申请行政复议。2018年10月12日，A市国税局以B公司的行政复议申请超过法定申请期限为由，决定不予受理B公司的税务行政复议申请。在得到A市国税局作出的申请行政复议因超过期限而不予受理的决定后，B公司向当地人民法院提起了行政诉讼。

在案件审理过程中，一审法院认为，本案中，税务机关先后作出的三份文书均属于根据相应税收法律法规确定的期限，且限定的缴纳期限不同，B公司按照催告书限定的期限在期限内（即2018年8月15日）缴纳了税款，故申请复议的期限应自缴纳税款之日起计算60日内，B公司是在2018年10月8日申请的税务行政复议，符合法律的相关规定，因此，A市国税局应予受理，从而支持了原告B公司的诉讼请求。

A市国税局不服一审法院裁定继续提起上诉。A市国税局上诉称：稽查局依据不同法律规定对被上诉人作出的三份税务文书均具有不同的法律性质，被上诉人不服相应税务文书和行政行为应当依法分别行使救济权利。《税务事项通知书》与《催告书》中的期限是在肯定《税务处理决定书》中缴税期限不变的前提下，确认被上诉人具有未按照《税务处理决定书》缴税的违法行为的前提下，为被上诉人设定的限期纠正的期限，故前两个文书中的限缴期限与《税务处理决定书》中的缴税期限具有不同的功能和目的，相互之间不存在覆盖与替代的可能性。均不具有改变、延长《税务处理决定书》确定的缴税期限的法律效力,有关《税务处理决定书》的复议期限仍应当以该决定书所确定的缴纳期限届满之日为起点计算。被上诉人不服《税务处理决定》应当在处理决定规定的期限内缴清税款、滞纳金或者提供纳税担保后申请行政复议,其此后缴清税款、滞纳金已不符合对《税务处理决定》提起行政复议的受理条件。

二审法院认为,税务行政复议的起算点应当从"缴纳或者解缴税款及滞纳金或者提供相应的纳税担保之日起"而不是"自知道该具体行政行为之日起"开始计算,亦不是从《税务处理决定书》所确定的缴纳期限届满之日起计算。另外,设定税务行政复议前提条件的目的应当是防止纳税义务人在行政复议程序期间转移财产规避税收征管以及保证税款及时入库,而不能是通过设置苛刻条件将税务行政复议申请拒之门外。最终,二审法院做出了维持原判的决定。

二、争议焦点

1. 税务行政复议申请期限的起算点应当从"缴纳或解缴税款及滞纳金或者提供相应的纳税担保之日起"还是"自知道该具体行政行为之日起"开始计算?

2. "缴纳或解缴税款及滞纳金或者提供相应的纳税担保"应当作为税务行政复议申请的前提条件吗?

三、法理评析

(一) 关于税务行政复议申请期限的起算点问题

在本案中,《税务处理决定书》在 4 月 20 日作出,但是税务机关对纳税担保的确认是在 7 月 12 日,申请人提起税务行政复议时以何时为起算点计算复议期限是该案的争议焦点。《行政复议法》第九条第一款的规定:"公民、法人或者其他组织认为具体行政行为侵犯其合法权益的,可以自知道该具体行政行为之日起 60 日内提出行政复议;但是法律规定的申请期限超过 60 日的除外。"因此,一般行政复议案件的复议申请期限的起算点应当从"自知道该具体行政行为之日起"开始计算。但同时该条第二款规定:"因不可抗力或者其他正当理由耽误法定申请期限的,申请期限自障碍消除之日起继续计算。"分析以上两个条款,可以得到以下结论:第一,一般的行政复议申请期限都是 60 日;第二,如果有不可抗的突发事件发生，行政复议申请期限可以适当延长，这体现了法律的灵活性和法律的人文关怀，以及在最大限度上保障行政相对人救济权和诉讼权的立法意图；第三，部门法可以根据自身的特点对行政复议申请期限作出不同的规定，但是通常情况下该期限只能延长，不能缩短。因此，一般行政复议案件的复议申请期限的起算点应当从"自知道该具体行政行为之日起"开始计算。但《税收征管法》八十八条①将"依照税务机关的纳税决定缴纳或者解缴税款及滞纳金或者提供相应的纳税担保"作为依法申请行政复议的前提条件。由此可知，《行政复议法》第九条规定的行政复议申请期限是明确以及合理的，因为申请行政复议原则上没有纳税前置制度。《税收征管法》在为税务行政复议设置纳税前置制度的同时却并未更进一步明确税务行政复议的申请期限从何时开始起算的问题。因此，此时已经有两个可以使用的起算点：一是《行政复议法》规定的"自知道该具体行政行为之日"；二是纳税人"缴清税款和滞纳金之日"或者"所提供的纳税担保得到税务机关确认之日"。从纳税人权利保护以及行政复议的立法目的出发，以第二个时间点为起算点是比较合理的②。因此，在纳税前置的前提下，行政复议期限的起算点应为申请人缴纳或者解缴税款及滞纳金或者所提供的纳税担保得到作出具体行政行为的税务机关确认之日，而不是"自知道该具体行政行为之日"。对于纳税人税务行政复议的起算点，税务机关多认为应按照《行政复议法》第九条规定："自知道该具体行政行为之日起开始计算"。但分析上述裁判过程可知，即使纳税人未在税务机关要求的时间内缴纳税款和滞纳金，也仅表明其应当承担逾期缴纳税款的法律责任。此种法律责任或体现为被加收滞纳金，或体现为被采取强制执行措施追缴，甚至体现为被作出行政处罚，但并不表明纳税人丧失申请行政复议的权利。否则，原告将被彻底切断救济途径，因为纳税人若不能申请税务行政复议，则更无从提起行政诉讼。行政复议制度的首要目的在于救济公民权利，因此，必须容许相对人有提起行政复议申请的时间与空间，这一时间必须是合理、充足的。行政复议期限需要通过恰当的期间长度、合理的起算点、特殊期限、最长保护期以及申请期间的例外等设定来实现各个价值间的综合平衡。而对于纳税担保的办理期限，我国法律并无明文规定，结合实际，该期

---

① 《税收征管法》（2001）第八十八条规定："纳税人、扣缴义务人、纳税担保人同税务机关在纳税上发生争议时，必须先依照税务机关的纳税决定缴纳或者解缴税款及滞纳金或者提供相应的担保，然后可以依法申请行政复议；对行政复议决定不服的，可以依法向人民法院起诉。"

② 翟继光. 论纳税前置对税务行政复议申请期限的影响 [J]. 税务研究，2017（8）：56-59.

限应为税务行政机关给予纳税人的合理履行期限。复议机关以具体行政行为作出为起算点计算复议期限显然于法无据，人为剥夺了申请人的复议申请权。设定税务行政复议前提条件的目的，应当是防止纳税义务人在复议程序期间转移财产规避税收征管，以及保证税款及时入库，而不能是通过设置苛刻条件将税务行政复议申请拒之门外。因此，税务行政复议的起算点应当从"缴纳或者解缴税款及滞纳金或者提供相应的纳税担保之日起"而不是"自知道该具体行政行为之日起"开始计算，亦不是从《税务处理决定书》所确定的缴纳期限届满之日起计算。同时，由于税务机关向纳税人发出的多份法律文书确定了不同的缴税期限，可以理解为应按连续的、一个税收征管行为对待，按照最后确定的缴费期限衡量是否享有申请行政复议的权利。该做法的依据是，在法律法规没有明确规定的情况下，应按照有利于行政相对人的原则作出是否享有申请税务行政复议权利的判断。

在本案中，A市国税局诉称，有关《税务处理决定书》的复议期限仍应当以该决定书所确定的缴纳期限届满之日为起点计算。被上诉人不服《税务处理决定》应当在处理决定规定的期限内缴清税款、滞纳金或者提供纳税担保后申请行政复议，其此后缴清税款、滞纳金已不符合对《税务处理决定》提起行政复议的受理条件。根据《行政复议法》第九条的规定，60日为纳税人最短复议期限，其同时还允许其他法律规定超过60日的期限，但是绝对不允许其他法律规定短于60日的期限。虽然《税务行政复议规则》第十四条[①]规定申请人必须依照税务机关根据法律、法规确定的税额、期限，先行缴纳税款和滞纳金，或者提供相应的担保，才可以在60日内提出行政复议申请，但其仅为部门规章，若实际导致纳税人的复议期限短于60日，按照上位法优于下位法的原则，必须优先适用《行政复议法》的规定[②]。《税务行政复议规则》作为部门规章是无权对《行政复议法》第九条规定的行政复议申请期限作出延长规定的，由于《税收征管法》第八十八条第一款并无意对税务行政复议的申请期限进行特别规定，因此，以《税务行政复议规则》是对《税收征管法》规定的解释为由来论证其延长税务行

---

① 《税务行政复议规则》（2010）第十四条规定："申请人按前款规定申请行政复议的，必须先依照税务机关根据法律、行政法规确定的税额、期限，缴纳或者解缴税款及滞纳金或者提供相应的担保，方可在实际缴清税款和滞纳金后或者所提供的担保得到作出具体行政行为的税务机关确认之日起60日内提出行政复议申请。"

② 黄诗成. 税务行政复议期限究竟该如何计算［EB/OL］. （2018－07－05）［2020－10－18］. https://mp.weixin.qq.com/s/RNfKx5ixe4tbp683h6CBwg.

政复议申请期限的合法性也是站不住脚的。由此，纳税人虽未在税务机关确定的15日期限内缴税或提供担保，但若纳税人是在60日内缴清税款及滞纳金或提供担保，并同样在纳税争议行为发生起60日内申请行政复议的，税务机关应予受理。如果纳税人在15日内未缴纳税款及滞纳金或者提供担保，并不意味着纳税人丧失复议权，而是意味着纳税人未满足申请行政复议的条件，不能提起复议程序①。并且，纳税人在15日内未缴纳税款及滞纳金或者提供担保，根据《税务稽查工作规程》第六十二条的规定，稽查局经所属税务局局长批准，可以依法采取强制执行措施，或者依法申请人民法院强制执行。值得注意的是，根据《行政强制法》第三十五条的规定，税务机关在作出强制执行决定前需要履行催告程序，充分保障纳税人的陈述权与申辩权。因此，在具体程序上，税务机关会依次下达《税务事项通知书》（限期缴纳税款）或《责令限期缴纳税款通知书》《催告书》（行政强制执行适用）、《税收强制执行决定书》。而按照《行政复议法》及《税收征管法》等法律法规的规定，纳税人可就以上任何一个文书提起行政复议，以寻求机会实现权利救济。《税收征管法》第三十二条规定："纳税人未按照规定期限缴纳税款的，税务机关除责令限期缴纳外，从滞纳税款之日起，按日加收滞纳税款万分之五的滞纳金。"则纳税人虽未在税务机关确定的期限内缴税，但在一并缴纳相应滞纳金后，应视为"已依照税务机关的纳税决定缴纳税款及滞纳金"。由于税务机关一般要求纳税人在作出具体行政行为之日起15日内缴清税款和滞纳金，因此，如果纳税人在税务机关作出具体行政行为当日（作为第1日）即知道该具体行政行为，并在第15日缴清税款和滞纳金，随后便可以在第75日内提出行政复议申请。

（二）关于税务行政复议申请的前提条件问题

《税收征管法》第八十八条设定了申请税务行政复议的前提条件，因此，本案争议的实质不是"申请期限"而是"申请条件"，即"纳税人、扣缴义务人、纳税担保人同税务机关在纳税上发生争议时，必须先依照税务机关的纳税决定缴纳或者解缴税款及滞纳金或者提供相应的担保，然后才可以依法申请行政复议"的适用问题。应当说，没有必要规避正确的税务行政行为行政复议的合法性审查，同时，有必要对错误的税务行政行为进行监督。

---

① 刘天永. 纳税争议行政复议期限计算争议案［EB/OL］.（2019-12-25）［2020-10-18］. http://www.liutianyong.com/post/4162.html.

复议机关在处理税务行政复议申请时，会判断申请人是否已经缴清滞纳金、税款以及提供纳税担保等，不受理不满足这些前置条件的申请。由于税务机关对纳税人做出的处理不一定总是完全正确的，可能存在一些不合理的情形，此时，如果纳税人在申请维权之前需要缴纳税款，企业有可能因为资金短缺、税款过重等原因而无能力承担此税款，从而无法达到行政复议申请条件。而《税收征管法》中写明，对于征税相关争议，如果没有经过行政复议，法院将不会接受这类起诉，因此，纳税人也不可能通过行政救济的方式维权，剥夺了行政救济相关的权利。税务行政复议有及时性原则，保证发生争议时及时得到处理，但对其申请的规定却违反了该原则[1]。再者，纳税人必须先服从税务机关的相关处理结果，完成交税等流程，才能进行行政复议，使得行政复议的成本增加、难度加大，纳税人很可能因此而不进行行政复议，使得该项权利得不到行使，这与行政复议的便民性原则是相悖的。

在本案中，B公司是按照规定缴清了税款和滞纳金才申请的税务行政复议，该行政复议申请的诉讼请求也得到了一审、二审法院的支持。按照合理行政、程序正当的基本要求，为了不让纳税人因转移财产、避开税收征管争取时间而故意申请行政复议，确保税款能顺利收取，才设立了行政复议的前提条件，但这个前提条件不能过于严厉以至于阻碍正常的行政复议申请。使行为人受侵害的权利有渠道申诉恢复，是行政复议的主要目的。为此而产生的纠正合理的行政行为只能视为行政复议实现保护权益的方式。在纳税人对税款和滞纳金无能为力、又不具有相关担保的情况下，如果税务处理本身是有争议的，那么纳税人就会因这项规定而失去申请资格和与诉讼救济相关的权利，且无处申诉，合法权益遭受侵害[2]。税务机关作出的处理越不合理、征收税款越多，纳税人越无力缴纳税款，从而越难进行行政复议申请以及维护相关的权利。如果纳税人缴纳了相关钱款，获得了行政复议申请资格，即使进入了复议，却属于在服从不合理的"强制执行"之后，对该行为进行"复议"，足以见此项规定的疏漏。

事实上，纳税义务前置的设定源于传统公权至上、效率优先的思想，是基于传统国库中心主义的考虑，直接目标是保障国家税收利益。在相关规定设置时，主要考虑到以下两点，才设定了申请行政复议的前置条件。一方面，考虑到钱款安全。按照法律程序，纳税人申请行政复议时，从复议开始，会经历多个阶段，

---

[1] 李兰，周冻梅. 完善税务行政复议制度的探讨 [J]. 对外经贸，2019 (10): 155-160.
[2] 贺燕. 行政复议前置、税法确定性与税收治理现代化 [J]. 税务研究，2020 (4): 82-88.

时间会拖得比较长,常常多于半年。在这么长一段时间内,纳税人少缴纳的钱款可能遇到未知的风险,从而有可能损害国家利益。另一方面,考虑到降低税收成本。当期税款若不能及时入库,将导致税收征收成本的增加。

然而,多年税收实践证明,纳税义务前置制度已远远滞后于民主法制建设的步伐,明显不符合民主和法治的要求,应当考虑对其适时予以废止。第一,纳税义务前置变相剥夺了部分纳税人的救济权和财产权。无法完成税款缴纳且不能得到担保的纳税人,会因为纳税义务前置而失去申请救济的机会,从而失去与税务机关进行协商的机会。同时,纳税人的财产权也因救济权的丧失而得不到保护。第二,纳税义务前置侵犯了税收法律关系的平等性。在存在争议且未确定孰是孰非的情况下,纳税义务前置实际上就对纳税人违反相关法律进行了默认,从而可能进一步夺走其维护合法利益的机会。同时,假定尚存争议的征税决定为正确,先确定纳税人存在过失,必须等纳税人为不一定存在的过失承担责任后,才给机会认定之前的过失是否存在,这种推定逻辑侵犯了税收法律关系的平等性,是对纳税人基本权利的不尊重,进而侵害纳税人的平等权和正当救济权[1]。这与我国法治精神的本质相违背,其实质是变相否定了当事人的诉权。第三,行政复议最重要的救济会被纳税义务前置严重妨碍。由于长期以来受"民不可告官"思想的影响,许多行政相对人并不愿意选择行政复议渠道来解决行政争议,以致行政复议功能一直未能得到充分有效的发挥。但随着社会经济的不断发展,我国已进入建设法治政府、构建和谐社会的新时期,进一步完善行政复议制度、充分发挥行政复议解决行政争议主渠道作用成为了依法治税的新要求。因此,纳税义务前置的规定不符合新形势对税务行政复议制度的要求,在一定程度上削弱了税务行政复议的救济功能。对于前面所述的税款安全和税收低成本,具体行政行为在行政复议与诉讼期间不会暂停,即使法律救济已经开始,仍然可以在需要时强制执行相关行政行为,因此,税款的安全性是有保障的。申请行政复议与税款安全之间并无必然联系。第四,应正确对待税收成本,征税行为参与法律救济活动就必然要承担与之相关的成本,不能为了一味降低税收成本,而使纳税人得不到应有的法律救济。

同时,行政征收具有无偿性和强制性,对于其直接关系到的行政相对人,其

---

[1] 刘剑文,侯卓. 纳税前置制度的反思与超越[J]. 江汉论坛,2015(6):112-119.

权益是具有侵害性的[1]。行政复议的前置条件严重阻碍了纳税人诉讼和获得法律救济的权利,其程序违反了法律原则,即"有权利必有救济",使得纳税人甚至无法最低限度地行使权力[2]。由法律形成的原因和过程可知,法律救济权是一种与生俱来的权利。法律救济理所当然地能够在人的权益被侵犯时发挥作用,对当事人权益的保护提供支持,对救济权进行条件的设置本身是不合理的[3]。

前置条件的设定,有违宪法关于保障基本人权的规定。行政复议的首要需求就是恢复申请人受到侵害的权益,纠正违法或不当行政行为只是实现其维权目的的手段。当纳税人无力缴纳税款及滞纳金或者无能力提供担保时,纳税人就无法获得复议救济,法律所赋予的行政复议救济功能和监督功能将难以实现。同时,在前置条件存在的情况下,纳税人行政复议申请权的不能实现,也就意味着无法行使行政诉讼权来维护其合法权益。实践中,预先缴纳税款的前置条件往往被税务机关当作一种催缴税款的税务行政辅助手段,确切地说,这种观念和做法是不合逻辑和不正当的。因为税务行政有其自身可利用的辅助手段,常见的有加收比同期银行利率高的滞纳金率、实行税收保全、税收强制执行以及要求提供纳税担保等手段,而包括复议、诉讼等在内的法律救济则是独立于税务管理等之外的环节,是为了防止税务行政滥权对当事人造成损害而设立的,同时也是监督和纠正措施。把监督措施作为税务行政本身的强化和辅助手段,实际上是基于一个前提,即税务机关的具体行政行为是正确的,而且无可争议。事实上,这个前提是不存在的,也是与法治精神本质相违背的,其实质是变相否定了当事人的诉权。在当下全面推进依法治国的大背景下,不应忽视纳税人权利保护法制供给不足的客观现实,应更加重视对纳税人权利的保护。在某种意义上,纳税前置代表着传统管制思维,而根据国家治理能力现代化的时代要求,我国法律制度设计应彰显现代治理路径,追求税收征纳关系中权力主体与纳税人之间的良性互动。因此,我国应当放宽税务行政复议前置条件,取消以缴纳税款、滞纳金或提供相应担保的税务行政复议条件。

---

[1] 廖仕梅. 废除税务行政救济前置条件的必要性与可行性 [J]. 行政法学研究, 2017 (1): 121 – 130.
[2] 陈劲松. 我国税务行政复议前置程序的批判与重构 [D]. 长沙:中南大学, 2014.
[3] 鲍卫平. 税务行政复议申请期限辨析 [J]. 税务研究, 2008 (9): 58 – 60.

四、案例启示

通过分析案例可知，行政机关在制定规范性文件时不应违反上位法的规定，司法机关在法律规定存在分歧解释时，应当首先考虑适用更有利于行政相对人的解释，以切实推进依法行政，积极维护纳税人的合法权益。本案中明确了申请税务行政复议的起算点和"纳税前置"条件的适用性问题，其中形成的规则能够指导相对人更好地行使自己的救济权利。税务行政复议是保护纳税人合法权益、实现法律救济的重要方式。纳税人通过税收法律救济权来维护自己的权利，并通过法律来维护税收法律秩序。税务行政复议还肩负着纠正税务机关违法或不当行政行为的职责，通过税务机关内部对具体行政行为再次审查的方式，能够实现以较低的行政成本推动税务机关依法行政。因此，税务行政复议机关在行使复议权限时，应依法对行政行为的合法性及合理性进行审查。

在现行制度不变的前提下，实践中解决税务行政复议申请期限问题主要有两种方法：第一种方法是将税务机关责令纳税人缴清税款和滞纳金的期限延长为60日。这样，如果纳税人未在税务机关规定的期限内缴清税款，也就意味着其提起行政复议申请的期限已经届满，无论其以后是否实际缴清税款，均无权申请行政复议。第二种方法是税务机关仍然按照惯例责令纳税人在15日内缴清税款和滞纳金，但复议机关受理复议的期限仍然坚持为60日，即只要纳税人在知道具体行政行为之日起的60日内缴清了税款和滞纳金，并在缴清税款和滞纳金之日起60日内提出了行政复议申请（此时离纳税人得知具体行政行为最长为120日），复议机关就应当受理，只是对纳税人超过15日缴纳税款的行为还要再加收滞纳金。因此，纳税人在60日内缴清的不仅是税务机关处理决定书中载明的税款和滞纳金，还包括超过15日至纳税人实际缴纳之日之间的滞纳金，只有上述税款和滞纳金在60日内全部缴清，复议机关才受理行政复议的申请，否则，复议机关仍然可以作出不予受理的决定。

税务行政复议前置制度有助于税务机关及时纠错、保障纳税人的权利、缓解诉源。然而，对于我国税务行政复议前置程序，由于复议前置条件设定过于苛刻，故未能发挥其应有作用。我国税务行政复议前置程序的缺陷在于苛求纳税人必须先缴纳税款或提供纳税担保才能申请行政复议。复议条件的设置剥夺了无力缴纳税款的纳税人的救济权，片面地保护国家税收利益。一方面，在我国已确定

"复议不停止执行"原则及相对完善的税款征收保障制度的前提下,复议条件的设置违反了比例原则。另一方面,该制度违反了正当法律程序原则,有违"有权利必有救济"之公理,妨碍了纳税人最低限度的程序权保障。由于"纳税前置"制度的存在,纳税人对税务决定不服,必须先缴清税款滞纳金才能够提起复议,复议完毕后才能够向法院提起行政诉讼,使得实践中大量税收决定没有进入行政诉讼程序予以行政司法审查,而是在提起行政复议法定期限届满后自动发生法律执行效力,也就意味着纳税人并未获得实际救济,其权利并未真正得到保护。"纳税前置"有可能使得税务机关的违法征税行为得不到纠正,从而存在真实损害纳税人权益的可能性,这样的条款规定缺乏法律理性。纳税人一旦丧失诉权,就意味着税务机关的征税行为即使违法了,也要依法执行。其结果是税务机关的违法行为被掩盖,纳税人不应缴纳的税款也得缴纳,无形中增加了纳税人的额外经济负担,损害了纳税人的利益。税务行政复议在复议前置情形下,即先缴税或提供担保后才能复议,尽管有利于保证税款的及时入库,但是单纯强调履行义务,可能将无能力缴税甚至无能力提供担保者拒于行政救济大门之外。行政复议、行政诉讼制度本身为监督国家行政职权而设计,复议的救济性价值显然高于其他价值,取消纳税争议缴纳税款前置的规定无疑是税法复议条款修改的最佳选择。[1] 也正是因为如此,在我国不断强化和落实税收法定原则的背景下,税务机关行政执法活动日趋受到合规性要求的限制,若纳税人充分运用行政复议程序,则会有助于改善征纳双方在地位上严重不对等的现状。目前,对《税收征管法》的进一步修改正在酝酿中,其中包括废除"先缴税后复议"的前置要求,旨在保障和鼓励纳税人积极运用行政复议手段维护自身税法权益。可以预见,持续推进的税收法制化进程,必将提升纳税人对包括行政复议在内的权利救济程序的综合运用。

(罗昌财、陈嘉乐)

参考文献

[1] 艾俊明,徐志嵩. 有关税务行政复议几个问题的探讨 [J]. 中共乐山市委党校学报,

---

① 艾俊明,徐志嵩. 有关税务行政复议几个问题的探讨 [J]. 中共乐山市委党校学报, 2018, 20 (3): 89-92.

2018, 20 (3): 89 - 92.

[2] 鲍卫平. 税务行政复议申请期限辨析 [J]. 税务研究, 2008 (9): 58 - 60.

[3] 陈劲松. 我国税务行政复议前置程序的批判与重构 [D]. 长沙: 中南大学, 2014.

[4] 贺燕. 行政复议前置、税法确定性与税收治理现代化 [J]. 税务研究, 2020 (4): 82 - 88.

[5] 黄诗成. 税务行政复议期限究竟该如何计算 [EB/OL]. (2018 - 07 - 05) [2020 - 10 - 18]. https://mp.weixin.qq.com/s/RNfKx5ixe4tbp683h6CBwg.

[6] 李兰, 周冻梅. 完善税务行政复议制度的探讨 [J]. 对外经贸, 2019 (10): 155 - 160.

[7] 廖仕梅. 废除税务行政救济前置条件的必要性与可行性 [J]. 行政法学研究, 2017 (1): 121 - 130.

[8] 刘剑文, 熊伟, 翟继光, 汤洁茵. 财税法成案研究 [M]. 北京: 北京大学出版社, 2012.

[9] 刘天永. 纳税争议行政复议期限计算争议案 [EB/OL]. (2019 - 12 - 25) [2020 - 10 - 18]. http://www.liutianyong.com/post/4162.html.

[10] 孟庆霞, 刘庆国. 论税务行政复议申请权的法律保障及制度完善 [J]. 中国经贸导刊, 2011 (3): 71 - 72.

[11] 翟继光. 论纳税前置对税务行政复议申请期限的影响 [J]. 税务研究, 2017 (8): 56 - 59.

第八编
不安抗辩权引起的税收争议问题

案例　不安抗辩在涉税合同中适用情形争议案

——甲公司与个人股权转让纠纷案分析

在个人股权转让过程中，以股权转让方为纳税人，以受让方为扣缴义务人。尽管国家税务总局在2014年就发布了《股权转让所得个人所得税管理办法（试行）》，其中包括税款的缴纳时间和计算方法，但在实务中仍存在诸多争议，如税款缴纳时间、转让款支付时间节点以及转让合同违约金数额。值得注意的是，"不安抗辩权"在此类案件审理抗辩过程中也经常被滥用，作为合理中止履行合约进而免于支付违约金的理由。本案例通过分析甲房地产公司与郝某等股权转让纠纷一案，对厘清税款与转让款支付时间有一定的指导意义。同时，明确了不安抗辩权具有其特定的适用条件，本案中甲公司抗辩情形属于滥用不安抗辩权。

一、案情简介

（一）事实经过

本案涉A省乙公司股东郝某、刘某，二人将其所持100%公司股权转让给甲公司。2017年5月5日，二人与甲公司签订《股权转让协议》，签订协议之日甲公司先支付1 000万元，剩余部分转让金必须于120日之内一次性全部支付，支付后双方办理财产移交及变更股权转让手续。此外，还约定任一方未按本合同约定履行全面义务，应承担全部转让价款30%的违约责任。同时，与丙公司签订《承诺函》一份，若甲公司没有按期支付款项，丙公司在到期后五日内须支付剩余股权转让款。

120日之后，甲未能如期支付款项，但即日双方又达成《谅解协议》，规定甲先支付1 500万元，剩余部分可于9月30日前支付，并保留追究迟延履约责任。到期之后，甲公司只支付部分款项，仍余1 224万元未支付。拒绝支付理由是对方未依法履行股权转让所得中个人所得税纳税申报义务，致使代扣代缴人可能面临行政罚款以及刑事责任，故甲有权停止支付并无须赔偿违约金。与此同时，作为担保人的丙公司也称保证期间届满，拒绝承担连带责任。郝某等为保障自身权益，向法院起诉甲公司和担保人丙公司并申请财产保全，要求尽快偿还剩余款项和赔偿违约金。法院认为，甲公司存在违约，但考虑到已支付大部分款项的事实，降低违约金比例。同时，认定丙公司的保证期间为债务履行期限届满之日起六个月内，需要承担连带责任。后原告与被告均对一审判决不服，上诉至A省高级人民法院，但二审法院判决驳回上诉维持原判。甲公司仍不服，向最高人民法院申请再审，最高人民法院基于原合同法的规定，强调甲公司的行为不适用不安抗辩权的条件。因此，甲公司的再审申请被法院驳回。

（二）审判经过

本案中，法院的裁判观点主要包括以下分析。第一，甲公司以行使不安抗辩权为由，拒绝支付剩余款项和由此涉及的违约金数额是否合理。第二，丙公司作为担保人是否需要承担连带责任。

一审法院根据双方提交的证据和质证认定，双方签订的《股权转让协议》系双方真实意思表示，内容合法有效，应按协议约定全面履行各自义务。首先，关于甲公司抗辩称原告不依法履行股权转让个人所得税纳税申报义务，进而拒绝支付剩余股权转让款项，甲公司不存在任何违约行为。法院认为，税收问题不属本案民事诉讼调整范围。另外，甲公司在本案起诉前并未履行其主张的代扣代缴义务，故该抗辩理由不能成立。同时，考虑到甲公司支付大部分款项的事实，降低违约金比例至20%。其次，法院认定甲公司与郝某后续签订的《谅解协议》并未改变丙公司的保证期间。关于其提出承诺函约定的保证期间为五日，保证期间已届满的说法不成立。原《担保法》第二十一条第二款规定："当事人对保证担保的范围没有约定或者约定不明确的，保证人应当对全部债务承担责任。"故保证期间仍为半年时间，丙公司需要承担连带清偿责任。最后，郝某和刘某主张的律师费和差旅费应由二被告支付的请求没有合同依据，故不予支持。

二审法院组织当事人进行了证据交换和质证，对一审判决查明的基本事实予以确认。同时，进一步明确协议约定的含义为任一方未全面履行义务，即适用违约金条款。对于甲公司提出其终止付款的行为属于行使不安抗辩权的理由，根据原《合同法》的相关规定，只有甲公司有确切证据证明对方有经营状况严重恶化行为，方可行使不安抗辩权。甲公司以其履行代扣代缴义务为由不支付股权转让款，显然不属于行使不安抗辩权的法定事由。

甲公司不满二审法院判决起诉至最高人民法院，法院认为二审判决并无不当，驳回其再审申请。同时，再次强调不安抗辩权的适用情形，必须存在于具有义务先后履行顺序的双务合同当中，且只有先履行义务的一方有充分证据证明对方行为人无法履行给付义务时，才暂时具有停止履行合同的权利。本案中合同无相关约定且甲公司并未履行个人所得税的代扣代缴义务，故其不安抗辩权适用错误。

二、争议焦点

1. 涉案税款是否应该在本案处理？
2. 本案当事人甲公司能否以代扣代缴所得税为由行使不安抗辩权？
3. 本案最终判决违约金数额是否过高？

三、法理评析

（一）涉案税款是否应该在本案处理

2014年12月，国家税务总局发布《股权转让所得个人所得税管理办法（试行）》，自2015年1月1日起实施。该文件发布后反响巨大，进一步规范了市场，有效防止了高收入者股权转让偷逃税情况（叶霖儿等，2015）。该试行管理办法明确了个人股权转让所得个人所得税以股权转让方为纳税人，以受让方为扣缴义务人，同时，要求扣缴义务人应于股权转让相关协议签订后5个工作日内，将股权转让的有关情况向主管税务部门报告，并于次月15日内申报纳税。此外，强调无论是已收到股权转让款还是股权转让已完成，都要按规定申报纳税。也就是说，股权转让完成，即使没有收到转让款也要缴税。

在本案中，根据《个人所得税法》第九条①的规定，甲公司作为受让方需承担代扣代缴税款义务。但显然，甲公司并未按照相关规定及时向税务主管部门报

---

① 《中华人民共和国个人所得税法》第九条规定："个人所得税以所得人为纳税人，以支付所得的单位或者个人为扣缴义务人。"

告并纳税。在法院审判过程当中，甲公司辩称原告方企图通过虚假方式及提供虚假资料逃避税收缴纳及纳税申报义务，使自己存在被处罚的风险。再审申辩时甲公司又称一审、二审判决案涉税收问题不属于民事诉讼调整范围，剥夺了其代扣代缴郝某、刘某所涉个人所得税税款的权利义务，属于超越审理权限。而实际上，作为代扣代缴方的甲公司未曾履行过缴纳税收的义务。

具体来说，本案系股权转让纠纷，审理的范围是股权受让方应支付的股权金额，纳税事项应当依照法律规定和税务部门的要求办理。因甲公司尚未履行代扣代缴义务，故其可在履行了代缴义务后，从应当支付的股权转让款中相应予以扣除，或者在执行中由一审法院协助扣缴。此外，双方未将税款的缴纳或代扣代缴作为合同义务进行约定的情况下，郝某是否申报并缴纳个人所得税，受税收行政法律关系调整，不属于本案民事诉讼管辖范围，二审法院未将税款扣缴问题纳入本案审理范围并无不当。

（二）本案当事人甲公司能否以代扣代缴所得税为由行使不安抗辩权

在本案中，甲公司以代扣代缴所得税为由行使不安抗辩权不履行《股权转让协议》的内容，停止支付转让款，并拒绝赔偿违约金。要判断这一做法是否合理，应先从不安抗辩权的定义与其适用条件考虑。

1. 什么是不安抗辩权？不安抗辩权指双方当事人互相需要履行义务，但具有一定的先后履行顺序，当先履行义务的一方有确切证据证明另一方丧失履行义务能力时，先履行义务方拥有暂时中止合同的权利。不安抗辩权最早来源于大陆法系①的德国民法，而英美法系中并没有关于不安抗辩权的规定，也不存在着抗辩权体系（李中原，2003）。直到1999年，我国才参照大陆法系的不安抗辩权和英美法系的预期违约制度，并结合当时国内实际现状和需求，将不安抗辩权正式引入法律体系。

我国原《涉外经济合同法》第十七条②规定双务合同任一当事人都有权利主

---

① 大陆法系，又称民法法系（civil law system）、罗马—日耳曼法系或成文法系，在西方法学著作中多称民法法系，中国法学著作中惯称大陆法系，指包括欧洲大陆大部分国家从19世纪初以罗马法为基础建立起来的以1804年《法国民法典》和1896年《德国民法典》为代表的法律制度以及其他国家或地区仿效这种制度而建立的法律制度。

② 《中华人民共和国涉外经济合同法》第十七条规定："当事人一方有另一方不能履行合同的确切证据时，可以暂时中止履行合同，但是应当立即通知另一方；当另一方对履行合同提供了充分的保证时，应当履行合同。当事人一方没有另一方不能履行合同的确切证据，中止履行合同的，应当负违反合同的责任。"

张不安抗辩权,这一规定同德国法类似。但关于不安抗辩权的成立条件,则与德法两国均有差异。不安抗辩权属于抗辩权的一种,其本质是一种拒绝给付的权利,具有一定程度的防御特点。换句话说,它只是一种暂缓式的抗辩权,不能够永久的成立。不安抗辩权的实行有前提,必须在某种特定的情况或特定的时期之下,如果脱离了这个前提,或是错过了这个特定时期,这种抗辩权就会随之消失。在具体的司法诉讼实践中,如果权利人没有把握不安抗辩权的特定适用时期,就无法行使不安抗辩权来为自己中止履行合同义务进行抗辩。除此之外,只要对方当事人为合同提供担保或是已履行原本未能履行的义务,此时抗辩权自动失去效力而中止(向伟,2014)。这一规定有利于激励双方积极履行合同义务,维护了社会公平正义。同时,一定程度上防止了不安抗辩权的滥用,促进市场交易活动。

2. 不安抗辩权的适用条件。随着时间的推移,我国原《涉外经济合同法》当中对不安抗辩权的简单规定逐步发展成为当前《民法典》当中对不安抗辩权制度作出的系统规定。根据《民法典》第五百二十七条①和五百二十八条②的规定,行使不安抗辩权需要具备以下条件(王宏娜,2013):第一,存在于先后履行的双务合同之中。根据当前《民法典》规定,无法表明不安抗辩权的行使必须处于双务合同之中。但从我国不安抗辩权的发展历史渊源来看,奠基于大陆法德法体系。从这一角度出发,大陆法系中具有代表性的《德国民法典》第三百二十一条③和《法国民法典》第一千六百一十三条④都规定了不安抗辩权的适用需要这一前提。据此分析,我国不安抗辩权规定也应适用这一精神。第二,由先履行义务者提出。《民法典》中虽作出双方都有权利提出不安抗辩权的规定,但实际上合同的义务履行存在着先后顺序。只有当法定事由出现时,先履行

---

① 《中华人民共和国民法典》第五百二十七条规定:"应当先履行债务的当事人,有确切证据证明对方有下列情形之一的,可以中止履行:(一)经营状况严重恶化;(二)转移财产、抽逃资金,以逃避债务;(三)丧失商业信誉;(四)有丧失或者可能丧失履行债务能力的其他情形。当事人没有确切证据中止履行的,应当承担违约责任。"

② 《中华人民共和国民法典》第五百二十八条规定:"当事人依照本法第六十八条的规定中止履行的,应当及时通知对方。对方提供适当担保时,应当恢复履行。中止履行后,对方在合理期限内未恢复履行能力并且未提供适当担保的,中止履行的一方可以解除合同。"

③ 《德国民法典》第三百二十一条规定:"因双务契约负担债务并向他方先为给付者,如他方的财产于订约后明显减少,有难为对待给付之虞时,在他方未为对待给付或提出担保前,得拒绝自己的给付。"

④ 《法国民法典》第一千六百一十三条规定:"如买卖成立后,买卖人陷于破产或处于无清偿能力致使出卖人有丧失价金之虞时,即使出卖人曾同意延期支付,出卖人亦不负交付标的物的义务,但若出卖人提供到期支付的保证则不在此限。"

事务的一方才能行使不安抗辩权,否则就必须继续履行义务,而无法对抗对方的请求权行使。第三,行使不安抗辩权之前先给付义务人需要有明确证据证明对方已失去给付能力或存在无法继续给付的可能性证据。不安抗辩权的行使需要具体的事由,目前大陆法系主要包括列举式和概况式,列举式通常包括两种形式,即破产和无支付能力。我国采用的是列举式,这样既有效保护了先履行义务方的权益,又一定程度上防止了不安抗辩权的滥用。此外,该规定也符合"谁主张,谁举证"的原则,体现了公平原则这一根本理论基础(任平涛,2012)。第四,在行使权利之前必须告知对方,尽到通知义务。这是《民法典》规定的程序性要求,也是对不安抗辩权的限制,有利于减少交易风险的发生,并提高社会效率。由此可看出,不安抗辩权尽管是属于先履行义务的一方,但是其适用条件受诸多限制,这是考虑到平衡双方当事人的利益。在防止先履行义务一方滥用抗辩权的前提下,最大化地督促另一方履行合同义务。

在本案中,《股权转让协议》并未约定以个人所得税的代扣代缴时间作为甲公司支付股权转让款的条件。即税款的缴纳与甲公司支付股权转让款之间并非双方在合同中约定的先后义务。除此之外,郝某、刘某没有出现不能转让股权的风险,甲公司以此主张不安抗辩权与前述法律规定不符。即使双方约定代扣代缴义务的履行方应为甲公司,根据双方《股权转让协议》及《谅解协议》的约定,甲公司应在2017年9月30日前支付完毕全部股权转让款,但至本案一审起诉后,甲公司方才申报代扣代缴税款,且实际仍未缴纳。甲公司以自己的未履行义务而主张不安抗辩权,与法律规定不符,也有违日常生活逻辑、法律逻辑和诚实信用原则。

(三)本案最终判决违约金数额是否过高

依据《民法典》第五百八十五条[①],违约金是指一方发生违约情况时向对方当事人支付一定数额的金钱或其他给付的允诺,具体数额为双方提前约定或是法律直接规定。当前主要存在两种看法:一是赔偿性违约金;二是惩罚性违约金。赔偿性违约金是一种补偿性质的违约金形式,是指双方当事人根据现有情况进行

---

① 《中华人民共和国民法典》第五百八十五条规定:"当事人可以约定一方违约时应当根据违约情况向对方支付一定数额的违约金,也可以约定因违约产生的损失赔偿额的计算方法。约定的违约金低于造成的损失的,当事人可以请求人民法院或者仲裁机构予以增加;约定的违约金过分高于造成的损失的,当事人可以请求人民法院或者仲裁机构予以适当减少。当事人就迟延履行约定违约金的,违约方支付违约金后,还应当履行债务。"

预先估计，提前设置一个赔偿金总额，其本质属于损害赔偿额的预定。损害赔偿额的产生需要一个前提，即损害的发生以及损害责任的认定。由于双方任一方在请求赔偿时，都需证明损害及其当中的因果关系，故双方责任难以举证，极易给当事人在请求赔偿时带来不必要的困扰和纠纷。因此，在实际的合同违约金赔偿时，大多是直接采用规定违约金数额或事先约定损害赔偿金额的计算方式。这样一方面可以避免损害发生时的举证责任困难和复杂计算，另一方面可以起到激励违约方积极履行债务的作用。与之相对应的惩罚性违约金，是指当事人对另一方违约情况的私人制裁。部分学者认为这才是真正意义上的违约金，从当事人的意思自由出发，更加符合违约金原本的定义。主要发挥履约担保功能，属于原给付义务、主给付义务的从义务。惩罚性违约金效力的发生并不以损害是否发生为前提，进而无须担心举证责任的烦琐过程。此外，惩罚性违约金可以根据实际发生情况向违约方请求精神、心理等无形伤害的赔偿，这是赔偿性违约金所不具有的特性（王洪亮，2014）。

我国《民法典》规定突出了违约金的补偿性特点，但同时又部分承认了违约金的惩罚性特征。一方面，违约金的支付数额是根据违约情况而确定，即违约金的约定应当估计到一方违约给另一方造成的违约损失。同时，规定当违约金数额低于实际损失时，可考虑请求仲裁机构或人民法院予以适当增加，进而使违约金数额同实际损失大体相当。另一方面，《民法典》第五百八十五条的第二款又规定当违约金过分高于实际损失的，当事人可请求适当减少，其目的是禁止债权人不当得利，甚至故意设置陷阱以此来获取高额违约金。

此处讨论违约金是否过高，亦即讨论当事人基于契约自由的前提下，是否可以任意约定违约金。讨论此问题，首先要明确违约金具有什么功能。主要分两个阶段，在违约金的效力发生之前，主要承担了担保的作用，同时，具有迫使债务人履行义务的功能；在违约金效力发生之后，此时履行担保的作用已经不复存在，主要起违约金的损害赔偿功能。两个阶段的功能具有同一性，都是为了给债务人压力，促使其依照债之本质履行。当实际的违约金数额高于预期的损害赔偿金额时，高出部分通常指向无形的精神赔偿。这是合理的推断，也符合违约金的制定本质。违约金的数额规定是双方的自由，且较高的违约金数额有利于加强债务人如约履行义务的可能性。但在司法实践过程中，经常出现某一方恶意规定违约金数额，再通过某些手段迫使对方履行不合理的义务。因此，在法律意义上，司法机关可以根据实际情况对其违约金形式进行限制是合情合理的。

本案中甲公司以《最高人民法院关于审理买卖合同纠纷案件适用法律问题的解释》第二十四条第四款①的规定为由，辩称迟延履行违约金应按同期同类贷款基准利率计算。明显，甲公司的主张不成立，理由如下：第一，甲公司违反《民法典》第五百零九条②规定，并未全面履行自己的义务。且把股权转让协议和后续签的《谅解协议》内容，曲解为履行部分义务就属于延迟履行违约。最终导致郝某投资资金未按时到达，投资预期收益受损，且需要支付巨额赔偿金。第二，《最高人民法院关于审理买卖合同纠纷案件适用法律问题的解释》第二十四条第四款的本意是给事先没有约定违约金比例的双方当事人参考，甲公司不属于该情况。但最终法院结合甲公司已支付大部分股权转让款的事实，已对违约金予以酌情调低，按照全部股权转让款的20%计算为904.80万元，故本案所涉违约金数额较为合理。

四、案例启示

税收之债的预期违约。本案系一桩个人转让股权合同纠纷所引起，涉及不安抗辩权在涉税合同当中的适用情形。由此，探讨税收法规当中是否也有类似规定，即当税务机关有足够证据表明纳税人没有纳税意愿或是存在无法及时纳税的可能性时，税务机关也能够行使一定的"不安抗辩权"，督促纳税人按时申报缴纳税款。税收作为一种公法之债，在我国现行的法律体系之中与私法之债有一定的相通性。尽管公私法不同，但既同为债，私法之债的一些成熟技术就可以在公法之债领域引入借鉴。正因如此，税务机关为了保障基于公法之上的税收债权更好地实现，在《税收征管法》当中引入了私法当中的担保、撤销权和代位权等制度，这些都是公法里的"违约问题"，包括即期违约和预期违约。而不安抗辩权的适用条件不能够简单地归类为私法之债的预期违约，因此，若要厘清税收之债的预期违约与不安抗辩之间的联系，就须先理顺两者之间的区别。

1. 不安抗辩权与预期违约。预期违约制度和不安抗辩权分别是英美法系和大陆法系当中具有代表性的法律制度，两者都是对预期不履行义务的合理救济。

---

① 《最高人民法院关于审理买卖合同纠纷案件适用法律问题的解释》第二十四条第四款规定："买卖合同没有约定逾期付款违约金或者该违约金的计算方法，出卖人以买受人违约为由主张赔偿逾期付款损失的，人民法院可以中国人民银行同期同类人民币贷款基准利率为基础，参照逾期罚息利率标准计算。"

② 《中华人民共和国民法典》第五百零九条规定："当事人应当按照约定全面履行自己的义务。当事人应当遵循诚实信用原则，根据合同的性质、目的和交易习惯履行通知、协助、保密等义务。"

根据我国《民法典》第五百二十七条的规定，不安抗辩权本质是一种拒绝给付的权利，仅属于一时的抗辩权。而根据《民法典》第五百六十三条第二款①和第五百七十八条②的规定，预期违约则是一种对将来可能违约的语言或行动上的表示，主要包括明示违约和默示毁约两种。明示违约是指在合同尚未履行完毕前，一方当事人明确表示自己将不再履行合同义务的法律事实。默示违约则是指合同尚未履行完毕前，一方当事人通过自己的行为来表明将不再继续履行义务。显然，这两种违约方式的时间节点都在合同义务履行之前，而不是在履行期限之后，这是预期违约和实际违约的本质区别。在我国当前《民法典》的规定中，对预期违约和不安抗辩都进行了一定的阐述，实际上是结合了典型的大陆法系和英美法系的特点，但却未明确区分两者细微的适用条件和界限。因此，在司法实践当中容易引起争议，有必要进一步厘清两者之间的区别。

对于预期违约和不安抗辩的关系，当前主要存在以下看法：一是主张不安抗辩权包含预期违约，认为现有法律体系设置的不安抗辩权足够保护先履行义务的当事人，无须再另外设置预期违约制度。二是认为预期违约制度涵盖不安抗辩权，认定预期违约制度的范围更加广泛，没有双务合同说法的限制，故不安抗辩权几乎可以忽略不计。三是赞成现有制度，认为应该将两项制度同时保留。理由是两者兼具不同功能，不安抗辩权主要功能是防御，预期违约则具有积极主张权利的作用（谢鸿飞，2014）。笔者更加赞成第三种说法，即不安抗辩权和预期违约制度两者相互并存。尽管我国《民法典》对两项制度的规定存在一定的相似之处，都具有对合同义务不履行的救济功能。但两者存在本质的区别，不安抗辩权主张合同不履行的抗辩权，而预期违约则更多属于违约责任制度的范畴。两者不可相互替代，因此，我国私法之债规定先履行义务一方的当事人既可以选择行使不安抗辩权，也可以在符合预期违约的情况下请求对方承担一定的违约责任（王利明，2016）。

2. 税收之债的预期违约。通常来说，税收是指国家为了向全体国民提供一

---

① 《中华人民共和国民法典》第五百六十三条规定："有下列情形之一的，当事人可以解除合同：（一）因不可抗力致使不能实现合同目的；（二）在履行期限届满之前，当事人一方明确表示或者以自己的行为表明不履行主要债务；（三）当事人一方迟延履行主要债务，经催告后在合理期限内仍未履行；（四）当事人一方迟延履行债务或者有其他违约行为致使不能实现合同目的；（五）法律规定的其他情形。"

② 《中华人民共和国民法典》第五百七十八条规定："当事人一方明确表示或者以自己的行为表明不履行合同义务的，对方可以在履行期限届满之前要求其承担违约责任。"

定的社会公共产品，实现其国家职能，进而凭借特定的国家政治权力，无偿取得财政收入的一种经济活动。税收的本质是一种国家与各经济单位和个人之间的特殊分配关系，分配主体为国家，客体则是社会剩余产品。这种在政府和社会之间的单向资金流动，更像是某种特殊的公债，区别就在于无须在一定时期内向投资者支付利息和到期偿还本金。也可以说，这种特殊的公债就是税收债务。

在税收债务中，国家或地方政府为税收债权人，纳税人为税收债务人，两者共同构成这一法律关系，即税收债权人有请求国民纳税的权利，税收债务人有应国家或地方政府的请求而履行纳税的义务。税收债务本质上是通过一个国家与人民之间的契约关系，来规范双方的权利与义务，也是一种法律地位平等的体现。进一步说，国家是一个由所有公民共同组成的整体，体现了人与人平等的关系。尽管税收之债属于公法领域的债务，但其形式上具有与私法之债的相似特性。在税法规定中，国家立法机关强调国家作为税收法律关系的一方与纳税人是对等的关系，故重视对纳税者权利的救济。但在税收实践当中，税收债权的实现也面临着诸多困境。纳税人和税务机关之间相互博弈，想方设法地钻法律的空子，尽可能地少缴纳税款。甚至不惜承担刑事犯罪责任，进行虚假交易、虚开发票和故意逃税等违法行为，以此达到自身利益最大化目的。

为了实现税收之债的核心价值，即减少税款流失，最大限度地规制纳税人发生违约行为，有必要从私法之债法律体系借鉴一些成熟的技术。首先，考虑将不安抗辩权引入税收之债的可行性。从其适用条件来看，国家与纳税人之间的法律关系可类比为双务合同当中规定的双方，且国家一定属于先履行义务的一方，而后纳税人需要在规定的时间内缴纳税款。如果纳税人已经失去纳税能力或者有足够证据证明其无法继续纳税，方可行使税收之债的"不安抗辩权"，拒绝继续履行义务或要求纳税人承担事先约定的责任。其次，考虑是否将预期违约制度引入税收之债。对比合同法的规定，税收之债的"预期违约"可简述为税务机关在有根据认为纳税人存在逃避缴纳税收的可能性时，可以采取一定的保全措施，如要求纳税人提供担保或是提前纳税。对比来看，不安抗辩权的适用情形要求更为复杂，且其本质上属于双方义务履行过程中的抗辩权，违约责任需要双方事先进行约定。与之相对应的税收之债的"预期违约"则简单明了，强调的是对一方违约情形的处罚，它同税收债务的特点更加接近。由此，可以呼唤出税收债务违约形式的救济措施，即税收之债的预期违约制度（陈丽君,2012)。

我国当前《税收征管法》已经有类似规定印证这一说法。《税收征管法》第三十八条[①]规定,税务机关在有根据认为纳税人存在逃避缴纳税收的可能性时,可以采取相应的保全措施,例如可要求暂时无法纳税的纳税人提供一定的担保,或是通过拍卖纳税人所得来抵缴所欠税款。但该规定同《民法典》中阐述的预期违约制度仍存在一定的差异性。主要区别包括以下方面:一是法律层面规定不同。《民法典》中将预期违约的本质内容放在对不安抗辩权的阐述之中,分别在第五百二十七条和第五百二十八条规定了不安抗辩的情形和相应的法律后果。但同时又并未规定违约之后需要承担的具体后果内容,只规定了未违约方的当事人可以在届满之前行使权力。在税法上对于预期违约的规定主要集中于一个法条之中,包括一系列的构成要件及其后果。二是预期违约的形式包括明示违约和默示违约,但税法上只规定了"有逃避缴纳税收的"一种情形。三是我国预期违约制度并未对违约主体进行限制,可以是任何有权构成合同义务的债务人。与之对应,税法明确规定其主体必须为从事生产、经营的纳税人。四是《民法典》规定的预期违约当中的担保制度,违约方可以通过提供担保的方式促使自己履行义务,但该担保系违约方主动所为。在税法领域中,当发生纳税人在税务机关指定的纳税期限内有意减损自己财产的情况时,税务机关为保障税款的及时、完整入库可以向纳税人提出担保要求。这种情况下,担保为税务机关责成纳税人为之,具有一定的被动性。五是私法之债的实现必须建立在司法机关等公力救济之上。但税收之债属于公债,一切基础都是建立在国家的保障之下。当预期违约发生时,税务机关可以采取一系列的强制措施实现救济目的。除此之外,还可以要求相关的机构配合其调查,如银行、工商部门等机构。

综上,尽管两者在司法实践当中的差异性较大,但两者的本质相同,都是提

[①] 《税收征管法》第三十八条规定:"税务机关有根据认为从事生产、经营的纳税人有逃避纳税义务行为的,可以在规定的纳税期之前,责令限期缴纳应纳税款;在限期内发现纳税人有明显的转移、隐匿其应纳税的商品、货物以及其他财产或者应纳税的收入的迹象的,税务机关可以责成纳税人提供纳税担保。如果纳税人不能提供纳税担保,经县以上税务局(分局)局长批准,税务机关可以采取下列税收保全措施:(一)书面通知纳税人开户银行或者其他金融机构冻结纳税人的金额相当于应纳税款的存款;(二)扣押、查封纳税人的价值相当于应纳税款的商品、货物或者其他财产。纳税人在前款规定的限期内缴纳税款的,税务机关必须立即解除税收保全措施;限期期满仍未缴纳税款的,经县以上税务局(分局)局长批准,税务机关可以书面通知纳税人开户银行或者其他金融机构从其冻结的存款中扣缴税款,或者依法拍卖或者变卖所扣押、查封的商品、货物或者其他财产,以拍卖或者变卖所得抵缴税款。个人及其所扶养家属维持生活必需的住房和用品,不在税收保全措施的范围之内。"

供一种救济措施。因此,《税收征管法》第三十八条对规范制定税收的预期违约制度提供了现实基础。

(宋生瑛、祝成南)

参考文献

[1] 陈丽君. 略论我国税收债权的预期违约制度 [J]. 黑龙江省政法管理干部学院学报, 2010 (9): 86-88.

[2] 李中原. 合同期前救济制度的比较研究 [J]. 法商研究, 2003 (2): 127-134.

[3] 任平涛. 不安抗辩权制度研究 [D]. 长春: 吉林大学, 2012.

[4] 王宏娜. 不安抗辩权的法律适用研究 [D]. 上海: 华东政法大学, 2013.

[5] 王洪亮. 违约金功能定位的反思 [J]. 法律科学, 2014, 32 (2): 115-125.

[6] 王利明. 合同法研究 (第2卷) [M]. 北京: 中国人民大学出版社, 2010.

[7] 王利明. 预期违约与不安抗辩权 [J]. 华东政法大学学报, 2016, 19 (6): 5-13.

[8] 向伟. 论不安抗辩权的适用 [J]. 法制博览 (中旬刊), 2014 (2): 259.

[9] 谢鸿飞. 合同法学的新发展, [M]. 北京: 中国社会科学出版社, 2014.

[10] 叶霖儿, 王金梁. 解析《股权转让所得个人所得税管理办法 (试行)》[J]. 国际税收, 2015 (3): 39-41.